FACULTÉ DE DROIT DE DIJON

HISTOIRE ET THÉORIE

DE

L'EFFET DES PARTAGES

AU POINT DE VUE

DU DROIT CIVIL, DES DROITS D'ENREGISTREMENT

ET DE LA TRANSCRIPTION

Quaestio argumentosissima.
[illegible]

THÈSE POUR LE DOCTORAT

Soutenue le 28 juillet 1871

PAR

ALPHONSE RENAUD

[illegible]

Président : M. LACOMBE, doyen.

Suffragants { MM. VILLEQUEZ, professeur.
[illegible]
[illegible]
[illegible]

BESANÇON

IMPRIMERIE DE J. BONVALOT

[illegible]

FACULTÉ DE DROIT DE DIJON

HISTOIRE ET THÉORIE

DE

L'EFFET DES PARTAGES

AU POINT DE VUE

DU DROIT CIVIL, DES DROITS D'ENREGISTREMENT

ET DE LA TRANSCRIPTION

Quæstio argumentosissima.
(DUMOULIN, § 33, gl. 1, n° 69.)

THÈSE POUR LE DOCTORAT

Soutenue le 28 juillet 1874

PAR

ALPHONSE RENAUD

Premier Commis de la Direction de l'Enregistrement à Lyon.

PRÉSIDENT : M. LACOMME, DOYEN

Suffragants { MM. VILLEQUEZ, professeur.
CAPMAS, professeur.
GAUDEMET, professeur.
LAINÉ, agrégé.

BESANÇON

IMPRIMERIE DE J. BONVALOT

1874

A MON PÈRE.

A MA MÈRE.

A MES ONCLES.

TABLEAU DES PRINCIPALES ABRÉVIATIONS.

Al.	**Alinéa.**
Arg.	**Argument.**
Art. ou a.	**Article.**
Cass.	**Arrêt de la Cour de cassation.**
Cass. belg.	**Arrêt de la Cour de cassation de Belgique.**
Ch. réun.	**Arrêt des Chambres réunies de la Cour de cassation.**
Chap., ch. ou c.	**Chapitre.**
Circ.	**Circulaire.**
Cod. ou C.	**Code de Justinien.**
C. civ.	**Code civil.**
C. Comm.	**Code de commerce.**
C. pén.	**Code pénal.**
Déc. min.	**Décision du ministre.**
Délib.	**Délibération du Conseil d'administration.**
Dig.	**Digeste.**
D. P.	**Dalloz, Recueil périodique.**
Enreg.	**Enregistrement.**
Eod. loc.	***Eodem loco.***
Gl.	**Glose.**
Instit.	**Institutes de Justinien.**
Instr.	**Instruction générale de l'Enregistrement.**
J. E.	**Journal de l'Enregistrement.**
Liv. ou l.	**Livre.**
L.	**Loi.**
N.	**Note.**
N°	**Numéro.**
P.	**Page ou partie.**
pr.	***Principium.***
Pr.	**Code de procédure civile.**
Q.	**Question.**
Reg. ou r.	**Règle.**
R. G.	**Répertoire général de l'Enregistrement.**
R. P.	**Répertoire périodique de l'Enregistrement.**
Sect. ou s.	**Section.**
Sol.	**Solution.**
Suiv.	**Suivants.**
Tit. ou t.	**Titre.**
T.	**Tome.**
V°	***Verbo.***

INTRODUCTION.

1. — Le partage est l'opération qui rend à la propriété son caractère absolu, à la fin d'une communauté quelconque, et au moyen d'une division.

Il affecte habituellement l'une des trois formes suivantes : ou bien chacun des communistes reçoit en nature sa part entière dans les choses communes; ou bien l'un d'eux reçoit un lot supérieur aux autres, à charge de payer à ses copartageants une somme d'argent; ou bien il se fait adjuger la totalité de la masse indivise moyennant un certain prix. L'acte constitue, dans le premier cas, le partage en nature, le PARTAGE PUR ET SIMPLE; dans le second, le PARTAGE AVEC SOULTE; dans le troisième, le PARTAGE PAR LICITATION.

La même nature juridique n'a pas toujours été attribuée à ces différents actes.

2. — Les personnes auxquelles une chose appartient indivisément ont droit, les unes et les autres, à la totalité de cette chose : *habent singuli totum in toto et totum in qualibet parte*. Car il n'est pas une parcelle dont on puisse dire à l'un des communistes : ceci n'est pas à vous.

Mais ce n'est pas d'une manière absolue que les communistes ont droit à la totalité de l'indivis : car « la nature des choses résiste à » l'existence simultanée de plusieurs droits exclusifs sur un même » objet » (Championnière et Rigaud, n° 2661). Les droits rivaux se restreignent forcément, en se paralysant les uns les autres : *concursu partes fiunt*. Et la réduction s'opère sur chaque parcelle, sur chaque atome, parce que le concours se produit sur chaque parcelle, sur chaque atome.

Chaque élément se divise en parts *de raison*, et chaque communiste est *propriétaire* d'une part de chaque élément égale à la fraction représentative de son droit.

Il est évident que, dans ces conditions, l'indivision ne peut cesser sans mutation de propriété. Au cas de partage pur et simple, chaque communiste abandonne et aliène les parts de raison qu'il avait dans les lots de ses copartageants, pour recevoir et acquérir les parts de raison que ses copartageants avaient dans son lot : c'est un échange pur et simple ; au cas de partage avec soulte, il y a, par identité de motifs, échange avec soulte, et le partage par licitation n'est qu'une vente de droits indivis. Le partage est donc, de toute manière, essentiellement TRANSLATIF DE PROPRIÉTÉ.

Telle est la réalité, et tel était le droit romain.

3. — En France, on admet que les droits rivaux des communistes se rencontrent seulement sur *l'ensemble* des parcelles indivises, au lieu de frapper distinctement chaque parcelle.

Il suit de là : 1° que, jusqu'au partage, chacun est propriétaire sous condition résolutoire d'une part de la masse entière, et sous condition suspensive de tout le surplus ; 2° et que le partage, en faisant accomplir ou défaillir les conditions, est simplement DÉCLARATIF DE PROPRIÉTÉ.

« Le partage entre cohéritiers, dit Pothier dans son *Traité de la* » *communauté* (n° 140), est *censé* ne faire autre chose que de » déterminer la part à laquelle chaque héritier a succédé au défunt, » qui était auparavant indéterminée ; et il la détermine aux seuls » effets tombés dans son lot. Au moyen de cette détermination que » fait le partage, et de l'effet rétroactif qu'on lui donne au temps de » l'ouverture de la succession, le défunt est *censé* avoir, dès l'instant » de son décès, saisi en entier chacun de ses héritiers de toutes les » choses comprises dans leur lot... Chaque héritier est *censé* avoir » seul succédé entièrement à toutes lesdites choses, n'avoir succédé à » rien de ce qui est tombé dans les autres lots, et n'avoir rien acquis » de ses cohéritiers par le partage (1). »

(1) Cependant quelques savants contestent l'exactitude de cette théorie. D'après eux, « il n'y a pas plus de fiction dans l'art. 883 que dans l'art. 1179, » dans l'effet rétroactif attaché au partage que dans l'effet rétroactif attaché » à l'accomplissement de la condition suspensive ou résolutoire... Ne peut- » on pas dire, en effet, que l'héritier est saisi de la totalité de chaque bien » héréditaire sous une condition suspensive, et qu'il n'est saisi de rien que » sous une condition résolutoire ? (M. de Valroger : *Revue critique*, 1855, t. 7, » p. 106.)... Par le partage, les copartageants n'acquièrent rien l'un de autre ; » la part qui leur est dévolue par la mort du défunt et qui, par la force des » choses n'est d'abord qu'une part indivise, est déterminée corporellement, » pour ainsi dire, par le partage, dans les objets même qu'elle représentait » jusqu'alors idéalement. La fiction ne peut consister que dans la rétroactivité. » (M. de Boneval-Faure.) » Nous reconnaissons que l'effet rétroactif exclut l'effet translatif ; nous convenons que plusieurs personnes peuvent acquérir des biens sous toute espèce de conditions ; mais nous nions, par les motifs donnés sous le n° 2 *suprà*, que, de plein droit et sans fiction, les cohéritiers puissent perdre toute espèce de droits sur certains biens. — Nous croyons que

4. — Il ressort de ce petit aperçu philosophique que les principes du droit français sont complètement opposés à ceux du droit romain à l'égard du partage : les conséquences de cette opposition seront examinées dans cette thèse.

Le système romain exposé, la fiction française sera présentée, avec les développements qu'elle comporte : on indiquera son origine, on énumérera ses effets, on précisera ses limites.

Le sujet sera ainsi divisé en six chapitres, savoir :

CHAP. Ier. — DROIT ROMAIN.

CHAP. II. — DE L'ORIGINE ET DES AVANTAGES DE LA FICTION DU PARTAGE.

CHAP. III. — DE L'EFFET DÉCLARATIF DU PARTAGE ENTRE COHÉRITIERS.

CHAP. IV. — DE L'EFFET RÉTROACTIF DU PARTAGE ENTRE COHÉRITIERS.

CHAP. V. — DES FORMES PARTICULIÈRES DU PARTAGE ENTRE COHÉRITIERS.

CHAP. VI. — DES PARTAGES AUTRES QUE LES PARTAGES ENTRE COHÉRITIERS.

5. — Cette matière est importante au point de vue pratique : car le partage est un des actes les plus fréquents de la vie civile (1), et ce n'est pas le moins compliqué. « C'est le premier-né des contrats, a dit » Championnière... Il a été le premier sujet de contestation, et depuis » *il n'a point manqué à sa nature litigieuse* (2). »

La fiction du partage est en outre extrêmement intéressante. C'est une de ces ingénieuses conceptions qui contrastent finement avec les règles rigoureuses du droit, et qui s'appellent, à Rome, le droit de *postliminium*, l'affranchissement *per vindictam* ou le mandat *in rem suam*; et en France, la saisine, la représentation ou l'être moral (3). Puis c'est une fiction de la Renaissance, de cet âge où les arts et les sciences brillèrent d'un si vif éclat, grâce à la bonne volonté des gentilshommes qui cessèrent de guerroyer. C'est encore une fiction française, et les Romains sont sur tant de points nos maîtres et nos modèles, qu'il sera toujours agréable d'étudier les parties originales

les adversaires de la fiction cèdent à cette tendance qu'ont les hommes à trouver naturel ce qui leur est habituel et commode.

(1) Le nombre *annuel* des partages *enregistrés* doit s'élever, en France, à 100,000.

(2) *Revue de législation*, 1838, t. 7, p. 400.

(3) On peut consulter le curieux traité d'Alteserra, *De fictionibus juris*, Paris, 1659.

du droit français, pour opposer les Dumoulin et les Pothier aux Trebatius et aux Ulpien.

Nous essaierons enfin de donner quelque attrait à cette thèse à l'aide de l'histoire et du droit fiscal. — Chacun sait que l'histoire éclaire merveilleusement la théorie. — Quant au droit fiscal, nous verrons qu'il a ouvert de nouveaux horizons avec notre fiction; qu'il a, comme l'a dit M. Troplong (1), « ses origines curieuses, qui » pourraient donner matière à plusieurs beaux chapitres de notre » histoire du droit français,... ses vieux et glorieux interprètes dont » les livres, quoique oubliés à demi, ... n'en contiennent pas moins » des trésors pour la science et la raison, » et qu'il peut souvent compléter le droit civil, parce que l'administration concourt sans cesse à l'avancement de la science juridique par ses instructions et ses instances, et parce que « la matière de l'enregistrement prête, » au dire de M. Demante (2), plus que toute autre, à la méthode » sévère et parfois même ... à la subtilité élégante des Paul et des » Papinien (3). »

(1) *Gazette des Tribunaux*, du 20 juillet 1839. — Voir aussi Dalloz, v° *Enreg.*, n° 4.

(2) *Exposition raisonnée des principes de l'enregistrement*, n° 3.

(3) Rappelons que l'administration de l'enregistrement *veille à la régularité et à la conservation des actes publics* (L. 27 ventôse an XI; L. 22 frimaire an VII, art. 49, L. 16 juin 1824, art. 11, et C. civ. 1336; etc.), *confère la date certaine aux actes privés* (C. Civ. 1328, 1410, 1558, 1743, 2074 et 2102; Pr. 684 et 953; Comm. 583; L. 5 septembre 1807, art. 4; L. 18 mai 1850, art. 9; L. 23 mars 1855, art. 11; L. 12 février 1872, art. 2; L. 22 frimaire an VII, art. 62; etc.), *et donne seule les formalités hypothécaires* conformément aux lois civiles.

CHAPITRE PREMIER.

DROIT ROMAIN.

6. — Les Romains considéraient le partage, selon sa nature, comme un acte translatif de propriété.

Pour rendre plus claire et plus facile la démonstration de ce point de droit, nous indiquerons, dans une partie préliminaire, les modes de partage, soit judiciaires, soit privés, qui ont été successivement en usage dans l'ancienne Rome.

§ 1er. — Des formes du partage judiciaire.

7. — PREMIERS TEMPS. — La justice fut d'abord rendue soit par les rois, soit par des magistrats intérimaires, puis, à partir de l'an 245 de Rome, par les consuls, les dictateurs ou les décemvirs.

« *Olim reges jus petentibus constituebant, atque lites dirimebant : et quod ab illis fuisset judicatum, id vim legis habebat.* » (Denys d'Halicarnasse, traduction latine, X, 1.)

« *Nec quisquam privatus erat disceptator aut arbiter litis, sed omnia conficiebantur judiciis regiis.* » (Cicéron, *De republica*, V, 2.)

« *Profectis domo regibus, ne urbs sine imperio foret, in tempus deligebatur qui jus redderet ac subitis mederetur.* » (Tacite, *Annales*, VI, 11.)

« *Imperio a regibus ad annuum consulum magistratum translato, inter cætera regia juris quoque cognitio iis tributa est : atque illi lites inter litigatores quacumque de causa ortas jure decidebant.* » (Denys d'Halicarnasse, *eod. loc.*)

« *Quando duellum gravius discordiæve civium escunt, unus, ne amplius sex menses, si senatus creverit, idem juris quod duo consules teneto ; isque, ave sinistra dictus, populi magister esto (dictator). Equitemque qui regat habeto pari jure cum eo. Quicumque erit juris disceptator.* » (Ancienne loi rapportée par Cicéron, *De legibus*, III, 3.)

« *Decimo die jus populo singuli (decemviri) reddebant.* » (Tite-Live, III, 33.)

Les lois étaient très-peu nombreuses, la procédure à peine réglée, et tout, pour ainsi dire, procédait du pouvoir souverain du magistrat. « *Et quidem initio civitatis nostræ sine lege certa, sine jure certo primum agere instituit, omniaque manu gubernabantur.* » (Pomponius, Dig., *De origine juris*, 1, 2, 2, 1.)

On présume que les rois comme les consuls désignaient des commissaires pour les affaires les plus compliquées, en déléguant à ces commissaires certaine partie de leur puissance, en vertu de la souveraineté même de cette puissance. Cette opinion s'appuie, pour les rois, sur une phrase de Denys d'Halicarnasse (1), et pour les consuls, sur une ancienne loi rapportée par Cicéron (2).

S'il arrivait au magistrat de donner des juges aux parties, ce devait être notamment dans les instances en partage, qui nécessitent de nombreuses estimations et de longues explications. Il est du reste certain qu'il y avait dès cette époque des instances en partage : car il y avait des indivisions forcées, et c'est un principe élémentaire que nul n'est contraint de demeurer dans l'indivision. (Dig., 10, 2, 1, pr.; 10, 2, 43; 10, 2, 47; 10, 2, 52, 2; 10, 3, 14, 2; 10, 3, 29, 1; C., 3, 37, 5.)

8. — Loi des XII tables. — Le pouvoir arbitraire des consuls ne tarda pas à soulever de vives réclamations. Il faut, disait-on, que les consuls appliquent des règles posées par le peuple lui-même, et qu'ils n'aient plus pour unique loi leurs caprices et même leurs passions. Les décemvirs furent nommés, et Rome eut sa législation (303 et 304).

L'une des XII tables contenait une disposition d'où dérivait l'action *familiæ erciscundæ*, c'est-à-dire l'action en partage *entre héritiers* (3). « *Hæc actio*, disait Gaius, *proficiscitur a lege duodecim tabularum.* » (Dig., 10, 2, 1, pr.) (4).

La loi des XII tables portait en outre que les créances se diviseraient de plein droit entre les héritiers. « *Ea quæ in nominibus sunt... ipso jure in portiones hereditarias ex lege duodecim tabularum divisa sunt.* » (Gordien : C., 3, 36; 6.) (5).

Enfin la même loi prescrivait de donner trois *juges ou arbitres* en

(1) « *Regis quidem hæc munia eximia esse jussit (Romulus)... ut de gravissimis injuriis ipse cognosceret, leviorum vero causarum cognitionem senatoribus permitteret, ita tamen ut caveret ne quid interim in judiciis peccaretur.* » (Denys d'Halicarnasse, traduction latine, II, 14.)

(2) « *Regio imperio duo sunto; iique, præeundo, judicando, consulendo, prætores, judices, consules appellantor.* » On pense que les trois expressions *præesse, judicare* et *consulere*, deux fois répétées, se rapportaient à trois fonctions distinctes, et que la première signifiait *présider à la justice* PAR LA DATION D'UN JUGE.

(3) Gaius, *Inst.*, 4, 42; Ulpien, *Reg.*, 19, 16; Justinien, *Inst.*, 4, 6, 20.

(4) « *Erctum citumque fit inter consortes, ut in libris legum romanarum legitur. Erctum a coercendo dictum, unde et erciscundæ et ercisci. Citum autem est vocatum a ciendo.* » (Festus, v° *Erctum*.) — Voir aussi Dig., 10, 2, 2, pr.

(5) Voir aussi Dig., 45, 1, 2, 1.

cas de contestation sur le bornage des propriétés (1) ou la possession intérimaire (2), et une loi Horatia, votée selon toute apparence, en 301, avant la chute des décemvirs, constate possitivement l'existence des *juges* à cette époque : « *Qui tribunis plebis, ædilibus,* JUDICIBUS, *decemviris nocuisset, ejus caput Jovi sacrum esset.* » (Tite-Live, III, 55.)

L'office du juge étant principalement utile en matière de partage, il y a lieu de penser que le magistrat donnait des juges pour l'action *familiæ erciscundæ* comme pour l'action *finium regundorum.*

On a même prétendu reconstituer, comme suit, la disposition des XII tables relative au partage entre héritiers: « *Nomina inter hæredes pro portionibus hæreditariis crcta sunto ; cæterarum rerum si volent erctum citum faciunto, prætor ad erctum ciendum arbitros tres dato* (3). » (Guyot, *Licitation,* c. 2, n° 15.)

9. — ACTIONS DE LA LOI. — La loi des XII tables fixait à 50 ou 500 as, selon l'importance de la contestation (4), la somme que les plaideurs devaient déposer entre les mains des pontifes (5), ou promettre avec des garants (6), à titre de *sacramentum;* celui qui perdait son procès, perdait aussi la somme qu'il avait promise ou déposée. « *Victi sacramentum ad ærarium redibat* (5)... *et propter ærarii inopiam et sacrorum publicorum multitudinem consumebatur in rebus divinis* (7). »

Par le *sacramentum,* les pontifes prenaient une part directe à l'administration de la justice. Pomponius nous apprend qu'ils composèrent, d'après la loi des XII tables, des actions sacramentelles, qu'on appela les actions de la loi. « *Deinde ex his legibus, eodem tempore fere, actiones compositæ sunt : quibus inter se homines disceptarent. Quas actiones, ne populus prout vellet, institueret, certas solemnesque esse voluerunt ; et appellatur hæc pars juris legis actiones, id est legitimæ actiones... Omnium tamen harum (legum) et interpretandi scientia et actiones, apud collegium pontificum erant : ex quibus constituebatur, quis quoquo anno præesset privatis. Et fere populus annis prope centum hac consuetudine usus est.* » (Dig., 1, 2, 2, 6.) L'action *familiæ erciscundæ* était une de ces actions de la loi.

Gaius parle de ces actions dans son quatrième commentaire (§§ 10 et suiv.) « *Ipsarum legum verbis accommodatæ erant, et ideo immutabiles proinde atque leges observabantur.* (§ 11.)

(1) Cicéron, *De legibus,* 1, 21, et *De republica,* 1, 4, 8; Nonius Marcellus, *De proprietate sermonum,* 5, 31.
(2) Festus, v° *Vindiciæ*; Aulu-Gelle, *Nuits attiques,* 10, 10.
(3) Ce texte doit être inexact, car la préture n'a été instituée qu'en 387. Le nombre des arbitres est hypothétique.
(4) Gaius, IV, § 14. — (5) Varron, *De lingua latina,* IV, 30. — (6) Gaius, IV, § 13. — (7) Festus, v° *Sacramentum.*

Mais la rigueur du *sacramentum* fit introduire successivement plusieurs modes nouveaux. Gaius rapporte qu'il y avait, en dernier lieu, cinq manières d'agir avec les actions des pontifes : « *Lege autem agebatur modis quinque : sacramento, per judicis postulationem, per condictionem, per manus injectionem, per pignoris capionem.* » (§ 12.)

Le mode *sacramento* était général, applicable à toute espèce d'affaires (§ 13). Le cohéritier, qui provoquait un partage, pouvait l'employer. — Mais on reconnut de bonne heure que l'instance en partage exigeait, comme plusieurs autres, une certaine appréciation, ne supposait aucun tort et ne comportait pas de *sacramentum*. La procédure *per judicis postulationem* fut réglée, sans *sacramentum*, peut-être par la loi Pinaria, qui paraît avoir été rendue en 321 (1) et qui, pour calmer les parties, défendait de donner un juge avant le trentième jour (Gaius, IV, § 15). Cette procédure convenait parfaitement à l'action *familiæ erciscundæ* (2). — La dispense du *sacramentum* fut étendue plus tard (en 510 et 520) à d'autres actions par les lois Silia et Calpurnia, qui établirent la *condictio*. — Les deux modes *per manus injectionem* et *per pignoris capionem* étaient plus particulièrement des voies d'exécution.

Les consuls étant presque constamment éloignés de Rome par la guerre, les pontifes étaient intervenus dans l'administration de la justice en 304. Mais un nouveau magistrat, qu'on appela préteur *(prætor urbanus)*, fut exclusivement chargé de la juridiction, à partir de 387 (3). « *Cumque consules avocarentur bellis finitimis, neque esset qui in civitate jus reddere posset, factum est ut prætor quoque crearetur, qui urbanus appellatus est, quod in urbe jus redderet.* » (Pomponius : Dig., 1, 2, 2, 27; Tite-Live, VI, 42.) « *Juris disceptator, qui privata* JUDICET JUDICARIVE JUBEAT, *prætor esto. Is juris civilis custos esto.* » (Cicéron, *De legibus*, III, 3) (4). — Le préteur pérégrin fut établi en 507, au dire de Lydus.

Pendant toute cette période, l'action *familiæ erciscundæ* fut intentée *per judicis postulationem*.

10. — NOUVELLES ACTIONS. — L'affranchi Cnæus Flavius avait divulgué, en 450, les formules sacramentelles des actions de la loi.

Et Pomponius nous apprend que Sextus Ælius composa de nou-

(1) L. *Pinarius* Rufus Mamercinus était tribun consulaire en 321.

(2) On conjecture que la formule *per judicis postulationem* contenait ces paroles : J. A. V. P. U. D. *(Judicem arbitrumve postulo uti des.)*

(3) 83 ans après la loi des XII tables, *Annis prope centum*, comme dit Pomponius.

(4) C'est aussi pour conserver le pouvoir judiciaire que les patriciens démembrèrent le consulat au moment où il devint accessible aux plébéiens.

velles actions, quelque temps après. « *Augescente civitate, quia deerant quædam genera agendi, non post multum temporis spatium, Sextus Ælius alias actiones composuit.* » (Dig., 1, 2, 2, 7.)

On peut placer à cette époque l'introduction de l'action *communi dividundo*, qui servait pour les partages *entre associés* et dont l'origine nous est inconnue. Dans tous les cas, cette action *communi dividundo* est moins ancienne que l'action *familiæ erciscundæ*. En effet, l'action *familiæ erciscundæ* eût été complètement inutile, si elle n'eût précédé l'action *communi dividundo*, de même que la *condictio de pecunia certa* eût été complètement inutile, si elle n'eût précédé la *condictio de omni certa re* : les héritiers pouvaient partager par l'action *communi dividundo* (Gaius : Dig., 17, 2, 34, et Paul : Dig., 10, 2, 44, pr.). — En second lieu, Paul dit formellement que l'action *communi dividundo* fut nécessaire, parce que l'action *pro socio* procurait plutôt l'exécution des obligations personnelles que la division des biens indivis. « *Communi dividundo judicium ideo necessarium fuit, quod pro socio actio magis ad personales invicem præstationes pertinet quam ad communium rerum divisionem.* » (Dig., 10, 3, 1.) — Puis les noms des deux actions (*familiæ erciscundæ* et *communi dividundo*) prouvent qu'elles ne sont point contemporaines : de l'une à l'autre, le verbe *ercisco* est tombé en désuétude et a été remplacé par le verbe *divido*, sans changement de sens (1).

11. — Procédure formulaire. — Les affaires étaient si nombreuses entre les pérégrins, que le préteur pérégrin avait pris l'habitude d'en renvoyer l'examen à des juges, quelle que fût leur nature. Les citoyens de Rome ayant apprécié le caractère simple et flexible de cette procédure, le système des actions de la loi fut remplacé, l'an 577 (ou 583), par la procédure formulaire.

« *Per legem Æbutiam et duas Julias sublatæ sunt istæ legis actiones, effectumque est ut per concepta verba, id est, per formulas litigaremus.* » (Gaius, IV, 30.)

Les auteurs parlent souvent des actions *familiæ erciscundæ* et *communi dividundo*, en traitant de la procédure formulaire, parce que ces actions étaient, avec l'action *finium regundorum*, les seules où se trouvait l'*adjudicatio*. Cette partie de la formule était ainsi conçue : « Quantum adjudicari oportet, judex Titio adjudicato. » (Gaius, IV, § 42.)

(1) On peut remarquer aussi que les actions remontant à la loi des XII tables sont généralement conçues au génitif (*familiæ erciscundæ*; *finium regundorum* : Dig., 10, 1, 11, rubrique ; *furti* : Gaius, III, 190 et 191 ; *sepulchri violati*), tandis que les noms des actions postérieures sont généralement composés de la préposition *de* et d'un ablatif (*de communi dividundo, de pecunia constituta*, etc.).

Mais il y eut toujours des cas exceptionnels où le magistrat prononçait *extra ordinem*, c'est-à-dire terminait lui-même l'affaire (Dig., 1, 18, 8; Paul, *Sentences*, l. V, t. V, § 1); l'an 294 de l'ère chrétienne, les empereurs Dioclétien et Maximien invitèrent les gouverneurs de province à connaître eux-mêmes de toutes les affaires, à moins qu'il leur fût impossible d'y suffire (C., 3, 3, 2), et, en 342, l'empereur Constance abolit toutes les formules (C., 2, 58, 1) : la procédure devint partout extraordinaire (Instit., 3, 12, pr.). — C'était l'antique procédure, débarrassée des actions de la loi. — Mais il n'est pas douteux que les magistrats continuèrent à donner des juges (sans formules) pour la plupart des actions en partage : car les empereurs leur avaient laissé la faculté d'employer des juges en cas de besoin (voir *suprà*, n° 7 *in fine*). « *Placet nobis præsides ... notionis suæ examen adhibere : ita tamen ut, si vel propter occupationes publicas vel propter causarum multitudinem, omnia ... negotia non potuerint cognoscere, judices dandi habeant potestatem.* » (C., 3, 3, 2.)

§ 2. — Des formes du partage amiable.

12. — De tout temps, le partage des biens indivis a dû pouvoir se faire amiablement. A Rome, la tradition suffisait pour transférer la propriété des choses *nec mancipi*, et la *cessio in jure* dut servir pour le partage amiable des choses *mancipi*. Cependant les auteurs sont muets sur cette intéressante question.

Nous voyons seulement que les parties pouvaient procéder au partage elles-mêmes (1), *consensu* (2), *conventione* (3), *sine judice* (4).

Et même Papinien trouvait ce partage amiable plus convenable, surtout entre parents. « *Arbitro quoque accepto, fratres communem hereditatem* CONSENSU *dividentes, pietatis officio funguntur.* » (Dig., 10, 2, 57.)

Cependant ni l'échange ni le partage n'étaient mis au rang des contrats dans le droit civil; c'étaient de simples pactes qui, d'après le droit strict, n'étaient nullement obligatoires en principe. Ils ne

(1) *Hi omne patrimonium diviserunt...* (Paul : Dig., 10, 2, 38). *Si quid ipsi sine dolo inter se pepigerunt...* (Ulpien : Dig., 10, 3, 3, 1.) *Tres fratres communem hereditatem inter se diviserunt instrumentis interpositis...* (Modestin : Dig., 2, 14, 35).

(2) *Si non omnem paternam hereditatem ex consensu divisisti...* (Septime Sévère : C., 3, 38, 1). *Si socii divisioni consensum dederint...* (Alexandre Sévère : C., 3, 38, 2).

(3) *Divisionem conventione factam...* (Dioclétien et Maximien : C., 3, 38, 15).

(4) *Si sine judice diviserint res...* (Paul : Dig., 10, 2, 36). *Sine judicio factis divisionibus...* (Dioclétien et Maximien : C., 3, 38, 3).

transféraient point la propriété et ne donnaient naissance à aucune action. Mais les jurisconsultes et les magistrats leur donnèrent des effets de plus en plus importants.

En premier lieu, les pactes servaient de base à l'exception *pacti conventi* et ne pouvaient être divisés selon l'intérêt des parties. Ainsi, le partage convenu, aucun des copartageants ne pouvait en exiger en justice l'exécution : il fallait agir de nouveau *familiæ erciscundæ* ou *communi dividundo*. Mais, sur la demande en partage, le défendeur pouvait opposer le *pactum vel placitum divisionis*, sans en diviser les effets, au lieu d'accepter le *judicium familiæ erciscundæ vel communi dividundo*.

En second lieu, le pacte pouvait être fortifié par la tradition des biens, qui transférait la propriété des choses *nec mancipi*, conduisait à l'usucapion des choses *mancipi* et donnait l'action publicienne jusqu'au temps de l'usucapion. « *Traditionibus et usucapionibus dominia rerum, non nudis pactis transferuntur.* » (Dioclétien et Maximien : C., 2, 3, 20.) En matière d'échange, la partie qui n'était pas en possession pouvait répéter sa chose par une *condictio ob rem dati re non secuta* (1) : cette action était inutile entre copartageants, parce qu'elle aurait simplement rétabli l'indivision ; le copartageant, qui n'était pas en possession, n'avait qu'à exercer l'action même du partage *(familiæ erciscundæ vel communi dividundo)*.

Enfin les parties remédièrent à la faiblesse du pacte de partage, au moyen d'une clause pénale avec stipulation.

Quintus Mucius Scævola parle de cette stipulation. « *Duo fratres hereditatem inter se diviserunt, et* CAVERUNT *sibi, nihil se contra eam divisionem facturos; et, si contra qui fecisset,* PŒNAM ALTER ALTERI PROMISIT. *Post mortem alterius, qui supervixit petit ab heredibus ejus hereditatem, quasi ex causa fideicommissi sibi a patre relicti debitam. Et adversus eum pronuntiatum est quasi de hoc quoque transactum fuisset. Quæsitum est an pœna commissa esset? Respondit pœnam commissam.* » (Dig., 45, 1, 122, 6.)

Hermogénien confirme en une phrase tout ce qui vient d'être dit. « *Divisionis placitum, nisi* TRADITIONE VEL STIPULATIONE *sumat effectum, ad actionem, ut nudum pactum, nulli prodesse poterit.* » (Dig., 2, 14, 45.)

Dioclétien et Maximien énoncent les mêmes principes dans deux constitutions : 1° « *Cum proponas inter vos sine scriptura placuisse fratrum tuorum successiones æquis ex partibus dividi, et transactionis causa probari possit hanc intercessisse conventionem : exceptione te tueri potes* SI POSSIDES. *Quod si adversarius tuus teneat ex hoc placito,*

(1) Dig., 10, 4, 1, 4, et 19, 5, 5, 1 ; C., 4, 38, 8, et 4, 64, 7.

nullam actionem natam esse, si tibi STIPULATIONE NON PROSPEXISTI, *debes intelligere : nec adversario tuo transactione uti concedendum est, nisi ea quæ placita sunt adimplere paratus sit. — Anno* 208. » (C., 2, 3, 21.) — 2° « *Si divisionem conventione factam etiam* POSSESSIO CONSENSU SECUTA, *pro solido dominium rerum quas pertinere ad patrem tuum placuit, ei firmavit, earum vindicationem habere potes, si patri tuo successisti. Si vero placitum divisionis usque ad pactum stetit, arbiter familiæ erciscundæ judicio vobis datus, communionem inter vos finiri providebit.* » (C., 3, 30, 15.)

§ 3. — Du caractère translatif des partages.

13. — EN DROIT ROMAIN, le partage pur et simple est l'acte par lequel chaque copropriétaire cède à ses copropriétaires ses droits indivis sur les objets non compris dans son lot, et reçoit d'eux leurs droits indivis dans les objets compris dans son lot. Cet acte produit une double aliénation et constitue un véritable échange.

Le partage par licitation est l'acte par lequel celui des copropriétaires qui donne le plus haut prix d'une chose indivise, acquiert les parts indivises de ses copropriétaires, à charge de payer la portion du prix qui correspond à ces parts. C'est une véritable vente.

Le partage est ainsi, dans tous les cas, essentiellement translatif de propriété.

Volusius Mæcianus, qui vivait sous Antonin (138-161), décidait que le père de famille ne pouvait pas partager les biens du pécule castrens de son fils, parce qu'il ne pouvait pas les aliéner. « *Hi actus patris, qui ad præsens alienationem alicujus juris de castrensi peculio præstant, impediuntur...* ITAQUE *negabimus patrem, filio salvo, communi dividundo agentem, proprietatem* ALIENATURUM, *exemplo dotalis prædii* (1). *Sed nec si socius ultro cum eo agat, quicquam agetur...* » (Dig., *De castrensi peculio*, 49, 17, 18, 2.)

Sous Marc-Aurèle (161-180), *Ulpius Marcellus* admettait que le partage formait, comme la vente, un juste titre pour l'usucapion. « *Si per errorem de alienis fundis, quasi de communibus, judicio communi dividundo accepto,* EX ADJUDICATIONE *possidere cœperim, longo tempore capere possum* (2). (Dig., *De usurpationibus*, 41, 3, 7.) — Ailleurs, il classait le partage parmi les actes qui font perdre la propriété (3). « *Si dominium (rei subreptæ) non tuo facto amiseris,*

(1) La loi Julia défendait au mari d'aliéner le fonds dotal, sans nécessité. (Dig. 23, 5, 1, pr.)

(2) *Quo titulo? ex adjudicato.* (Denis Godefroy.)

(3) Le propriétaire d'une chose volée avait naturellement l'action en reven-

æque condices (conditione furtiva). In communi igitur re interest, utrum tu provocasti communi dividundo judicio, an provocatus es : ut, si provocasti communi dividundo judicio, amiseris condictionem ; si provocatus es, retineas. » (Dig., *De condictione furtiva*, 13, 1, 12.)

L'an 195, l'empereur *Septime Sévère* défendait aux tuteurs et curateurs de disposer des fonds de terre des mineurs sans l'autorisation du préteur urbain, et cette défense s'étendait au partage, d'après les paroles suivantes prononcées au Sénat par l'empereur : « *Interdicam tutoribus et curatoribus ne prædia rustica vel suburbana distrahant... Quod si forte æs alienum tantum erit, ut ex rebus cæteris non possit exsolvi, tunc prætor urbanus vir clarissimus adeatur... Si communis res erit* ET SOCIUS AD DIVISIONEM PROVOCET ... *nihil novandum censeo.* » (Dig., *De rebus eorum qui sub tutela*, 27, 9, 1, 2.)

Papinien, le prince des jurisconsultes, parlait du partage comme d'un échange qui fait cesser l'indivision, et donnait aux copartageants l'action *præscriptis verbis* de l'échange. « *Hereditatem post mortem suam rogati restituere ... prædiorum periculo non adstringuntur, cum permutatio* RERUM DISCERNENS COMMUNIONEM *interveniet.* (Dig., *De legatis et fideicommissis*, 31, 1, 77, 18.) — *Si creditores filios pro portionibus hereditariis conveniant* (1), *et unus placita detrectet, posse cum eo præscriptis verbis agi, quasi certa lege* PERMUTATIONEM *fecerint.* » (Dig., *Familiæ erciscundæ*, 10, 2, 20, 3.)

Une constitution d'Antonin *Caracalla*, de l'an 212, portait que le partage tient lieu de vente. « *Divisionem prædiorum* VICEM EMPTIONIS *obtinere placuit.* » (C., *Communia utriusque judicii*, 3, 38, 1.)

Ulpien, au sujet du sénatus-consulte de Septime Sévère, parlait du partage absolument comme d'une aliénation. « *Si pupillorum sint communia prædia qui diversos tutores habent, videamus an alienatio locum habere possit. Et cum provocatio necessaria sit, puto alienationem* (2) *impediri. Neuter enim poterit provocare, sed ambo provocationem exspectant.* » (Dig., *De rebus eorum qui sub tutela*, 27, 9, 7, pr., et 8, 2)

Le même jurisconsulte classait parmi les modes d'acquisition de la propriété l'adjudication qui terminait tout partage judiciaire. « *Singularum rerum dominia nobis* ADQUIRUNTUR ... *adjudicatione...*

dication et l'action *ad exhibendum*; il avait en outre une action personnelle, la *condictio furtiva*, pour recouvrer la valeur de la chose, en cas de perte. (Gaius, IV, § 4, et II, § 79.) Mais il perdait cette *condictio* dès que le voleur offrait de restituer (Dig. 13, 1, 8, pr.), et l'on présumait que le voleur avait offert de restituer, quand le propriétaire aliénait la chose. (Dig., 13, 1, 10, 2.) Mais ici se place l'observation de Marcellus.

(1) Dig., 30, 1, 60, 2.

(2) *Qui dicidit alienat.* (Note de Denis Godefroy.)

Dominia NANCISCIMUR *per formulas familiæ erciscundæ, communi dividundo et finium regundorum : nam si judex uni ex heredibus aut sociis aut vicinis rem aliquam adjudicaverit, statim illi* ADQUIRITUR, *sive mancipi, sive nec mancipi sit.* » (*Regulæ*, 19, 2 et 16.)

Une constitution d'*Alexandre Sévère*, de l'année 230, contenait aussi le terme *nancisci*. « *Quod quisque eorum secundum placita possidet, pro parte socii dominium* NACTUS EST. » (C., *Communia utriusque judicii*, 3, 38, 2.)

Gordien disait, dans une constitution datée de 242, que le mari, ne pouvant aliéner le fonds dotal, ne pouvait en provoquer le partage. « *Mariti qui fundum communem cum alio in dotem inæstimatum acceperunt, ad communi dividundo provocare non possunt* (1), *licet ipsi possint provocari.* » (C., *De fundo dotali*, 5, 23, 2.)

Dioclétien et *Maximien* écrivaient, vers 285, à un magistrat, relativement au partage des biens de mineurs : « *Inter omnes minores nec commune prædium sine decreto præsidis, sententia senatusconsulti, distrahi patitur. Nam ad divisionis causam provocante tantummodo majore socio, ejus* ALIENATIONEM *et sine decreto fieri jampridem obtinuit.* » (C., *De prædiis minorum*, 5, 71, 17.)

Enfin *Justinien* signalait dans ses *Institutes* la mutation que produisait toute licitation. « *Quod autem familiæ erciscundæ judicio... alicui adjudicatum sit, id statim* EJUS FIT *cui adjudicatum est.* » (*De officio judicis*, 4, 17, 4.) (2) Et, tant au *Code* que dans une *Novelle*, il comprenait le partage parmi les aliénations licites des choses litigieuses. « *Si quis ... actiones ... ad alium quemdam transtulerit, ... qui accesserit cognoscat se compellendum non tantum rem redhibere, sed etiam pretio ejus privari... Exceptis videlicet hujus sanctionis dispositione his qui vel dotis nomine ... aut divisionis rerum hæreditarium factæ ... actiones dederint vel acceperint... Anno 532.* » (C., *De litigiosis*, 8, 37, 4.) « *Et hoc adjiciundum esse perspeximus ut si, lite de re litigiosa pendente, pulsatum contigerit ab hac luce recedere, hæredes autem ejus velle divisionem rerum facere, sine aliquo obstaculo liceat eis hoc agere. Quando enim* RES LITIGIOSÆ *per successionem ad hæredes perveniunt, non debet alienatio intelligi* EARUM *inter cohæredes divisio... Anno 541.* » (Novelle, 112, c. 1.)

Le caractère translatif du partage romain ressort avec netteté de l'ensemble de ces textes.

(1) *Quia eo actu pervenitur ad alienationem.* (Denis Godefroy.)

(2) Cette mutation serait également prouvée, selon certains modernes, par les mots, *tam in rem* du titre *De actionibus* (*Instit.*, 4 6, 20 : Ortolan, t. 3, n° 2117).

§ 1. — Des droits du copropriétaire.

14. — En droit romain, chaque copropriétaire est propriétaire incommutable d'une part de chaque bien égale à la faction représentative de son droit; il peut disposer irrévocablement de cette part, et ne peut disposer éventuellement d'une part plus forte (1).

Si l'un des copropriétaires a aliéné, à quelque titre que ce soit et par quelque mode que ce soit, sa part dans l'universalité des biens indivis, son cessionnaire est mis absolument en son lieu et place vis-à-vis des autres copropriétaires.

S'il n'a aliéné que sa part dans un bien déterminé, ce bien cesse d'être indivis entre ses copropriétaires et lui, et le devient entre son cessionnaire et ses copropriétaires.

S'il n'a aliéné que sa part dans une seule partie de l'un des biens, cette partie seule cesse d'être indivise entre ses copropriétaires et lui et le devient entre son cessionnaire et ses copropriétaires.

S'il n'a aliéné qu'une partie de sa part soit dans l'universalité des biens, soit dans un bien déterminé, soit dans une seule partie de l'un des biens, l'indivision cesse de la même manière quant à la partie cédée ; mais le cédant conserve une part dans les biens compris pour partie dans la cession, de sorte que la cession fait augmenter le nombre des copropriétaires.

Enfin, s'il a engagé, soit à titre de gage, soit à titre d'hypothèque, sa part ou une partie de sa part soit dans l'universalité des biens indivis, soit dans un bien déterminé, soit dans une seule partie de l'un des biens, les biens compris dans l'engagement sont engagés dans toutes leurs parties, pour la fraction déterminée lors de la constitution de gage ou d'hypothèque, et demeurent engagés de la sorte pendant tout le temps fixé par la convention ou la loi, quel que soit le résultat du partage et en quelques mains qu'ils passent.

En résumé, le copropriétaire romain agit irrévocablement, toutes les fois qu'il dispose d'un bien pour une part égale ou inférieure à la sienne.

C'est ce qu'il est aisé de démontrer par plusieurs fragments des écrits des jurisconsultes et des constitutions impériales.

Priscus Neratius, qui vivait sous Trajan (98-117), indiquait dans les termes ci-après les conséquences de la *vente* consentie par un héritier de sa part dans un immeuble. « *Ex hereditate Lucii Titii, quæ mihi et tibi communis erat, fundi partem meam alienavi. Deinde familiæ erciscundæ judicium inter nos acceptum est. Neque ea pars quæ mea*

(1) Si ce n'est comme de la chose d'autrui.

fuit, in judicio veniet, cum alienata de hereditate exierit; neque tua, quia, etiamsi remanet in pristino jure hereditariaque est, tamen alienatione meæ partis exiit de communione. Utrum autem unus heres partem suam non alienaverit, an plures, nihil interest : si modo aliqua portio alienata ab aliquot ex heredibus, hereditaria esse desiit. » (Dig., *Familiæ erciscundæ*, 10, 2, 54.) (1).

Sous Adrien (117-138), *Salvius Julianus* maintenait le *gage* donné par un communiste. « *Si fundus communis nobis sit, sed pignori datus a me, venit quidem in communi dividundo; sed jus pignoris creditori manebit, etiamsi adjudicatus fuerit : nam et si pars socio tradita fuisset, integrum maneret. Arbitrum autem communi dividundo hoc minoris partem æstimare debere, quod ex pacto vendere eam rem creditor potest, Julianus ait. — Idem Julianus scribit, si is cum quo servum communem habebam, partem suam mihi pignori dederit et communi dividundo agere cœperit, pignoratitia exceptione eum summoveri debere; sed, si exceptione usus non fuero, officium judicis erit, ut, cum debitori totum hominem adjudicaverit, partis æstimatione eum condemnet : manere enim integrum jus pignoris. Quod si adjudicaverit judex mihi : tanti duntaxat me condemnet, quanto pluris pignus sit quam pecunia credita, et debitorem a me jubeat liberari.* » (Dig., *Communi dividundo*, 10, 3, 6, 8 et 9.)

Gaius, qui écrivait sous Marc-Aurèle (161-180), expliquait très-clairement qu'après le partage l'*hypothèque* frappait tous les lots pour la part du débiteur. « *Illud tenendum est, si quis communis rei partem pro indiviso dederit hypothecæ, divisione facta cum socio, non utique eam partem creditori obligatam esse quæ ei obtingit qui pignori dedit; sed utriusque pars pro indiviso pro parte dimidia manebit obligata.* » (Dig., *Quibus modis pignus vel hypotheca solvitur*, 20, 6, 7, 4.)

Ulpien remarquait que la clause d'indivision n'empêchait pas de vendre sous cette condition. « *Qui paciscitur ne dividat, nisi aliqua justa ratio intercedat, nec vendere poterit, nec alia ratione efficiet, ut*

(1) Sous le même empereur, *Celsus* maintenait, sinon vis-à-vis des autres associés, du moins vis-à-vis de l'associé vendeur, les effets de la vente non suivie de tradition. « *Fundi, quem cum Titio communem habebas, partem tuam vendidisti : et, antequam traderes, coactus es communi dividundo judicium accipere. Si socio fundus sit adjudicatus, quantum ob eam rem a Titio consecutus es, id tantum emptori præstabis. Quod si tibi fundus totus adjudicatus est, totum eum emptori trades, sed ita ut ille solvat quod ob eam rem Titio condemnatus es : sed ob eam quidem partem quam vendidisti, pro evictione cavere debes : ob alteram autem, tantum de dolo malo repromittere : æquum est enim eamdem esse conditionem emptoris quæ futura esset, si cum ipso actum esset communi dividundo. Sed si certis regionibus fundum inter te et Titium judex divisit, sine dubio partem quæ adjudicata est, emptori tradere debes.* » (Dig., *De actionibus empti*, 19, 1, 13, 17.)

dividatur. Sed sane potest dici venditionem quidem non impediri, sed exceptionem adversus emptorem locum habere, si ante dividat quam divideret is qui vendidit. » (Dig., *Pro socio,* 17, 2, 16, 1.) — Il observait ailleurs qu'un héritier pouvait parfaitement *partager* avec un de ses cohéritiers, sans le concours des autres. « *Dubitandum autem non est, quin familiæ erciscundæ judicium et inter pauciores heredes ex pluribus accipi possit.* » (Dig., *Familiæ erciscundæ,* 10, 2, 2, 4.) (1).

Paul donnait exactement les mêmes règles, pour les deux cas : 1° « *Si inter socios convenisset, ne intra certum tempus societas divideretur : quin vendere liceat ei qui tali conventione tenetur, non est dubium. Quare emptor quoque communi dividundo agendo, eadem exceptione summovebitur qua auctor ejus summoveretur.* » (Dig., *Communi dividundo,* 10, 3, 14, 3.) — 2° « *Etsi non omnes qui rem communem habent, sed certi ex his dividere desiderant, hoc judicium inter eos accipi potest.* » (Dig., *Communi dividundo,* 10, 3, 8, pr.)

Dans un autre passage, *Paul* considérait comme valables le *legs* et la *vente* d'une part indivise. « *Si testator rem communem cum extraneo habebat, ... partem alicui legavit, aut heres, ante judicium familiæ erciscundæ acceptum, partem suam alienavit : ad officium judicis pertinet, ut eam partem quæ testatoris fuit, alicui jubeat tradi.* » (Dig., *Familiæ erciscundæ,* 10, 2, 25, 6.) (2)

Antonin *Caracalla* décidait, en 214, que chaque copropriétaire pouvait irrévocablement *disposer* de sa part, tant que l'instance en partage n'était pas liée par la *litis contestatio.* « *Frater tuus, si solam portionem prædii ad se pertinentem distraxit, venditionem revocari non oportet; sed adversus eum, cum quo tibi idem prædium commune esse cœpit, communi dividundo judicio consiste : et ea actione aut universum prædium, si licitatione viceris, exsoluta socio parte pretii, obtinebis : aut pretii portionem, si meliorem alius conditionem obtulerit, consequeris : quod si divisio prædii sine cujusquam injuria commode fieri potuerit, portionem suis finibus tibi adjudicatam possidebis. Hoc videlicet custodiendo, ut post litis contestationem nemo nec partem suam, cæteris ejusdem rei dominis non consentientibus, alienare possit* (3). » (C., *Communi dividundo,* 3, 37, 1.)

Une constitution d'*Alexandre Sévère*, de l'année 223, validait pareillement la *vente* de la part indivise. « *Ad officiçium arbitri, qui inter te et fratrem tuum pro dividendis bonis datus fuerit, ea sola*

(1) Un tel partage n'est que conditionnel et provisionnel en droit français.

(2) Il notait, ailleurs, que l'un des copropriétaires ayant aliéné sa part dans l'objet commun, ce n'était plus lui, mais son cessionnaire, qui devait figurer dans le partage. (Dig., 10, 3, 14, 1.)

(3) Dig., 10, 2, 13. — Voir aussi la loi précédente de Paul *(Si testator)*.

pertinent, quæ manent communia tibi et illi. Nam ea, quorum partem is vendidit, cum emptoribus tibi communia sunt, et adversus singulos arbitrum petere debes, si ab illorum quoque societate discedi placeat (1). » (C., *Communi dividundo*, 3, 37, 3.)

Enfin quatre rescrits des empereurs *Dioclétien* et *Maximien* permettaient de *vendre* une part indivise, de *l'engager*, de la *donner* et de la *constituer en dot*. 1° « *Eusebio. — Falso tibi persuasum est, communis prædii portionem pro indiviso, antequam communi dividundo judicium dictetur, tantum socio, non etiam extraneo posse distrahi.* » (C., *De communium rerum alienatione*, 4, 52, 3.) — 2° « *Severiano et Flaviano. Anno 294. — Si fratres vestri pro indiviso commune prædium citra vestram voluntatem obligaverunt, et hoc ad vos secundum pactum divisionis, nulla pignoris facta mentione, pervenit : evictis partibus, quæ ante divisionem sociorum fuerunt, in quibus obligatio tantum consistit, ex stipulatu, si intercessit, alioquin, quanti interest, præscriptis verbis contra fratres agere potestis. Si fundi scientes obligationem, dominium suscepistis : tantum evictionis promissionem solemnitate verborum vel pacto promissam probantes, eos conveniendi facultatem habebitis.* » (C., *Communia utriusque judicii*, 3, 38, 7.) — 3° *Aureliano. — Portionem propriam, rebus nondum divisis, nemo prohibetur titulo donationis in alium transferre.* » (C., *De donationibus*, 8, 54, 12.) — 4° « *Æmilio. — Ante divisionem soror tua intestato patri etiam ipsa succedens pro indiviso portionem fundi communis in dotem dare non prohibetur.* » (C., *De jure dotium*, 5, 12, 16.)

Ainsi, les droits réels établis pendant l'indivision sur la part indivise d'un des copropriétaires, suivaient cette part entre les mains des copropriétaires auxquels le partage l'attribuait. En conséquence, les hypothèques que la loi accordait à certains créanciers frappaient toutes les parties de tous les biens indivis, dans la proportion des droits du débiteur, de sorte qu'après le partage toutes les parties de tous les biens demeuraient encore affectées, dans cette proportion, au paiement des dettes garanties par ces hypothèques. Cet effet du partage à l'égard des hypothèques légales devait produire un résultat bizarre pour l'hypothèque des légataires. Lorsqu'un legs était à la charge de deux personnes, le légataire avait, contre chacune de ces personnes, une créance distincte, avec hypothèque sur les biens recueillis par chacune d'elles. (Justinien : C., *Communia de legatis*, 6, 43, 1.) Si les biens ainsi grevés étaient indivis, chaque part indivise était *séparément* affectée au paiement d'une portion du legs. Mais il semble qu'après le partage (2), chaque débiteur pouvait être

(1) *Quot socii, tot libellis opus est.* (Denis Godefroy.)
(2) En nature.

hypothécairement poursuivi pour la totalité du legs, parce que son lot comprenait nécessairement des valeurs affectées à l'une et l'autre dettes. Voilà du moins où menaient les principes de l'hypothèque et du partage. (Demangeat, t. 1, p. 718, et t. 2, p. 535.)

15. — Dès que chaque copropriétaire pouvait disposer irrévocablement de sa part, nul ne pouvait disposer, même éventuellement, d'une plus forte part. Ils pouvaient tous, à la vérité, vendre la totalité d'un ou plusieurs biens, parce qu'en droit romain le vendeur n'était pas obligé de transférer la propriété de la chose : mais les ventes de l'espèce, comprenant chose du vendeur et chose d'autrui, ne pouvaient être opposées aux copropriétaires que pour la portion représentative des droits du vendeur, d'après le précepte de Pomponius : « *Id quod nostrum est, sine facto nostro, ad alium transferri non potest.* » (Dig., 50, 17, 11.)

Plusieurs textes justifient ces propositions.

Papinien déclarait qu'un communiste ne pouvait rien obliger au-delà de sa part. « *Post divisionem regionibus factam inter fratres convenit, ut, si frater agri portionem pro indiviso pignori datam a creditore suo non liberasset, ex divisione quæsita* (1) *partis partem dimidiam alter distraheret. Pignus intelligi contractum existimavi. Sed priorem secundo non esse potiorem : quoniam secundum pignus ad eam partem directum videbatur, quam ultra partem suam frater non consentiente socio non potuit obligare.* » (Dig., *Qui potiores in pignore*, 20, 4, 3, 2.)

Antonin *Caracalla* n'admettait pas qu'un propriétaire pût vendre au-delà de sa part. Cela résulte de deux constitutions. » 1° « *Multum interest utrum coheredes tui possessionem communem distraxerunt, an vero fiscus, cum partis dominus esset, soliditatem juxta proprium privilegium vendidit. Et enim si a fisco facta sit venditio, fidem ejus infringi minime rationis est. Si vero coheredes soliditatem vendiderunt ; licet emptor ab his delegatus partem pretii fisco solverit alteramque in cautionem deduxerit, tamen* PORTIONI TUÆ EA VENDITIO NON POTEST OBSISTERE. » (C., *De Communium rerum alienatione*, 4, 52, 2). — 2° « *Si nulla usucapionis prærogativa vel diuturni silentii præscriptio emptorem possessionis, quam a coheredibus patrui tui distractam suggeris, pro portione tua munit : in rem actio* INCOLUMIS PERSEVERAT. *At si receptum jus securitatem emptori præstiterit, arbitrium est tibi liberum conveniendi eos qui* PRO PORTIONE TUA SATIS ILLICITAM *venditionem celebraverant.* » (*Ibid.*, 4, 52, 1.)

En 227, *Alexandre Sévère* reconnaissait que le propriétaire ne pouvait engager le tout. « *Si probatum fuerit præsidi provinciæ fratrem tuum vineas communes pignori dedisse, cum* PARTEM *tuam*

(1) Ou *quæsitæ*.

quam in vineis habes CREDITORI OBLIGARE NON POTUERIT : *præses provinciæ restitui tibi eam jubebit cum fructibus, quos creditor de parte tua perceperit. Idem præses provinciæ de divisione vinearum inter te et creditorem fratris tui cognoscet, et jubebit eum accepta pecunia, quanti statuerit partem fratris tui valere, eam partem, quam de fratre tuo accepit, tibi restituere : aut æstimata tua parte, ad creditorem fratris tui data pecunia, quanti eam æstimaverit, transferre.* » (C., *Communi dividundo*, 3, 37, 2.)

Enfin *Dioclétien* et *Maximien* appliquaient les mêmes principes dans leurs décisions, ainsi que le prouvent quatre lois du Code. 1° « *Commodiano. Anno 293. — Coheredibus divisionem inter se facientibus juri absentis et ignorantis* MINIME DEROGARI, *ac pro indiviso portionem eam quæ initio ipsius fuit, in omnibus communibus rebus* EUM RETINERE : *certissimum est. Unde portionem tuam cum reditibus arbitrio familiæ erciscundæ percipere potes, ex facta inter coheredes divisionem* NULLUM PRÆJUDICIUM TIMENS. » (C., *Familiæ erciscundæ*, 3, 36, 17.) — 2° « *Pactuelæ. Anno 294. — In familiæ erciscundæ judicio ab uno pro solido rei veluti communis venundatæ pretium non venit : sed mandati, si præcessit, coheres venditoris agere potest, vel negotiorum gestorum, si ratam fecerit venditionem. Nam si velut propriam unus distraxerit, ac pretium possideat, hereditas ab eo petenda est.* » (*Ibid.*, 3, 36, 20.) — 3° « *Ulpiano militi. — Portionem quidem tuam militantis frater tuus* ALIENARE NON POTUIT. *Ejus autem partem pretio soluto tibi restitui postulare nec militanti gravitati convenit.* » (C., *De communium rerum alienatione*, 4, 52, 4.) — 4° « *Olympiano. — Si major annis viginti quinque veluti propria, nescienti communia cum fratribus tuis, prædia distraxisti : licet nullum instrumentum intercessit, nec quicquam specialiter convenerit, alienæ portionis* EVICTIONE SECUTA (1), *quanti interest, emptori solves.* » (*Ibid.*, 4, 52, 5.)

§ 5. — Sur la décision de Trebatius rapportée par la loi 31, Dig., 33, 2.

16. — Nous venons de montrer que, pour les Romains, le partage avait un caractère translatif de propriété et constituait une sorte d'échange.

M. Demangeat émet l'opinion que « cette doctrine n'avait pas été « universellement admise dès l'origine, attendu que, si elle est « conforme à la réalité, elle peut avoir certains inconvénients. » (*Cours élémentaire de droit romain*, 1867, t. 2, p. 560.) (2).

(1) *Juste secuta.*

(2) Dans le même sens, M. Demante (*Enregistrement*, n° 704), et M. Valabrègue (*Revue pratique*, 1872, t. 34, p. 483).

Sans doute les jurisconsultes de Rome avaient l'esprit assez souple et assez ingénieux pour inventer des fictions. Mais leurs écrits mentionnent, en en faisant ressortir l'utilité, les fictions qu'ils avaient introduites dans la législation et celles qu'ils avaient laissées dans le domaine de la discussion. Or il n'est question nulle part d'une fiction relative au partage. C'est une première raison pour rejeter l'opinion de M. Demangeat et soutenir que les Romains n'ont pas connu notre fiction. On peut tout au plus se demander s'ils l'ont entrevue. La question, ainsi réduite, offre encore de l'intérêt, au point de vue historique. Nous allons l'examiner avec soin.

On prétend trouver dans un fragment de Labéon, la preuve d'une controverse qui aurait divisé les auteurs au sujet de l'effet du partage. Ce fragment forme la loi 31 du titre 2 du livre 33 du Digeste *(De usu et usufructu... per legatum vel fideicommissum datis).* En voici les termes : « *Is qui fundum tecum communem habebat, usumfructum fundi uxori legaverat ; post mortem ejus tecum heres arbitrum communi dividundo petierat. Blæsus ait, Trebatium respondisse, si arbiter certis regionibus fundum divisisset, ejus partis quæ tibi obtigerit, usumfructum nulla ex parte deberi ; sed ejus quod heredi obtigisset, totius usumfructum eam habituram. Ego hoc falsum puto : nam, cum ante arbitrum communi dividundo conjunctus pro indiviso ex parte dimidia totius fundi ususfructus mulieris fuisset, non potuisse arbitrum, inter alios judicando, alterius jus mutare, quod et receptum est.* » Et voici comment ce texte est interprété par le savant professeur que nous essayons de réfuter. « Un homme qui était » copropriétaire par indivis avec vous d'un certain fonds a légué à » sa femme l'usufruit de ce fonds ; après sa mort, il y a partage » entre vous et son héritier. Le fonds étant partagé en nature, *certis* » *regionibus,* l'usufruit de la femme, suivant Trébatius, ne porte » aucunement sur la part divise mise dans votre lot ; il porte uni- » quement sur la part divise échue à l'héritier du mari. (C'est ce » qu'il faudrait décider chez nous, le partage étant déclaratif.) Mais, » dit Labéon, je tiens cette décision pour fausse. En effet, l'usufruit » de la femme avant le partage portant pour moitié indivise sur la » totalité du fonds, l'arbitre n'a pas pu, statuant entre vous et » l'héritier du mari, changer le droit de la femme. Telle est aussi la » doctrine reçue. »

Il nous semble qu'il était indispensable, pour résoudre la diffi- culté, de déterminer l'effet du legs avant celui du partage. Car le testateur aurait pu dire lui-même qu'il instituait Titius pour héritier et qu'il léguait à sa femme l'usufruit *de la part qu'aurait Titius dans tel fonds.* Il s'agissait donc de rechercher en premier lieu l'intention du testateur. Or on sait que toutes les règles de l'interprétation sont dominées par les moindres circonstances de fait. On sait combien le champ des hypothèses est vaste : *de verborum significatione jurisconsulti veteres multum scripsere*, (Denis Godefroy, sur le tit. 16 du liv. 50 du Dig.). Et, chose singulière, Trebatius lui-même a décidé, dans une certaine affaire, que le légataire d'un bien indivis pouvait réclamer la totalité du bien, d'après la volonté présumée du testateur : « *Labeo ait : cum certa res aut persona legatur ita, qui meus erit cum moriar heres dato ; et communis sit : totum deberi Trebatium, vero, respondisse partem deberi, Cassius scripsit. Quod et verius est. Cum fundus communis legatus sit, non adjecta portione, sed suum* (1) *nominaverit, portionem deberi constat.* » Paul : Dig., *De legatis et fideicommissis*, 30, 1, 5, 1 et 2.) L'antinomie paraît évidente, et prouve que les deux lois *Is qui fundum* et *Labeo* sont, avant tout, des décisions d'espèces, desquelles on ne peut tirer aucune conclusion importante.

Mais allons plus loin. Supposons que Trebatius et Labéon aient été d'accord sur l'effet du legs et que le testateur ait clairement légué à Seius la nue-propriété de la moitié du fonds Cornélien et à Mœvius l'usufruit auquel il pouvait prétendre sur le même fonds. — Seius et Mœvius n'étaient pas en état d'indivision : *Si alius proprietatem fundi habeat, alius usumfructum... nulla communio est.* (Dig., *De rebus eorum qui sub tutela*, 27, 9, 6.) Seius était copropriétaire de la nue-propriété et Mœvius copropriétaire de l'usufruit. Chacun d'eux devait partager avec le copropriétaire du *de cujus*. Car l'usufruit était susceptible de partage comme la propriété : *Si inter duos fructuarios sit controversia... æquissimum esse quasi communi dividundo judicium dari.* (Dig., *De usufructu et quemadmodum*, 7, 1, 13, 3.)

Trebatius répondit que le partage fait avec Seius fixait le droit de l'usufruitier Mœvius. Le fragment du Digeste n'indique pas les motifs de cette décision. Etait-ce parce que l'usufruitier n'avait pas encore, à cette époque, l'action *quasi communi dividundo* (2) ? Etait-ce parce que l'usufruitier ne pouvait pas partager sans le concours du nu-propriétaire (3) ? Etait-ce afin de donner Seius pour nu-propriétaire à Mœvius, à cause des relations qui existent entre le nu-propriétaire et l'usufruitier (4) ? Ce pouvait être encore pour d'autres raisons. Mais ce ne devait pas être par suite du caractère du partage : car, à notre

(1) Ou *meum*.

(2) Sous Auguste. — Nous savons que le *quasi-usufruit* des choses fongibles n'était pas admis du temps de Cicéron (*Topiques*, n° 3; *Institutes*, 2, 4, 2).

(3) Dig., 23, 3, 66; *Instit.*, 2, 4, 3; Gaius, 2, 30.

(4) Cette idée ramène à l'interprétation du legs.

avis, le caractère déclaratif du partage ne produit pas cet effet. Rien n'empêche de supposer que le *de cujus* a laissé l'usufruit de tel côté du fonds Cornélien et la nue-propriété de tel autre côté, de telle façon que l'usufruit dût s'éteindre au décès de Mœvius et la nue-propriété se consolider au même moment. Dans ces conditions, on ne voit pas comment l'un des légataires, Seius ou Mœvius, pourrait modifier le droit indivis de l'autre en même temps que le sien. On a toujours proclamé que les conventions n'ont d'effet qu'entre les parties contractantes, qu'elles ne nuisent point aux tiers et que l'autorité de la chose jugée n'a lieu qu'entre les parties en cause, pour l'objet du procès. *Exceptio rei judicatæ obstat, quoties inter easdem personas eadem quæstio revocatur... Cum quæritur hæc exceptio noceat necne, inspiciendum est an idem corpus sit, quantitas eadem, idem jus, et an eadem causa petendi, et eadem conditio personarum. Quæ nisi omnia concurrunt, alia res est.* (Dig., *De exceptione rei judicatæ*, 44, 2, 7-4, 12, 13 et 14-pr.) C'est en violation de ces principes que Trebatius a rendu sa décision, et c'est par leur application que Labéon a soutenu l'opinion contraire, *qui est bonne encore de nos jours* (1).

M. Demangeat invoque également la loi *Post divisionem regionibus*, tirée *du livre 11 des Réponses de Papinien*, qui se trouve au titre *Qui potiores* du Digeste (20, 4, 3, 2), et que nous avons déjà rapportée (n° 15 *suprà*). Deux frères partagent un terrain, engagé par l'un d'eux pendant l'indivision. Chaque lot se trouvant engagé pour moitié, il est convenu que l'héritier non débiteur distraira la moitié du lot de son cohéritier, si son propre lot n'est pas dégagé. Papinien considère cette convention comme un nouvel engagement. Mais il observe que le premier engagement ne primera pas celui-ci, parce que celui-ci concerne la portion que l'héritier débiteur n'a pu obliger la première fois, au préjudice de son cohéritier (2).

(1) C'est sous cet aspect que Pothier présentait la loi *Is qui fundum* : « *Nec dominii mutatione quæ contingit ex divisione* CUI FRUCTUARIUS NON INTERFUIT, *ususfructus amittitur. Hinc Labeo : Is qui fundum ...* » (*Pandectes*, 7, 4, 23.) — M. Accarias rejette aussi, dans son *Précis de droit romain*, l'opinion de M. Demangeat. « D'après Trébatius, dit-il, la veuve pourrait revendiquer l'usu- » fruit de toute la part divise adjugée à l'héritier de son mari, mais de cette part » seule, tandis que, d'après les principes, son droit porte sur la moitié indivise » de la part échue à cet héritier et sur la moitié indivise de la part adjugée à » Secundus. Faut-il conclure de là que Trebatius, devançant de seize siècles » notre doctrine moderne, admettait d'une manière générale le caractère décla- » ratif du partage? Je ne le crois pas. Sa décision ne me paraît fondée que sur » un motif d'utilité, et en supposant l'immeuble entier attribué à Secundus, » sans doute il n'eût pas autorisé celui-ci à repousser la femme prétendant » exercer son droit d'usufruit. » (T. 1, n° 218, n.)

(2) « *Hæc species legis*, dit Pothier. *Antequam divideremus fundum communem,*

Nous ne voyons là qu'un ingénieux moyen d'échapper à l'un des inconvénients du partage translatif (1), et nous n'apercevons aucune fiction qui ressemble à la nôtre. Papinien reconnaît au contraire que les deux lots restent engagés après le partage, du chef de l'héritier débiteur (2), et c'est un des effets les plus remarquables du partage translatif. Ajoutons que cet éminent jurisconsulte se serait étrangement contredit, *dans le même ouvrage*, s'il avait eu l'idée qu'on lui prête : car il parlait du partage, *dans le livre* 8 *de ses Réponses*, comme d'un *échange* qui fait cesser l'indivision. (Voir n° 13 *suprà*.)

CONCLUSION. — Nous admettons que les Romains aient senti les incommodités de leur stricte théorie, mais nous soutenons qu'ils n'ont pas trouvé la fiction et qu'ils ne l'ont pas même entrevue.

obligasti partem tuam quam pro indiviso habebas : deinde quum dividimus, tibi obtigit regio A, mihi regio B; dimidia utriusque partis manet creditori tuo obligata : nam divisio fit salva pignorum causa... Promisisti mihi luere hoc pignus; et, in id, dimidiam regionis quæ tibi obtingeret obligasti. Tuus creditor non est me potior, imo nec concurrimus : nam in diversis regionis quæ tibi obtigit partibus pignora nostra consistunt; obligare enim ei non potuisti, nisi partem quam ante divisionem habebas; mihi autem alteram partem quam ei obligare non potuisti videris obligasse... Illud evidens est ... quæstioni de prioritate pignoris locum esse non posse, inter creditores quibus vel diversæ res vel etiam diversæ ejusdem rei partes obligatæ sunt. » (*Pandectes*, 20, 4, 18.)

(1) Julien disait, dans le même esprit, que l'arbitre chargé du partage devait déduire, en moins-value, sur l'héritage grevé de charges, les chances de dépossession que courait le copartageant à qui il l'attribuait (n° 14 *suprà*) : c'était un autre moyen d'obvier aux fâcheuses conséquences du partage.

(2) Lebrun, *Successions*, l. 4, c. 1, n. 21.

CHAPITRE II.

DE L'ORIGINE ET DES AVANTAGES DE LA FICTION DU PARTAGE.

17. — Dès le deuxième siècle de notre ère, certains propriétaires de l'empire romain concédaient la jouissance perpétuelle de certains biens moyennant des redevances périodiques (Gaius, III, § 145.). L'empereur Zénon (474-491) décida que ce contrat n'était, à vrai dire, ni une vente ni un louage ; que c'était un contrat particulier, le contrat d'*emphytéose* (C., 4, 66, 1 ; Instit., 3, 25, 3) ; et Justinien décréta, vers 529, 1° qu'à défaut de convention, l'emphytéote, qui voudrait vendre son droit, devrait offrir la préférence au propriétaire ; 2° que le propriétaire aurait deux mois pour exercer la préemption ou reconnaître le cessionnaire, 3° et que le nouvel emphytéote devrait payer au propriétaire une sorte de droit de mutation, qui ne pourrait pas dépasser 2 pour 100 du prix d'acquisition. (C., 4, 66, 3.)

En France, on distingua deux espèces de concessions, savoir : les *fiefs*, biens nobles, placés dans les mouvances des suzerains et grevés du service militaire, et les *censives*, biens roturiers, donnés en culture aux mainmortables et gens de commune « qui négligeaient de » travailler, en disant qu'ils travaillaient pour aultruy. » Dans les deux cas, le propriétaire ne transférait que le domaine utile, en se réservant le domaine direct : de sorte que le tenancier était soumis à des aides féodales ou autres prestations annuelles, et que tout acquéreur devait confesser sa dépendance, en se faisant agréer et en payant un droit.

Les droits de *relief* étaient exigés pour l'investiture et la succession des fiefs ; les droits de *rachat* pour les successions roturières ; les droits de *quint* pour l'aliénation des fiefs ; les *lods et ventes* pour l'aliénation des censives (1). (Dalloz, v° *Enreg.*, n° 17.) — Telles étaient du moins les règles générales.

(1) Des droits étaient dus au seigneur chaque fois qu'un héritage était acquis « par contrat de vente *ou autre acte équipollent à vente, qui sonnait vente* » (Bosquet, v° *Lods*). Ils variaient du 13e au 5e denier. On les appelait, selon les provinces, *lods et ventes, quint et requint, lods et trezain, ventes et issues, ventes et honneurs, ventes et venteroles, ventes et vins, ventes et gants,* ou simplement *treizième*. On les trouve mentionnés dans les chartes sous les noms de *laudimia, laudes, venda, venditiones,* à partir du xe siècle (dès 956 : Dalloz, v° *Enreg.*,

18. — La plupart des anciennes concessions avaient été temporaires et révocables, à l'origine. Elles étaient devenues viagères par le traité d'Andelot (587), héréditaires par le capitulaire de Kiersy (877).

Au XIIe siècle, les légistes avaient imaginé d'affranchir les tenanciers des droits de mutation par décès (de *relief* et de *rachat*), qui étaient fort onéreux à cause du caractère *forcé* des transmissions successorales. « Comme ces droits étaient odieux, dit de Laurière (sur » Loisel, l. II, t. V, r. 1), on introduisit que toute personne serait » réputée avoir remis, en mourant, la possession de ses biens entre » les mains de son plus proche parent habile à lui succéder, et non » entre les mains d'aucune autre personne, ... d'où est venue la règle : » *Le mort saisit le vif.* » Cette règle, inscrite en 1270, dans les *Etablissements de saint Louis*, était devenue si populaire, que Tiraqueau l'appelait la *coutume du monde*.

Une nouvelle lutte commença pour l'affranchissement des partages, et c'est de cette lutte que la fiction du partage s'est lentement dégagée. Nous examinerons, dans les chapitres suivants, toutes ces questions, qu'un axiome précis permet de résoudre aujourd'hui et qui ont soulevé jadis, dans l'école comme au palais, de longs et violents orages, dominés, au XVIe siècle, par la voix puissante de Dumoulin, et calmés, au XVIIIe, par l'imposante autorité de Pothier (1).

Nous voulons signaler d'abord les avantages de la nouvelle théorie.

19. — La fiction produit de bons effets au point de vue fiscal. Car un impôt n'est juste qu'à la condition d'être assis sur des actes volontaires, *ou* d'atteindre en fait tous les citoyens également.

Or, le partage, qu'il ne faut pas confondre avec l'acquisition commune qui précède, n'est nullement volontaire en lui-même. Les copartageants n'entrent en partage ni pour acquérir, ni pour commercer : il n'est question que de distribuer à chacun la juste valeur de ce qui lui appartient et de ce qu'il possédait auparavant par indivis. Ce n'est pas une affaire de négoce, ni de spéculation. Les parties n'ont qu'une pensée, celle de faire cesser l'indivision, et qu'un moyen, celui de partager (2).

D'un autre côté, tout le monde ne se trouve pas dans la nécessité

n° 17). Ils frappaient tous les héritages relevant du roi, en vertu d'une ordonnance de 1629 (art. 373 : Bosquet, v° *Lods*.) — Ils ont été déclarés rachetables par les lois des 4 août 1789 et 15 mars 1790, puis abolis sans indemnité par les lois des 18 juin 1792 et 17 juillet 1793.

(1) Voir *Revue critique*, 1860, t. 17, p. 536.

(2) Voir Dalloz, v° *Succession*, p. 175, n° 108.

de partager : beaucoup de personnes ont le bonheur de recueillir des successions entières, et l'impôt des partages ne frappe que les personnes moins heureuses. On en a fait la remarque au sujet du faible droit gradué de la loi du 28 février 1872 : « S'il n'y a qu'un » héritier, a dit M. Delacour à l'Assemblée nationale (1), il n'y aura » que le droit de succession de perçu ; s'il y en a plusieurs, il y aura » deux droits à payer ... je demande si c'est juste. »

Il est donc équitable de ne pas imposer les partages comme les aliénations volontaires.

20. — Au point de vue économique, la fiction simplifie singulièrement les opérations du partage, en imprimant un caractère conditionnel à tous les actes d'aliénation et d'affectation consentis par les communistes séparément ; il n'y a ni précautions à prendre, ni recours à craindre au sujet de ces actes. C'est une notable économie de temps et d'argent.

21. — Peut-on dire que les tiers hésiteront à contracter avec les communistes, que les transmissions seront paralysées et que les emprunts seront difficiles, à cause de l'incertitude du partage ? — Nullement ; car, d'une part, chaque copropriétaire a toujours la faculté de provoquer le partage (C. civ., 815), et, d'autre part, les tiers peuvent, lorsqu'ils sont créanciers, demander eux-mêmes la division des biens (art. 1166 et 2205) et intervenir au partage (art. 882) pour veiller à ce que les lots soient autant que possible égaux et pareils (art. 827 et 832).

La fiction est, au contraire, favorable au commerce et au crédit, en ce que les tiers peuvent acheter ou prêter, *après le partage*, sans se préoccuper des créanciers des copartageants. C'est une grande sécurité, dans un pays où les constitutions de gage et d'hypothèque sont aussi fréquentes qu'en France. « Notre jurisprudence, disait » Pothier (*Successions*, ch. 4, art. 5, § 1), est beaucoup plus com» mode que le droit romain, les hypothèques étant extrêmement » multipliées parmi nous... »

22. — Au point de vue politique, la fiction a l'avantage de contribuer au maintien de la paix entre les copartageants. Car elle prévient les conflits d'intérêt, les discussions et les querelles qui se produiraient, si des communistes insolvables avaient disposé de leur part apparente sans égard aux comptes et rapports, si les opérations du partage étaient embarrassées par de nombreuses conventions particulières et surtout si certaines conventions n'étaient découvertes qu'après les lotissements, qui fixent, dans certains cas, le sort et l'état de plusieurs familles.

(1) R. P. 3406, p. 176.

« Les parlements, disait Guyot sur la licitation (ch. 2, n° 16), » toujours animés de cet esprit d'équité et de faveur ... pour ce » qui tend à la paix et à l'accommodement des familles, ont écarté » les prétentions des seigneurs, et leur curiosité sur des actes que le » repos et la tranquillité des peuples exigent. »

23. — Voilà les avantages du système français, et aucun inconvénient réel ne les atténue.

Il est tout naturel que, dans ces conditions, la fiction du partage ait sans cesse étendu ses effets et soit devenue très-favorable.

Cependant toute fiction participe de la nature de l'exception, en écartant la réalité, et toute dérogation au droit commun doit être renfermée dans ses plus strictes limites.

Ces deux idées ont constamment lutté l'une contre l'autre.

La pratique a toujours devancé la législation et la jurisprudence, ainsi que l'observent Championnière et Rigaud, sous le n° 2725.

Le législateur a suivi l'opinion publique, en appliquant volontiers le nouveau principe lorsqu'il en avait l'occasion.

Les anciens parlements consacraient également, de leur autorité souveraine, les progrès de la fiction du partage. Nos tribunaux, moins omnipotents, agissent avec plus de réserve et se préoccupent assez souvent du caractère exceptionnel de la fiction (1).

Il est évidemment convenable de tenir compte de cette nature exceptionnelle : 1° lorsque la fiction ne peut présenter aucun avantage ; 2° et lorsque les avantages qu'elle présente sont accidentellement dominés par des principes supérieurs.

Hormis ces deux cas, nous appliquerons hardiment la fiction.

24. — Le cadre de ce travail ne comporte pas de développements sur les législations étrangères. Mais nous tenons à grouper dans une page les principaux renseignements que nous avons recueillis sur ces législations (2).

Il est probable que le régime féodal a produit ou naturalisé la fiction dans plusieurs pays. Dans tous les cas, les jurisconsultes italiens ont eu, dès le moyen âge, de longues discussions sur la nature du partage, au sujet du droit de gabelle, qui frappait les

(1) Voir, par exemple, les arrêts de la Cour de cassation des 16 mai 1832, 6 novembre 1832, 17 décembre 1833, 27 mai 1835 et 29 novembre 1848 (Dalloz, v° *Enreg.*, n° 2031 ; v° *Vente p. d'imm.*, n° 2200 ; v° *Succession*, n° 2126 ; D. P. 1848, 5. 372. 7.)

(2) Nous devons la plupart de ces renseignements à l'extrême obligeance de MM. de Boneval-Faure, Regnoli et Kanda, professeurs de droit à Leide, Bologne et Prague. — Voir, pour la transcription, n° 40 *infrà*.

contrats à l'exclusion des distrats (1). On pense même que la théorie des aliénations nécessaires nous est venue d'Italie (2).

Les Etats romains et les duchés de Toscane et de Lucques ont été régis par les principes du droit romain jusqu'à ces dernières années.

En Angleterre, chaque héritier peut vendre sa part dans l'héritage sans le consentement de ses cohéritiers (De Saint-Joseph, art 180.)

En Autriche, l'héritier n'est saisi que par l'envoi en possession, qu'on appelle adjudication. Le partage précède habituellement cette adjudication (L. 9 août 1854, art. 165 et 170) : il est alors déclaratif. Le principe romain l'emporte, dans le cas contraire (3) : mais le fisc ne perçoit qu'un seul droit, quand l'adjudication est immédiatement suivie d'un partage judiciaire.

En Russie, le copropriétaire a le droit de vendre ou d'hypothéquer sa quote-part; mais les autres copropriétaires peuvent éviter le partage en remboursant la valeur de cette quote-part d'après estimation. (Foucher, art. 335 et 339.)

Dans la Louisiane, le partage est *comme* un échange que font entre eux les cohéritiers, l'un donnant son droit en la chose qu'il laisse, pour le droit qu'a l'autre en la chose qu'il prend (art. 1420); mais l'héritier dans le lot duquel est échu un immeuble ou autre bien sujet à hypothèque, n'est point tenu des hypothèques créées par ses cohéritiers sur les portions indivises qu'il y avait avant le partage, et ces hypothèques sont résolues de plein droit, excepté sur les biens échus aux héritiers qui ont créé ces hypothèques, si ces biens en sont susceptibles (art. 1431).

Les art. 883 et 1872 de notre Code civil ont passé dans les Codes de Belgique (883 et 1872), de Hollande (1129 et 1089), de Sardaigne (1105 et 1895), de Parme (1038 et 1761), d'Italie (1034 et 1730), des Iles Ioniennes (771 et 1722) et de Haïti (713 et 1041. Le Code néerlandais porte expressément que la part indivise dans un immeuble commun peut être grevée d'hypothèques, et qu'après le partage, l'hypothèque n'affecte que la partie échue au débiteur qui l'a consentie (art. 1212) (4).

Nos art. 883 et 1872 ont été adoptés aussi en Bolivie (893 et 1884)

(1) *Revue de législation*, 1838, t. 7, p. 111.

(2) *Ibid.*, p. 122. Voir n° 26 *infrà*.

(3) Chaque copropriétaire a la pleine propriété de sa part. Tant qu'il ne lèse pas les droits de ses copropriétaires, il peut librement et arbitrairement engager, léguer, ou autrement aliéner cette part. Le simple partage d'un bien commun, quel qu'il soit,... conserve tous les droits de gage, de servitude et autres droits réels. (De Clercq, art. 820 et 847.)

(4) Notre loi du 22 frimaire an VII sur l'enregistrement est en vigueur en Belgique et dans les Pays-Bas.

et dans le grand-duché de Bade (883 et 1872). Mais l'art. 893 du Code de Bolivie dispose qu'avant le partage des biens d'une succession, aucun héritier ne peut exercer sur eux le droit de propriété, sans le consentement exprès de tous ses cohéritiers; et l'art. 577 additionnel du Code badois édicte qu'un copropriétaire ne peut disposer de la chose qu'avec l'assentiment de ses copropriétaires. En Prusse, les héritiers, pendant l'existence de l'indivision, ne peuvent exercer de poursuites qu'en commun pour le paiement des créances de la succession. (De Saint-Joseph, art. 151 à 158.)

Ces dernières dispositions sont celles qui paraissent s'éloigner le plus des règles du droit romain.

CHAPITRE III.

DE L'EFFET DÉCLARATIF DU PARTAGE ENTRE COHÉRITIERS.

25. — Le partage est censé n'opérer aucune translation de propriété.

C'est un principe général, que l'art. 883 du Code civil proclame dans les termes suivants : « *Chaque cohéritier est censé avoir succédé* » SEUL *et immédiatement à tous les effets compris dans son lot, ou à lui* » *échus sur licitation, et n'avoir jamais eu la propriété des autres effets* » *de la succession* (1). »

Pour mesurer les conséquences de ce principe, nous avons à rechercher : 1° si le partage donne ouverture aux droits de mutation, au profit du fisc ; 2° s'il est soumis aux formalités des mutations, vis-à-vis des tiers ; 3° et s'il produit les effets des mutations, entre les parties.

Ce chapitre sera donc divisé en trois paragraphes.

§ 1er. — Le partage donne-t-il ouverture aux droits de mutation ?

26. — DROITS SEIGNEURIAUX. — Nous avons fait connaître, sous le n° 17 *suprà*, que les mutations étaient assujéties, au moyen âge, à différents droits seigneuriaux.

Il paraît que les partages furent soumis à ces droits comme aliénations réciproques. « *Quia divisio similis est permutationi, et imo proprie permutatio est, de illa permutatione datur laudimium.* » (Johan. Raynaldus, *Comprehensarium feudale*, § *Præterea*, n° 6.) (2)

Mais on ne tarda pas à les affranchir comme aliénations nécessaires.

L'invention de la théorie des aliénations nécessaires remonte, dit-on, à Guillaume de Cumo, qui vivait au commencement du XIVe siècle.

Certains jurisconsultes, invoquant la loi de Marcellus sur la *Condictio furtiva* (Dig., 13, 1, 12, 1 ; n° 13 *suprà*), soutenaient que le partage a le caractère d'aliénation nécessaire à l'égard de celui contre

(1) Le projet de la commission du gouvernement, en l'an VIII, n'avait pas mentionné la licitation (Fenet, t. 2, p. 137) ; mais c'était une pure omission, qui fut réparée *sans difficulté*.

(2) Dans le même sens Charondas (sur Bouteillier, t. 83, n. 3), et Camillus Borellus (*Summa*, t. 33, § 51).

qui il est provoqué, et le caractère d'aliénation volontaire à l'égard de celui qui le provoque; d'où ils concluaient que les lods n'étaient pas dus par celui-là, et l'étaient par celui-ci. « *Hoc scilicet divisionis casu debentur laudimia ab eo qui provocat, et non a provocato, per l. 12 D., De cond. furt. quæ satis pro ea parte urgere videtur... Menti teneamus hanc distinctionem de eo qui alienat voluntarie vel necessarie...* » (1).

Mais on observa que le partage puise, *pour toutes les parties*, un caractère d'absolue nécessité dans le principe que nul n'est contraint de demeurer dans l'indivision. (Bartole, *Digeste*, 13, 1, *Et ideo;* Tiraqueau, *Retraict lignager*, § 1, gl. 14, n° 10, et § 32, n°s 88 et 89; Bœrius, *Bitur.*, t. 4, a. 7; Dumoulin, § 33, gl. 1, n° 69; d'Argentré, *De laudimiis*, § 53.) — On considéra que, par suite de la saisine, il ne pouvait y avoir aucun propriétaire entre le défunt et l'attributaire de chaque lot. Ce n'est pas du partage que le copartageant tire son droit sur la chose dont il est loti, mais de l'acquisition antérieure qui est résultée pour lui du titre générateur de l'indivision. « *Divisio proprie non est alienatio, nec nova acquisitio, sed portionum attributio... Est simplex assignatio, et distributio partium pro diviso... Et semper censetur res haberi jure successivo primitivo, cujus virtute facta est divisio, quæ non est nisi illius juris et primariæ acquisitionis executio.* (Dumoulin, § 33, gl. 1, n° 69; et § 73, gl. 3, n°s 11 et s.) *Fit simplex divisio et partagium, ut loquuntur.* (D'Argentré, art. 73, n° 4.) *Veritas ex ipso divisionis quæ subsequitur, eventu declaratur, ejusque effectus fictione juris ad mortem defuncti retrotrahitur.* (Robert, l. III, c. XIX : Rousseaud, v° *Relief*, s. 3, n° 10.) « Les héritiers sont réputés saisis » de leur part échue en partage, puisqu'ils étaient saisis de leur part » indivise *a die mortis* : par le partage ils sont saisis des parts de » leurs compartisants et cédants, qui cèdent propriété et possession » *ad diem mortis.* » (Dumoulin, *Notes sur la coutume de Lille* (2), art. 36.) — On fit remarquer que le seigneur n'avait pas de nouvel homme à reconnaître. « *Possunt emphyteutæ plures rem emphyteuticam inter se dividere, etiam irrequisito domino. Sunt enim in solidum emphyteutæ, nec de hujusmodi divisione directus dominus potest conqueri, cum ejus non intersit, penes quem sit res emphyteutica, nec ulla recognitio nomine rei debeatur.* (Clarus, q. 14 et 17 : D. Godefroy *ad* C., 4, 66, 3.) *Licet mutetur causa dominii, attamen non mutantur personæ possessorum... Tantum partes quæ antea non nisi juris intel-*

(1) *Revue de législation*, 1838, t. 7, p. 423, et *Revue critique*, 1860, t. 17, p. 555.
(2) Ce fut un des derniers ouvrages de Dumoulin.

lectu consistebant, divisione corporis consistere incipiunt... Cur ergo ex divisione sive inter coheredes sive inter condivisores facta laudimium debeatur, quum iidem prorsus sint domini et possessores? (Favre, *De erroribus*, d. 98, c. 4.) Le droit n'était pas dû, parce que le droit « se » payait au seigneur direct pour qu'il approuvât le nouvel homme » qui se subrogeait au lieu de l'ancien. » (Coquille, *Nivernais, fiefs*, a. 24; Lamoignon, *Arrêtez*, c. 40, a. 5.) — Enfin l'échange était exempt des lods et ventes, d'après le droit commun (Boguet, t. 12, a. 2), et le partage ne pouvait pas être plus rigoureusement traité (Chasseneux, t. 11, a. 7).

Le partage était expressément affranchi par les coutumes d'Anjou (art. 182), d'Auxerre (art. 97) et de Cambrai (de 1574). L'article de cette dernière coutume était ainsi conçu : « Pour partage entre » cohéritiers, comme n'estant nouveau titre, ne sont deus droits » seigneuriaux. »

27. — Aucun texte n'exemptait les licitations qui tenaient lieu de ventes d'après le droit romain et les idées de l'époque : cependant les seigneurs n'exigeaient, dans les premiers temps, aucuns droits de *quint* pour ces sortes de partage.

D'Argentré rapporte cette immunité à la mansuétude des seigneurs : « La bonté et simplicité de nos prédécesseurs, dit-il (sur le partage » des nobles, q. 40), ne s'en était beaucoup éveillée, souffrant, en » bonne paix, que chacun se dépêchât en cela par grâce et concorde, » à titre de partage... jusqu'à ce que aucuns, par aventure, plus » avisés que prud'hommes, ont voulu profiter parmi les affaires de » leurs voisins et ont commencé à tirer cela à titre et autres con- » séquences de vente. »

En réalité, la tolérance des seigneurs était intéressée, et avait une cause toute politique.

« Les lois de la féodalité militaire obéissaient toutes à une même » pensée : *conserver l'intégrité du fief*, assurer le service féodal... » Les moyens employés variaient selon les pays ; partout le but était » identique (1). » Le partage du fief était sévèrement prohibé par les *Assises* de Jérusalem (vers 1099) et par l'*Assise* bretonne du comte Geoffroy (1183) (2); ailleurs, il n'était toléré que dans de certaines conditions (3); tandis que la licitation était partout favorisée.

(1) M. Aubépin (*Revue critique*, 1860, t. 17, p. 530).

(2) Championnière et Rigaud, n° 2001.

(3) « Il était défendu de démembrer les fiefs sans le consentement exprès du » seigneur, parce que la section ou division qui en était faite en diminuait la » dignité et la splendeur, et qu'il importait au seigneur de les conserver dans » leur intégrité et individuité. » (Pocquet de Livonière, *Des fiefs*, l. 2, c. 1.) — Voir *Constitutiones feudorum*, l. 1, t. 6 et 13; l. 2, t. 10 et 24.

Mais tout changea dès que la féodalité, décimée dans les grandes batailles de la guerre de Cent Ans, vit s'écrouler sa puissance sous les coups de Louis XI (1461-1483) et de sa fille Anne de Beaujeu. Les suzerains n'eurent plus qu'une préoccupation : celle des profits pécuniaires. Les droits furent demandés pour les licitations, comme pour les ventes.

28. — Le colicitant paya d'abord l'impôt, non-seulement sur les portions de ses copropriétaires, mais encore sur la sienne, attendu, disait-on, que cette portion n'est pas moins que les autres comprises dans l'adjudication, et que les droits de *lods* et de *quint* frappent la totalité des prix de vente.

Pocquet de Livonière écrit que c'était alors l'opinion commune du barreau (*Des fiefs*, l. 3, c. 6, s. 5).

« La question cependant fut agitée, et les officiers du Bureau des » finances, voulant faire constater solennellement la légitimité de la » perception, invitèrent Dumoulin et plusieurs autres avocats à » monter sur le siége avec eux. Soit par déférence, soit par convic- » tion, ceux-ci décidèrent unanimement, le 25 novembre 1536, que » le cohéritier devait le droit, même sur sa part. Dumoulin seul » opina pour l'affranchissement de cette portion, mais on ne lui » permit pas de développer les motifs de son opinion (1). *Omnibus* (dit-il) *pro actore concludentibus ego solus ream Agnetem Buquet absolvendam censui, et in sententia mea veritate et æquitate conscientiæ fretus perstiti. Analysin meam explicare volui... et singula objecta prompte diluere : sed illis... audire non libuit... Ita rea condemnata* (§ 78, gl. 1, n° 174).

Mais, notre docteur s'étant élevé avec la plus grande force contre la prétention des seigneurs, la sentence fut infirmée, sur appel, le mercredi saint, 2 *avril* 1538 ; l'arrêt fut prononcé par M. le président de Saint-André. « *Et die mercurii Parasceves secunda aprilis anno* 1538 *in solenni arrestorum pronunciatione, prædicta sententia et appellatione annullatis, emendando judicium dicta Agnes fuit absoluta : sic opinio mea confirmata...* » (§ 78, gl. 1, n° 174).

29. — Dumoulin n'en demandait pas davantage en 1538. On pense qu'il n'allait pas plus loin, parce qu'il voyait beaucoup d'opposition dans les esprits. Mais « quelque temps après, il écrivit son » traité des censives, encouragé par le succès, ... et il décida que la » licitation entre cohéritiers ne donnait ouverture à aucune espèce de » droits féodaux. » (Merlin, v° *Licitation*, § 4, n° 2.) « *Aut res ipsa*, disait-il, *in se non dividitur, sed tota assignatur uni, qui alios recompensat in pecunia vel in aliis rebus, et tunc (ex quadam sententia)*

(1) Championnière et Rigaud, n° 2088.

debentur jura domino pro portionibus, quas is, cui tota res remanet, acquirit ab iis. Et ista opinio habet magnam apparentiam, ... quia ipsa res non dividitur, sed uni soli adjudicatur, et sic portiones singulorum non possunt vere dici divisæ, sed venditæ ei cui totum assignatur. Ast ... principalis intentio partium debet attendi, et licet in divisione res tota uni adjudicetur; tamen PRINCIPALIS INTENTIO *fuit dividere, et illa assignatio incæpit et dependet a causa necessaria divisionis... Unde hominii licitatio vel assignatio non est contractus per se æque principaliter subsistens, et separatus a divisione, sed executio et finis divisionis cœptæ... Unde... totus actus a principali fine divisio nuncupatur... Non videtur esse nova mutatio, nec translatio in aliam manum, sed* CONSOLIDATIO *in unum ex his, quæ inter eos quibus res communis est permittitur.* » (§ 33, gl. 1, n°s 69, 70 et 73.)

D'Argentré changea pareillement d'avis. Lui aussi s'était d'abord prononcé pour l'exigibilité des lods sur les parts acquises. « *Si, cum in divisione res divisionem non reciperet, decreto admissa est licitatio inter coheredes aut rei communis socios, hic varii varia censuere... Ego vero laudimia deberi etiam hoc casu puto, si licitatio admissa est, et adjudicatio pro prætio : est enim hæc venditio portionis, manus mutationem continens et dominii translationem, etsi inesse quiddam necessitatis videtur, quæ tamen præcisa non fuit, cum in communione manere liceret et rem communi nomine locare et pretium dividere.* » Mais il abjura cette opinion, sur l'art. 73 de la coutume de Bretagne : « *Nec, si uni tota res cadit in divisione, ideo divisio non est, cum aliter vicissim habeat quod portionem suam repræsentet... Venditio fieri non intelligitur, licet in similem conventionem incidat... Non est igitur venditio cui voluntas et intentio partium non congruit, sed divisio, eaque causata a necessitate... Est enim originalis et primaria causa consideranda, quæ necessitatem divisionis imponit, nec coarctanda est latitudo dispositionis contrahentium et libertatis conventionalis, ut sic vel sic faciunt vel disponant, quod legibus et jure permittente hoc vel illo modo possunt, si causa necessaria antecedit.* »

Ainsi, pour l'exemption complète, on faisait surtout ressortir la nécessité de mettre fin à l'indivision, *d'une manière ou d'une autre.* « La licitation n'est en effet, suivant Guyot (*Licitation*, c. 1, n° 3; c. 2, n° 14, et c. 3, s. 1, n° 7), qu'un mode de partage, une forme de partager ... inventée, introduite et consacrée pour le repos des familles, et pour couper la racine des procès que les sociétés entraînent trop souvent... Ce n'est qu'un partage, sinon *in essentia*, du moins *in substantia æquipollente*. (1.) »

On fit remarquer aussi, comme pour le partage pur et simple,

(1) Dans le même sens, Pothier, *Communauté*, n° 145.

qu'il n'y avait pas *mutation d'homme*, et l'on étendit l'assertion de la personne à la chose, en observant que chaque communiste était originairement propriétaire de la totalité de l'indivis (1).

La cause de l'affranchissement complet fut gagnée. « On jugea, dit Pocquet de Livonière (*Fiefs*, l. 3, c. 6, s. 5), que le cohéritier adju- » dicataire ne devait les lods et ventes, ni pour sa part, ni pour celle » de ses cohéritiers.. C'est ce qui fut arrêté dans la réformation de la » coutume de Paris, en l'année 1580, par l'art. 80. »

Cet article portait en effet que « si l'héritage ne se peut partir entre » cohéritiers, et se licite par justice sans fraude, ne sont dues aucunes » ventes par l'adjudication faite à un d'eux. »

Et cette règle fut trouvée si juste, dit Argou (*Institution*, II, IV), qu'elle fut étendue à toutes les coutumes qui n'en avaient point de disposition expresse (2).

30. — « Il paraît, au témoignage d'Henrion de Pansey, que jusque » vers le commencement du XVIe siècle, toutes les fois qu'il y avait » dans un partage soulte ou récompense en argent, on estimait cela » le prix d'une vente, et que les portions des cohéritiers étant cédées » et comme vendues moyennant cette soulte, devaient être assujé- » ties aux droits. » Mais cette perception fut condamnée par tous les docteurs.

« *Est enim divisio contractus mixtus participans de distractu et contractu, et de permutatione et venditione, et tamen propriam et distinctam habet naturam, et sic, hoc non obstante, totus contractus dicitur divisio, et consequenter nulla jura debentur pro re assignata, etiam pro rata pecuniæ datæ*... (Dumoulin, § 33, gl. 1, n° 74.) *Nec*

(1) L'avocat général Talon, présentait cette considération : « Tous les héri- » tiers ont part au tout et dans toutes les parties du tout ; et cela ne se pouvant » faire réellement sans faire violence à la réalité et à l'indivisibilité des sub- » stances, la loi le fait par une fiction civile... Que si, par une licitation, l'un » des cohéritiers se rend adjudicataire de la totalité de la chose indivisible, la » fiction de la loi cesse, et les choses retournent à leur nature et à leur vérité, » et celui qui s'est rendu propriétaire par la licitation est réputé l'avoir toujours » été. » (Merlin, v° *Licitation*, § 3, n° 2.) Et Merlin s'arrêtait à la même idée : « Il n'y a pas changement de main, il n'y a pas de mutation de propriété ; » parce qu'avant l'adjudication, la propriété de l'adjudicataire était répandue » sur toute l'étendue du fief et en affectait toutes les parties ; parce qu'il avait » dès lors un droit indivis, un droit universel sur la chose, *conjunctum domi-* » *nium, conjunctam possessionem ;* parce qu'enfin ce n'est pas précisément la » chose qu'il a acquise, mais la faculté d'en disposer à son gré, et l'extinction » des droits de ses copropriétaires. » (V° *Licitation*, § 4, n° 6.)

(2) Exemple tiré d'un arrêt de règlement rendu le 6 avril 1666 pour la Normandie : « Il n'est dû aucun treizième pour le retour ou *licitation* des partages » entre cohéritiers ou propriétaires en commun. » (Art. 20.)

si in consequentiam aut incidenter aut implicita aliunde necessitate, quidpiam contigit de alieno mutuari, id nomen imponit actui. Quare, etsi in hac divisione contingat in æqualem cujusquam portionem pecunia pensari, sive de proprio sive de hereditario consortis, id nec præcipuum est, nec a partibus intenditur: sed id tantum agitur ut dividant... Venditio fieri non intelligitur. » (D'Argentré, art. 73, n° 4). (1). « Il y » a cette différence entre les deniers donnés pour une soulte et le » prix d'une vente, que dans la vente celui qui achète n'avait rien en » la chose vendue, et l'acquiert entière par un commerce où il s'en- » gage volontairement; mais dans le partage, celui qui rend des » deniers avait son droit sur tout ce qu'il prend, et un droit acquis » par un titre indépendant de sa volonté. Ainsi, il n'achète rien; mais » étant engagé à prendre pour sa portion un bien qui vaut plus, il » est obligé de rendre la position de son cohéritier égale à la sienne. » De sorte que ce retour d'argent n'étant qu'un accessoire essentiel » au partage, il n'en change pas la nature, mais en fait partie, et n'y » donne pas les caractères tout différents d'un contrat de vente. » (Sur Domat, t. 1, l. 1, t. 4, s. 1, n° 3.)

Au surplus, la soulte a les mêmes caractères que la licitation, qui n'est qu'une soulte énorme. « Que l'achat involontaire et la vente » forcée tombent sur la totalité ou sur la moindre parcelle d'une por- » tion indivise, n'est-ce pas la même chose, quant à l'application des » principes? » (Merlin, v° *Licitation*, § 1, n° 3.) (2).

L'affranchissement des soultes fut reconnu par trois arrêts des 25 mai 1560 (Louet, l. L, s. 9), 15 décembre 1618 (Guyot, ch. 4, M...) et 21 juillet 1670 (Rousseaud, v° *Lods-Partage*).

« Notre coutume d'Orléans, disait Pothier, suivie en cela par toutes » celles qui ne s'en sont pas expliquées, décide, art. 15 et 113, qu'il » n'est dû aucun profit ni féodal ni censuel pour les héritages, *encore » qu'il y ait tournes.* » (*Communauté*, n° 142.)

31. — Il y avait cependant 18 ou 20 coutumes (3) qui accordaient lods et ventes au cas de soulte.

L'art. 88 de la coutume de Blois donnait relief, si la soulte excédait la moitié de la valeur de l'héritage (1).

(1) Déjà dans son *Traité des lods*, d'Argentré avait nettement distingué la soulte de la licitation : « *Laudimia deberi puto ... si licitatio admissa est, et adjunctio pro pretio... Secus si portionis supplementum in pecunia feret, quia istud naturam divisionis non mutat...* »

(2) Voir aussi Pothier (*Vente*, n° 639.)

(3) D'après Championnière et Rigaud (n° 2971), sur plus de 300.

(1) *Quæ res*, dit Pontanus, *superaddicta est ab iis qui nostras consuetudines in scriptis redegerunt, ne qua fraus dominis fieret; sed antiqua uti primum scripta erat, magis erat juri communi conformis.* »

La coutume de Troyes ne dispensait que les partages de fiefs en ligne directe et les partages avec soultes minimes (1).

Et tous les partages avec soulte, indistinctement, étaient frappés par les coutumes de Vermandois (2), de la châtellenie de Lille (3), de Dunois (4), de Nivernais (ch. 4, art. 24), de Lorris (ch. 1, art. 51), de Tours (art. 151), de Vitry (art. 47), d'Auxerre, de Montargis.

Mais ces coutumes exorbitantes n'étaient extensibles et devaient être restreintes dans leur détroit, selon la remarque de Rousseaud (v° *Lods-Partage*).

On décida même qu'elles ne donnaient pas les droits pour les licitations, parce que la licitation, quoiqu'elle soit « un mode de partage » et même un partage proprement dit, a pourtant une forme diffé» rente : le paiement en argent est de sa substance, tandis qu'il n'est » pas d'une absolue nécessité dans les partages, dans lesquels on » peut éviter les soultes qui n'y sont qu'accidentelles, et quand il s'y » en trouve, on présume que les cohéritiers ont trouvé plus à propos » d'en faire. » On invoquait aussi la maxime *Statuta in quantum sunt exorbitantia a jure communi, sunt strictè accipienda, nec extenduntur de uno casu ad alium, etiam ex majoritate rationis.* (Legrand, sur Troyes, gl. 2, n° 4, et gl. 1, n° 3; la Thaumassière, sur Lorris; Pallu, sur Tours; Coquille, sur Nivernais; Saligny, sur Vitry, Pontanus, sur Blois.)

(1) Art. 38 : « Si, en faisant les partages d'aucuns héritages mouvans de fiefs » échus par succession à aucuns en ligne directe, il y a soulte, il n'est dû, » pour raison desdites soultes, aucuns quints et requints. » Art. 57 : « Si au» cuns héritages sont avenus ou aviennent à aucuns par succession et en fai» sant partage et division d'iceux, ces aucuns font soulte aux autres, en ce cas » ne sont dus aucun lods ni ventes au seigneur censier, si ce n'était que les» dites soultes fussent si grandes, qu'au moyen d'icelles le contrat fût plutôt » réputé vente que partage et division. Car en ce cas seraient dus lods et » ventes, ou quints, pour lesdites soultes. » Ce qui forme, disait Legrand, une contradiction dans la coutume, et prouve qu'elle a été rédigée avec peu de curiosité.

(2) Art. 160 : « Pour partage fait entre frères ou sœurs... n'est dû au seigneur » féodal aucun relief ni profit, ... pourvu qu'audit partage ne se fasse aucune » soulte, pour raison de laquelle seulement serait dû profit. »

(3) Art. 60 du tit. 1er : « Pour partage et division faits entre cohéritiers de » biens, fiefs et héritages à eux échus, n'est dû droit seigneurial au seigneur » duquel lesdits biens, fiefs et héritages sont tenus. Néanmoins si, par tel » partage, y a aucuns deniers donnés en récompense, non procédant de l'hoirie, » pour lesdits deniers droit seigneurial est dû. »

(4) Art. 44 : « Par partage d'aucuns héritages censuels, n'est dû profit au sei» gneur censuel, s'il n'y a bourse déliée. »

La question avait été jugée dans ce sens par plusieurs arrêts, dont voici les dates :

Pâques 1587, en la coutume de Troyes (Pithou sur Troyes); 9 janvier 1593, en la coutume de Montargis (Brodeau sur l'art. 80 de Paris); 7 août 1736, en la coutume de Vermandois (Guyot, c. 3, s. 3, § 1, n° 9); 27 août 1748, en la coutume de Montargis (Merlin, v° *Partage*, § 11, n° 5).

Mais l'opinion contraire finit par prévaloir, probablement sous l'influence de la législation du centième denier (dont nous allons parler). Guyot l'exprima dans les termes suivants, dès 1738 : « Pour moi, » quoique je pense, comme ces illustres auteurs, que ces coutumes » sont exorbitantes du droit commun ... j'avoue que, quelque favo- » rable que soit la cause des colicitants en ces coutumes, j'ai de la » peine à y affranchir les licitations ... C'est la même chose que si » dans un partage on donnait tout l'immeuble à un cohéritier, à la » charge de payer les lots des autres évalués par le partage, ce qui » encore une fois peut se faire par partage. Or dans ces coutumes le » partage même avec soulte n'est pas exempt de droits... La licitation » n'est dans le vrai qu'un partage avec soulte en argent... Dès là, » quand ces coutumes assujétissent aux droits seigneuriaux les par- » tages avec soultes, la licitation qui est un partage avec soultes » plus fortes... Voilà mes raisons... J'aurai d'autant moins de regret, » si elles ne sont pas suivies, que le sentiment contraire me plait » davantage ... et que je ne suis nullement porté à étendre les droits » seigneuriaux à des actes auxquels l'intérêt des familles a donné » l'être : mais ... je dois m'attacher aux principes de chaque coutume. » C'est à la Cour à faire les grâces qui amolissent la dureté de la loi, » et sont au soulagement des copartageants. » (*Licitation*, c. 3, s. 3, § 1, n°s 12 et 14.) La Cour ne fit aucune grâce : car Merlin nous apprend que l'exigibilité des droits fut reconnue « par deux arrêts » célèbres du parlement de Paris, l'un du 8 juillet 1761, l'autre du » 18 janvier 1780, tous deux rendus, en très-grande connaissance de » cause, dans la coutume de Vermandois... » (v° *Partage*, § 11, n° 5).

39. — Centième denier. — L'*insinuation*, destinée à donner la publicité aux actes dont les dispositions intéressaient le public, devint obligatoire, en 1703, pour tous les actes translatifs de propriété immobilière.

Voici les deux principaux passages de l'édit : « Louis, etc., salut... » Attendu que rien n'est plus important pour la conservation tant de » nos domaines que de ceux de tous les seigneurs, que d'avoir une » connaissance exacte de toutes les mutations qui arrivent ... Nous

» voulons qu'à l'avenir tous contrats de vente, échange, décrets et » *autres titres translatifs de propriété de biens immeubles*, tenus en » fief ou en censive, soient pareillement insinués et enregistrés aux- » dits greffes des insinuations ... et ce dans six mois du jour et date » desdits titres, pour lequel enregistrement sera payé auxdits gref- » fiers le *centième denier* (1 %) du prix desdits biens, ou de la valeur » d'iceux... » Cet édit fut complété par un tarif du 22 décembre 1703, des édits de mars 1701, octobre 1703 et août 1706, et des déclarations des 19 juillet 1704 et 20 mars 1708.

L'art. 6 de cette dernière déclaration (du 20 mars 1708) comprend expressément *les licitations entre héritiers* (1), copropriétaires et coassociés, au nombre des actes sujets au nouveau droit.

C'était l'abandon, pour le droit royal de centième denier, de la doctrine et de la jurisprudence des droits seigneuriaux. Mais cet abandon s'explique très-facilement. Le droit seigneurial n'était qu'un signe de dépendance, tandis que le centième denier constituait un impôt. Or, toute acquisition par licitation dénote une certaine aisance qui suffit, à elle seule, pour justifier la perception d'une taxe proportionnelle, au profit du *Trésor public* (2).

Le droit royal était dû dans toutes les coutumes indistinctement, « parce qu'il a, dit Bosquet (v° *Partage*, § 3, n° 3), ses principes » généraux, qui dépendent des lois du prince et non des dispositions » des coutumes. »

38. — L'interprétation de l'édit fit renaître les débats qui avaient tant occupé les jurisconsultes du XVIe siècle.

On respecta l'immunité du partage pur et simple. (Bosquet, v° *Partage*, § 3, et Merlin, v° *Partage*, § 11, n° 3.)

Mais le droit fut exigé sur les soultes : un premier arrêt du 28 mars 1721 déclara la perception régulière, et un autre arrêt du 18 juillet 1721, qui prescrivit aux notaires et greffiers de Paris, de fournir au fermier des domaines des extraits de tous les actes sujets à l'insinuation ou au centième denier, désigna nommément les par-

(1) Sans distinction entre la ligne directe et la ligne collatérale (décisions du Conseil de 1713, 1716, 1721, 1727, 1729, 1733, 1734 et 1737; Bosquet et Merlin, vis *Partage* et *Licitation*).

(2) Notons : 1° que, si le colicitant adjudicataire a, dans certains cas, déjà payé le droit pour sa portion, il ne l'a jamais payé pour le surplus, dont il n'était propriétaire que sous une condition suspensive ; 2° que la licitation n'est *absolument nécessaire* que dans des cas très-rares et pour de petites propriétés ; 3° que la perception prévient d'innombrables contestations sur la question de savoir si la licitation de tels et tels biens était indispensable ; 4° et que *l'acquisition* par licitation est toujours *volontaire*, puisque les étrangers peuvent toujours être appelés. — Voir aussi n° 137 *infra*.

tages qui contiennent des soultes ou retours de lots (Merlin, v° *Partage*, § 11, n° 3). La question ne fut plus discutée (1).

Pour la licitation, les agents du fisc demandèrent le droit sur la totalité du prix, sans déduction de la part du copropriétaire adjudicataire, en se fondant sur la lettre de l'édit. Mais cette prétention fut condamnée par de nombreux arrêts des 23 juin 1731, 15 septembre 1731, 16 janvier 1734, 19 février 1737, 15 février 1738, 10 juillet 1745, 11 mars 1753, 20 juillet 1756, etc. « Si les biens sont adjugés » à un copropriétaire, porte le Dictionnaire de Bosquet (v° *Licitation*, » n° 3), il faut distraire sa portion, parce qu'il ne se fait de mutation » à son égard que pour le surplus. »

34. — Droits de contrôle. — Le *contrôle* des actes fut institué par des édits de juin 1581 et mars 1693, pour empêcher les antidates, les suppositions de titres et autres abus de la même nature.

Merlin fournit les renseignements suivants sur le contrôle des partages : « Deux arrêts du Conseil, des 22 août 1694 et 11 janvier 1695, » ont ordonné que les partages de meubles ou d'immeubles qui » seraient faits par les notaires ou par les greffiers des juridictions, » seraient contrôlés dans la quinzaine du jour qu'ils auraient été » clos... et avant tout usage (2)... Les dispositions de ces arrêts » ont été réitérées par l'art. 2 de la déclaration du 19 mars 1696, et » par l'art. 8 de celle du 14 juillet 1699... (V° *Partage*, § 11, n° 1.) » L'article 59 du tarif du 29 septembre 1722, fixa la quotité du droit » de contrôle pour les partages et licitations (3)... et le Conseil décida, » le 13 juillet 1737, en réformant une ordonnance de l'intendant de » Bourgogne, que ce droit devait être perçu sur la valeur entière » des biens licités. » (V° *Licitation*, § 5, n° 1.)

35. — Droits d'enregistrement (*de 1790 à l'an VI*). — La loi des 5-19 décembre 1790 a constitué l'impôt de l'*enregistrement*, en abolissant les droits royaux de contrôle et de centième denier.

(1) « S'il est échu à l'un des cohéritiers ou autres copartageants des im- » meubles au-delà de ce qui doit composer sa part, et qu'il soit tenu de faire » raison de l'excédant à ceux qui sont moins partagés, soit en leur faisant une » rente, soit en leur payant une somme en deniers, c'est ce qu'on appelle » soulte ou retour de lot; le droit de centième denier en est dû, ... parce que » la somme payée par l'un des copartageants à l'autre, ou la rente dans laquelle » il se constitue est le prix d'une acquisition qu'il fait jusqu'à cette concur- » rence. » (Bosquet, v° *Partage*, § 3.)

(2) Le contrôle des actes sous seings privés était facultatif.

(3) Pour les licitations entre copropriétaires (art. 59) et les partages de meubles ou immeubles entre telles personnes que ce soit (art. 09), le droit devait être payé sur le pied de la valeur des biens, sans aucune distraction de dettes passives. (Décisions des 17 mars 1742, 4 juillet 1753, 6 juin 1734 et 22 juillet 1734 : Bosquet, v° *Partage*, § 2.)

Elle soumettait : 1° au droit fixe de 20 sous les partages d'*immeubles* sans soulte ni retour (3° classe, sect. 4, n° 1) ; 2° au droit de 10 sous par 100 livres les partages de biens *meubles*, passés devant notaires ou au greffe (1re classe, sect. 2, n° 2) ; 3° au droit de 20 sous par 100 livres les actes, contrats et transactions passés par-devant les officiers publics et contenant entre copropriétaires partage, licitation, cession et transport de biens *immeubles* réels ou fictifs, à raison du prix des biens transportés aux cessionnaires (1re classe, sect. 4, n° 3), et les soultes de partages de biens meubles (1re classe, sect. 2, n° 2).

La loi du 9 pluviôse an IV décupla les droits fixes (art. 9), et doubla les droits proportionnels des actes et mutations entre-vifs (art. 2) ; mais elle fut presque immédiatement abrogée par la loi du 14 thermidor an IV, qui ordonna seulement (art. 2) de percevoir deux pour cent pour les licitations et les retours de partages d'*immeubles* réels entre les copropriétaires au même titre (Circ., n° 926).

Enfin l'art. 26 de la loi du 9 vendémiaire an VI disposa que tout acte de partage de biens *immeubles* serait assujéti au droit proportionnel d'un demi pour cent de l'estimation en capital, ainsi qu'il en était usé pour le partage de biens *mobiliers* (Circ., n° 1109).

On remarque de suite le côté singulier de cette législation : la perception d'un droit proportionnel même sur le partage pur et simple, sans doute à cause des besoins financiers de l'époque. Cependant la Cour de cassation jugeait, sous ces lois, que « l'essence des partages n'est pas de transférer la propriété dont les héritiers copartageants sont déjà investis par indivis, mais seulement de déterminer la portion de propriété, en faisant cesser l'indivis. » (Cass., 2 ventôse an VII et 14 messidor an IX ; Dalloz, v° *Enreg.*, n°s 137-1° et 2217.)

Au surplus, ce droit intermédiaire fut bientôt remplacé par une loi nouvelle, si fortement conçue qu'elle est encore en vigueur.

36. — DROITS D'ENREGISTREMENT (*de l'an* VII *à* 1874). — Dès le 6 fructidor an VI, Duchâtel présenta au Conseil des Cinq-Cents, au nom de la commission des finances, un projet de résolution qui est devenu la loi fondamentale de l'enregistrement. Nous détachons de son rapport ce qui concerne le partage : « La commission s'est attachée à » ce principe, *que tout ce qui n'oblige, ne libère ni ne transmet, ne* » *peut donner lieu au droit proportionnel*. Ainsi, la fiscalité aura à » perdre l'usage de deux grands mots à l'aide desquels elle soumet- » tait au droit proportionnel des actes qui n'étaient pas de nature à » y être assujétis. Tels sont les inventaires, les *partages*... Ces actes, » suivant le langage fiscal (actuel), sont *attributifs* ou *déclaratifs* de » propriété ou de jouissance, et cela suffit pour les tenir (à tort)

» dans la classe de ceux qui portent transmission. » (Dalloz, v° *Enreg.*, n° 27.)

La nouvelle loi fut votée le 22 frimaire an VII (12 décembre 1798). Ses rédacteurs adoptèrent les principes du centième denier, tout en profitant de l'expérience de 1790, de l'an IV et de l'an VI.

Le principe de la tarification est posé dans les premiers articles. D'après l'art. 2 : « Les droits d'enregistrement sont fixes ou propor- » tionnels, suivant la nature des actes et mutations qui y sont assu- » jétis. » D'après l'article 3 : « Le droit fixe s'applique aux actes » qui ne contiennent ni obligation, ni libération, ni condamnation, » collocation ou liquidation de sommes et valeurs, ni transmission » de propriété, d'usufruit ou de jouissance de biens meubles et im- » meubles. » Et d'après l'art. 4 : « Le droit proportionnel est établi » pour les obligations, libérations, condamnations, collocations ou » liquidations des sommes et valeurs, et pour toute transmission de » propriété, d'usufruit ou de jouissance de biens meubles et im- » meubles, soit entre-vifs, soit par décès. »

Or l'art. 68, § 3, n° 2, assujétit à un droit fixe : « *Les partages de biens meubles et immeubles entre copropriétaires à quelque titre que ce soit.* » L'article ajoute que : « *S'il y a retour, le droit sur ce qui en sera l'objet sera perçu aux taux réglés pour les ventes.* » Et l'art. 69 soumet, d'un côté, au droit proportionnel de 2 pour 100, sous le § 5 : « *Les parts et portions acquises par licitation de biens meubles indivis* (n° 6), et *les retours de partages de biens meubles* (n° 7), » et d'un autre côté, au droit proportionnel de 4 pour 100, sous le § 7, « *Les parts et portions indivises de biens immeubles acquises par licitation* (n° 4), et *les retours* d'échanges et *de partages de biens immeubles* (n° 5). »

Il résulte nettement des art. 3 et 68 que le partage pur et simple ne contient aucune transmission, et des art. 4 et 69 que le partage avec soulte ou par licitation est translatif de propriété en droit fiscal.

Ce dernier point ressort également de l'art. 15, n° 6, aux termes duquel la valeur des immeubles est déterminée par le prix augmenté des charges, « pour les ventes... *licitations et tous* AUTRES *actes* civils » ou judiciaires *portant translation de propriété* ou d'usufruit, à titre » onéreux. » Le partage par licitation est expressément rangé, dans cet endroit, parmi les actes translatifs de propriété.

Il convient cependant de remarquer : 1° que la loi distingue la soulte et la licitation de la vente, tout en les assimilant, et spécialement que la licitation est soumise au droit proportionnel non comme *vente* (ainsi que l'avait décidé l'arrêt du 2 avril 1538), mais comme *licitation*, comme contrat particulier ; 2° que la soulte elle-même n'est pas tarifée avec la licitation, mais séparément; 3° et que le partage par licitation n'est frappé du droit proportionnel, comme le partage avec soulte, qu'à concurrence des sommes payées, des parts acquises, étant simplement déclaratif pour le surplus.

L'immunité du partage pur et simple est toute naturelle, parce que l'acquisition en commun supporte dans tous les cas le droit de succession. Elle est du reste conforme à l'esprit général de notre loi, qui n'admet qu'un droit proportionnel par convention ou mutation, c'est-à-dire tant pour la convention ou la mutation que pour les actes et dispositions qui en dépendent, qui en dérivent et qui n'en sont que l'exécution, le complément, la conséquence et la consommation (art. 11 et art. 68, § 1, n° 6). Aussi Duchâtel disait-il, dans le rapport précité, qu'aucun droit proportionnel n'est exigible pour les partages, « par la raison qu'ils sont, entre les intéressés, une suite nécessaire » des mutations pour lesquelles le droit proportionnel est dû ou a » été payé. »

37. — Depuis l'an VII, le droit fixe du partage pur et simple a été deux fois augmenté (1).

L'art. 45, n° 3 de la loi du 28 avril 1816 l'a d'abord porté de 3 à 5 francs.

Puis il a paru « qu'il était à la fois plus juste et plus fructueux » pour le Trésor d'en faire varier la quotité, en raison des sommes » ou valeurs exprimées. » La commission du budget de l'exercice 1863 avait exprimé le vœu qu'une étude dans ce sens eût lieu pour tous les droits fixes, et un projet, avait été soumis, en mars 1864, au Conseil d'Etat, qui l'avait adopté. (R. P. 1848 et 1873.) Mais c'est seulement en 1872 que fut réalisée la pensée de 1863.

L'art. 1er, n° 5 de la loi du 28 février 1872 a décidé que la quotité du droit fixe d'enregistrement auquel sont assujétis « les partages » de biens meubles et immeubles entre copropriétaires, cohéritiers » et coassociés à quelque titre que ce soit, » serait déterminée « par le » montant de l'actif net partagé, » et l'art. 2 a fixé le taux de ce droit fixe gradué : à 5 francs pour 5,000 francs et au-dessous, à 10 francs de 5,000 à 10,000 francs, à 20 francs de 10,000 à 20,000 francs, et ensuite à raison de 20 francs par 20,000 francs. M. Mathieu-Bodet, rapporteur de la commission du budget, a motivé comme suit cette innovation : « Les partages de biens meubles et immeubles » entre copropriétaires, cohéritiers et coassociés ne donnent ouver- » ture qu'au droit fixe de 5 francs. Ces actes ne sont pas considérés » en droit comme translatifs de propriété : ils ne sont que déclaratifs. » Cependant, c'est le partage qui a pour effet de faire cesser l'indi-

(1) Nous ne parlons pas des décimes, qui s'appliquent à tous les droits.

» vision dans chaque parcelle de la chose commune, et de créer, sur » chaque lot, la propriété personnelle de chaque copartageant. Il est » donc tout naturel que le droit d'enregistrement varie dans une » certaine limite, à raison de l'importance de l'actif net partagé. » R. P. 3406, p. 158.)

Il importe de remarquer que cette graduation n'a pas changé le caractère du droit fixe. La nouvelle loi a respecté les bases primitives de la législation fiscale et modifié les tarifs sans modifier les principes. Le droit fixe gradué reste ce qu'était le droit fixe proprement dit, un droit d'acte et de formalité, auquel les règles du droit de mutation sont inapplicables (1).

38. — Le tarif des droits de soulte est encore tel qu'il était à l'origine, en l'an VII; mais les principes de la perception ont été modifiés *pour les ventes publiques d'objets mobiliers et les transmissions d'offices ministériels.*

L'art. 6 de la loi du 22 pluviôse an VII sur les ventes publiques d'objets mobiliers porte que « le droit d'enregistrement sera perçu » sur le montant des sommes que contiendra *cumulativement* le » procès-verbal des séances. » L'art. 10 abroge expressément les dispositions de lois contraires. L'administration en a conclu que, cette loi spéciale dérogeant à celle du 22 frimaire, le copropriétaire lui-même doit le droit de 2 % sur le prix *entier* des objets mobiliers qui lui sont adjugés (Déc. min. fin. 10 décembre 1819 : J. E. 6785), et la Cour de cassation a consacré cette interprétation (Cass. 9 mai 1832 : Dalloz, v° *Enreg.*, n° 2832 ; instr. 1410, § 13). On a vainement objecté que le calcul du droit ne devrait pas dépendre du mode d'attribution, que le copropriétaire n'achète jamais sa propre part, que la loi du 22 pluviôse an VII a simplement prescrit des formalités, que l'art. 6 a pour but d'empêcher la perception du droit minimum sur chaque lot et que cette disposition manifestement favorable ne peut aggraver l'impôt, contrairement aux principes.

La loi du 25 juin 1841 s'est écartée de la loi du 22 frimaire, pour les transmissions d'offices, mais dans un sens complètement opposé. Elle ne frappe ni la part conservée, *ni les parts acquises.* Le droit de mutation est de deux pour cent (2) lorsque l'office transmis par décès passe à l'un des héritiers ; mais *il est imputable,* jusqu'à due concurrence, sur le droit de mutation par décès (art. 9), de sorte que, la

(1) Ce droit n'est pas dû sur les biens cédés à titre de soulte ou de licitation (R. P. 3497-9); mais il paraît exigible sur les valeurs que le débiteur de la soulte ou du prix de licitation reçoit ou conserve, *pour sa part,* en équivalence de ce qu'il achète et paie.

(2) Sans pouvoir être inférieur au dixième du cautionnement (art. 10).

loi affranchit complètement la licitation, en portant à deux pour cent le minimum du droit de mutation par décès.

39. — De ce que les partages avec soulte et par licitation sont tarifés avec les actes translatifs de propriété, il suit en droit fiscal, *pour les partages d'immeubles :* 1° qu'ils doivent être enregistrés dans les trois mois de leur date, comme actes portant transmission de propriété, s'ils sont faits sous signatures privées (L. 22 frimaire an VII, art. 22); 2° qu'ils peuvent être l'objet d'une expertise, comme actes translatifs de propriété, si le prix énoncé paraît inférieur à la valeur vénale (L. 22 frimaire an VII, art. 17 ; Cass., 15 juin 1847 : Instr. 1790, § 5); 3° que leur existence peut être prouvée pour la demande des droits, comme celle d'une mutation (L. 22 frimaire an VII, art. 12); 4° qu'ils doivent être déclarés dans les trois mois de l'entrée en possession, comme mutations entre-vifs, s'il n'existe pas de conventions écrites (L. 27 ventôse an IX, art. 4); 5° qu'ils sont soumis au droit fixe seulement, comme actes translatifs de propriété, lorsqu'ils ont pour unique objet des biens situés soit en pays étranger, soit dans les colonies françaises, où l'enregistrement n'est pas établi (L. 16 juin 1824, art. 4, et L. 28 février 1872, art. 1, n° 2) ; 6° que la dissimulation des soultes est punie comme celle des prix de vente (L. 22 frimaire an VII, art. 40, et L. 23 août 1871, art. 12); 7° que les notaires sont tenus, à peine de 10 francs d'amende, d'exprimer dans les actes de partage qu'ils ont donné lecture aux parties des art. 12 et 13 de la loi du 23 août 1871 (L. 23 août 1871, art. 13); 8° qu'à défaut d'enregistrement ou de déclaration dans le délai de trois mois, le copropriétaire *qui paie*, doit un droit en sus (1), et le copropriétaire *qui reçoit* doit déposer ou déclarer le partage dans le mois suivant (le quatrième mois), à peine d'un autre droit en sus (L. 23 août 1871, art. 14) ; 9° que les décimes sont calculés d'après le tarif en vigueur au jour de la convention, quel que soit le tarif en vigueur au jour de l'enregistrement (R. P. 3404).

Pour les partages de meubles, il faut dire : 1° que les soultes et licitations doivent supporter le droit de transmission établi sur les valeurs industrielles nominatives (L. 23 juin 1857) et les obligations des établissements publics français (L. 16 septembre 1871, art. 11, al. 2) et étrangers (L. 30 mars 1872, art. 1, al. 3); 2° et que les partages de fonds de commerce ou de clientèles, avec soulte ou par licitation, sont soumis, comme les cessions de fonds de commerce ou de clientèles, aux mêmes règles que les mutations immobilières (L. 28 février 1872, art. 8) (2).

(1) Qui ne peut être inférieur à 50 francs.

(2) Voir aussi L. 21 avril 1818, art. 56 et 64; L. 16 juin 1824, art. 7; L. 18 avril 1831, art. 17 ; L. 18 juillet 1866, art. 3; L. 28 février 1872, art. 5, n° 2.

Toutes ces règles et prescriptions sont étrangères aux partages sans soulte, qui ne sont pas compris au nombre des actes translatifs de propriété (Cass., 2 ventôse an VII, 14 messidor an IX et 6 mai 1856 : Dalloz, v° *Enreg.*, n°^{s} 137-1° et 2217, et D. P. 1856, 1, 220).

40. — Droit de rédaction. — La loi du 22 prairial an VII, qui a créé, pour les actes judiciaires, des droits de greffe indépendants des droits d'enregistrement, prescrit, par son art. 2, de percevoir, pour la rédaction des *adjudications judiciaires*, un demi pour cent sur les cinq premier mille francs et un quart pour cent au-dessus de 5,000 francs.

Ce droit de rédaction n'est exigible, pour les licitations, que sur la valeur de la part acquise par le colicitant, s'il reste adjudicataire (Déc. min. 21 octobre 1806, lettre 11 novembre 1806 et décret 12 juillet 1808, art. 3), et n'est pas dû sur les partages avec soulte, qu'il est impossible de ranger dans la classe des adjudications (Déc. min. 21 mai 1823, rapportant déc. min. 11 décembre 1810 : Instr. 500 et 1082).

§ 2. — Le partage est-il soumis aux formalités des mutations?

41. — Les ventes et autres aliénations de certains biens ont été soumises, soit autrefois, soit plus récemment, à des formalités particulières, dans l'intérêt des tierces personnes.

Nous allons examiner si ces diverses formalités ont été jugées inutiles ou nécessaires pour la perfection des partages.

42. — Partage de fiefs. — Aucun fief ne pouvait être aliéné sans le consentement du suzerain et l'aveu de dépendance de l'acquéreur (voir n° 17 *suprà*). C'était une des maximes de Loysel (liv. 4, tit. 3, reg. 4) : « Tout nouveau vassal doit la foi à son seigneur, et lui en » faire quelque reconnaissance. »

La cérémonie de l'hommage était très-généralement nécessaire : le vassal prêtait serment de fidélité, tantôt debout et la main sur les Evangiles, tantôt sans ceinture, sans éperons, la tête nue, un genou en terre et les mains jointes dans celles de son seigneur.

En outre, certains fiefs d'*honneur* étaient fiefs de *danger*, en ce sens que le nouvel acquéreur ne pouvait en prendre possession avant l'hommage, à peine de *commise*, c'est-à-dire de perte du fief.

Tels étaient les fiefs à Bar, à Chaumont, dans le comté et dans le duché de Bourgogne (1).

L'échange nécessitait l'hommage comme la vente. Boguet s'en

(1) En Normandie, la commise avait lieu même pour roture; mais c'était exceptionnel. Voir l'art. 69 des cayers du duché de Bourgogne.

expliquait sur l'art. 16 du titre 1er de la coutume du comté de Bourgogne : « *Item comprehenditur permutatio : nam et ea nomine semper venit alienationis... Bœr. in cons. Bitur. hoc tit.* § 18. *Chassan. hoc tit.* § 8. » Et Gabriel Davot, dans ses *Traités sur diverses matières de droit français* (t. 1, p. 575) : « Echange est ici comparé à une » vente. Il y en a un arrêt de préjugé. »

Mais il en était autrement du partage, de disposition expresse des coutumes. L'art. 9 du titre 1er de la coutume du comté de Bourgogne était ainsi conçu : « En partage et division de choses fœdales venans » par succession d'hoirie, n'est point de nécessité aux parties de » prendre consentement des seigneurs du fief pour prendre la » possession de ce que par ledict partage leur advient. » Et l'art. 6 du titre 3 de la coutume du duché était semblable.

Il n'y eut de doutes que pour la licitation. « *Sed hoc fortasse non obtineret,* disait Boguet, *si res tota uni adjudicaretur, et alteri pecunia : nam vix prior commissum evitaret, si realem feudi possessionem apprehenderet sine domini consensu, prout voluit Guid. Pap. cons.* 46 *num.* 1 *sub fin. part.* 1. *Qua de re tamen vide latius per Modern. hoc tit.* § 22 *num.* 69 *et seq.* » Mais, au XVIIIe siècle, le doyen Jean Bannelier se prononçait sans hésitation contre la commise, dans ses notes sur Davot (t. 1, p. 578) : « Licitation ne peut donner lieu à commise, si le » fief reste à l'un des propriétaires. »

Du reste, toute cette matière ne présente plus maintenant qu'un intérêt de curiosité historique.

48. — Partage d'immeubles. — Dans les coutumes dites de nantissement, la transmission de la propriété immobilière n'était parfaite que par l'accomplissement de certaines formalités, appelées *vest* et *devest*, *saisine* et *dessaisine*, *adhéritance* et *déshéritance*, *nantissement*, *mise de fait*, *main-assise*, *plainte à loi*, *devoirs de loi*, *reconnaissance échevinale*, etc. (Dalloz, v° *Transcription*, n° 2.) Ces formalités consistaient dans une reconnaissance du contrat, qui était enregistrée au greffe du juge, pour que les tiers pussent y recourir. (*Ibid.*, n°s 5 et 9.)

Le partage n'était pas soumis à ces formalités, du moins en général.

« Le nantissement, dit Merlin (v° *Nantissement*, § 1, n° 6-6°), est » inutile pour le partage entre cohéritiers. C'est ce que décide la » coutume de Cambresis, tit. 14, art. 1 : *Partage et division se peut* » *faire entre cohéritiers des héritages, terres et rentes à eux échus par* » *succession, soit par-devant notaires ou témoins, ou autrement dûment,* » *sans qu'il soit requis le réaliser par œuvres de loi par-devant les* » *justices des lieux, où lesdits héritages, terres et rentes sont situés,*

» *et est, par tel partage, chacun saisi des biens et héritages à lui pour sa* » *part assignés.* Cette disposition (poursuit Merlin) se retrouve encore » dans la coutume de la châtellenie de Lille, tit. 2, art. 59, et elle est » fondée sur une raison qui doit la faire admettre partout. Le partage » n'est pas attributif, mais seulement déclaratif des droits de chacun » des copartageants ; il ne leur donne rien de nouveau ; il ne fait que » déclarer les portions dont ils sont respectivement saisis par la loi ; » en sorte que chaque héritier est réputé avoir eu, dès le moment du » décès, ce qui est tombé dans son lot, et n'avoir jamais été saisi de » ce qui ne lui a pas été assigné. »

Cependant la coutume du chef-lieu de Valenciennes avait une règle contraire. Son art. 150 était ainsi conçu : « Les partages et divisions » de biens et rentes immeublières, faits entre cohéritiers, pour » engendrer réalité devront être reconnus par deux gens de loi, dont » lesdits biens sont mouvans. » Merlin observe *(loc. cit.)* que cette disposition, dérogeant au droit commun, ne s'étendait pas au Hainaut entier, et que cela résultait de deux arrêts du conseil souverain de Mons, des 13 juillet 1679 et 26 février 1711.

44. — L'art. 3 du décret du 19 septembre 1790 remplaça *provisoirement* la formalité du nantissement par la transcription des grosses des contrats d'aliénation ou d'hypothèque, au greffe du tribunal du district de la situation des biens.

Puis la loi du 9 messidor an III (27 juin 1795) disposa que toute *expropriation* d'immeubles devait être reçue devant des officiers publics, à peine de nullité (art. 100), et que l'acquéreur devait déposer, dans le mois, à la conservation des hypothèques, une expédition de l'acte, faute de quoi les hypothèques ultérieurement constituées par l'ancien propriétaire seraient valables (art. 105 et 106). L'art. 104 comprenait les *partages* parmi les *expropriations.*

Mais cette loi fut abrogée, avant d'avoir été appliquée, par la loi du 11 brumaire an VII (1er novembre 1798), qui créa un régime hypothécaire nouveau pour toute la France, en adoptant le système de publicité des pays de nantissement.

Le premier alinéa de l'art. 26 de la loi du 11 brumaire an VII était ainsi conçu : « Les actes *translatifs* de biens et droits susceptibles » d'hypothèque doivent être transcrits sur les registres du bureau de » la conservation des hypothèques dans l'arrondissement duquel les » biens sont situés. »

Cette transcription avait un double objet : elle consolidait la propriété de l'immeuble vis-à-vis des tiers et préparait la purge des hypothèques dont l'immeuble était grevé (art. 26, al. 2, et art. 30 et s.).

On s'accordait à reconnaître que ces dispositions étaient étrangères aux partages et licitations. (Merlin, *Quest. de droit*, v° *Partage*, § 7.)

45. — Parut le Code civil : le titre des priviléges et hypothèques fut décrété le 28 ventôse an XII (19 mars 1804).

On jugea que la transcription des contrats translatifs n'était plus nécessaire pour transférer *à l'égard des tiers* la propriété des immeubles aliénés *à titre onéreux*, la vente étant par elle-même, par sa seule énergie, c'est-à-dire indépendamment de toute tradition et de toute transcription, translative de propriété, *ergà omnes;* de sorte qu'en cas de ventes successives du même immeuble à plusieurs personnes, la propriété était laissée à l'acheteur dont le titre avait la date certaine la plus ancienne. — Mais la transcription demeurait le préliminaire indispensable de la purge des hypothèques et priviléges établis sur les immeubles (art. 2181 et s.) (1).

La transcription des partages et licitations pouvait-elle être utile dans ces conditions? — L'immeuble indivis, dépendant d'une succession, peut être grevé de priviléges ou hypothèques : 1° du chef des cohéritiers, 2° du chef du défunt, 3° et du chef des précédents propriétaires. — L'attributaire ne peut s'affranchir par aucune purge des charges qui lui sont personnelles (C. civ. 1134, 1244 et 2092). — Les charges qui proviennent de ses cohéritiers, s'évanouissent de plein droit, à l'instant du partage ou de la licitation (n° 75 *infrà*). — D'autre part, l'héritier peut évidemment purger, comme le défunt lui-même, les charges imposées par les anciens propriétaires, en faisant simplement transcrire *le titre du défunt*. — Il n'existe de difficulté qu'au sujet des charges qui procèdent du défunt (2). Certaines personnes ont prétendu que l'héritier, n'étant tenu personnellement que de sa part virile (art. 873), peut purger ces charges, pour l'excédant de cette part, au cas de licitation. Mais cette opinion n'a pas trouvé faveur, parce que l'héritier continue la personne du défunt, surtout quant aux dettes hypothécaires (art. 873), et que le bénéfice de la purge est un avantage exorbitant, exceptionnellement accordé au tiers qui détient en vertu d'un titre *translatif* (C. civ. 2181, 2189, 2191, 2193, 2195; Pr. 834 et 838), soit de vente, soit de donation (C. civ. 2183, 2184, 2189).

En conséquence, la transcription des partages et licitations était inutile, en droit, sous l'empire du Code civil.

(1) Elle devint nécessaire, en 1806, pour arrêter le cours des inscriptions (Pr. 834) : mais ceux qui ne peuvent pas purger, ne peuvent pas arrêter le cours des inscriptions.

(2) L'héritier bénéficiaire peut purger, mais la question est étrangère au partage.

46. — Mais toutes les facultés de droit et la plupart des cours d'appel réclamèrent la publicité des titres de propriété immobilière. Une commission spéciale fut instituée par arrêté du président de la République, du 15 juin 1849, et proposa, entre autres mesures, de soumettre à la transcription les actes déclaratifs aussi bien que les actes translatifs. « La commission, disait M. Persil (rapporteur), a cru » devoir placer les actes *déclaratifs* de propriété immobilière, tels que » les *partages* entre héritiers et autres copartageants,... sur le même » rang que les actes translatifs. C'est une innovation, sans doute, au » texte de la loi actuelle ; mais, éclairée par une longue pratique, la » commission n'a pas hésité à l'admettre. Sans la transcription des » actes de *partage*, de *licitation*,... la publicité serait incomplète, et » laisserait subsister des nuages qui paralyseraient encore les transac» tions. » Le projet de loi contenait en conséquence un art. 2092 ainsi conçu : « Tous actes, à titre gratuit et onéreux, translatifs ou » *déclaratifs* de propriété immobilière,... seront transcrits, en entier, » sur les registres du bureau de la conservation des hypothèques » dans l'arrondissement duquel les biens sont situés. — Jusque-là, ils » ne peuvent être opposés aux tiers qui auraient contracté, sans » fraude, avec le vendeur. — Les actes authentiques de *partage* » seront transcrits sur extrait... »

Mais l'avis de la commission de l'Assemblée nationale fut tout différent. M. de Vatimesnil l'exprima, dans les termes suivants, le 25 avril 1850 : « La mutation par décès n'exige pas plus de trans» cription dans le cas où la succession échoit à plusieurs héritiers que » dans le cas où elle est recueillie par un héritier unique... Pour » que le partage, qui intervient ultérieurement, rendît la transcrip» tion nécessaire, il faudrait que ce partage opérât une seconde » mutation. Or, c'est ce qui n'a pas lieu ... A quoi, d'ailleurs, servi» rait la transcription du partage? A rien absolument. Dans le sys» tème du projet de la commission, comme dans le système du projet » du gouvernement, l'un des objets de la transcription est d'avertir » les tiers que la propriété a changé de mains, et qu'ils ne peuvent » plus contracter avec l'ancien propriétaire. Mais ceux qui contrac» tent avec un héritier avant le partage savent parfaitement que les » droits qu'ils tiennent de lui sont conditionnels et dépendent de l'é» vènement du partage; et ceux qui contractent après le partage » ont soin de se faire représenter cet acte. — La transcription sert, en » outre, à mettre un terme à la faculté de prendre inscription sur le » précédent propriétaire; mais la transcription du partage ne saurait » avoir un tel but. Elle ne peut empêcher que les créanciers du » défunt, qui ont des titres hypothécaires, ne prennent inscription,

» et, quant aux hypothèques que les héritiers autres que celui auquel » échoit l'immeuble auraient pu, antérieurement au partage, consti» tuer sur leur part indivise, elles s'évanouissent par cela seul que » cet immeuble ne tombe pas dans leur lot. »

La discussion fut ajournée, et un nouveau projet présenté en 1855, *tant pour les actes translatifs que pour les actes déclaratifs*. L'assimilation était ainsi justifiée dans l'exposé des motifs, quant au partage: « Bien que le partage soit déclaratif de propriété, et qu'aux termes » de l'art. 883 chaque héritier soit censé avoir succédé immédiate» ment aux choses comprises dans son lot; en fait, il transmet la pro» priété de l'universalité à l'individu et confère des droits à chacun » des copartageants contre les autres. C'est à la conservation et à la » publicité de ces droits que la loi doit veiller. »

Mais cette proposition fut de nouveau repoussée par la majorité de la commission du Corps législatif. M. Debelleyme, rapporteur, ajoutait une nouvelle considération aux motifs donnés en 1850 par M. de Vatimesnil. « L'intérêt, disait-il, ne peut exister qu'à l'égard du » créancier de l'un des cohéritiers, et dans le cas où ce cohéritier » aura pris inscription avant que le partage ait été transcrit. — Dans » ce cas, le partage pourra-t-il lui être opposé, ou bien sera-t-il nul » et non avenu à son égard? — La nullité du partage non transcrit... » a été repoussée par cette considération que, dans notre droit, le » partage est déclaratif et non pas attributif de propriété : que si ce » caractère est une fiction de la loi, cette fiction n'en est pas moins » la base des règles et des effets du partage, et que la changer serait » porter le trouble dans les dispositions du Code Napoléon. — Au » moins faudrait-il, pour y porter cette atteinte, que l'intérêt fût puis» sant; or les créanciers des héritiers ont dans les mains un droit » équivalent à celui qu'ils puiseraient dans la nécessité de la trans» cription; ce droit ... consiste dans la faculté de former opposition » au partage ... Que peut-on vouloir de plus en faveur du créancier, » et pourquoi, lorsqu'il aura négligé de former opposition et de veiller » à ses droits, lui accorder une nouvelle faculté?... » Le mot *déclaratif,* qui se trouvait dans l'art. 1er du projet, fut rayé avec l'assentiment du Conseil d'Etat, et M. de Casabianca fit simplement remarquer au Sénat que le partage n'opère point de mutation, le cohéritier continuant la personne du défunt.

La loi, promulguée le 23 mars 1855, prescrit, sous l'art. 1er, de transcrire au bureau des hypothèques de la situation des biens : « 1° Tout acte entre-vifs, translatif de propriété immobilière ... » 4° Tout jugement d'adjudication, *autre que celui rendu sur licitation au profit d'un cohéritier ou d'un copartageant...* »

En conséquence, les cohéritiers deviennent incontestablement propriétaires, *même vis-à-vis des tiers*, sans la transcription des actes de partage ou de licitation.

47. — Nous pensons, à la vérité, qu'un partage doit avoir date certaine pour être opposable aux personnes qui ont traité sur l'indivis avec des héritiers. L'art. 1328 du Code civil dispose en effet que les *actes sous seing privé* n'ont de date *contre les tiers* que du jour où ils ont été enregistrés, du jour de la mort de celui ou de l'un de ceux qui les ont souscrits, ou du jour où leur substance est constatée dans des actes publics. — On a bien objecté que les actes font foi de leur date entre les signataires et leurs ayants cause (art. 1322), et que les créanciers et cessionnaires d'un cohéritier empruntent nécessairement le titre de ce cohéritier (art. 1166) (Cass. 23 juillet 1866 : D. P. 1866, 1, 498). Mais la date certaine paraît indispensable, pour empêcher les héritiers d'antidater leur partage, après des oppositions, des cessions ou des engagements : c'est l'avis de tous les auteurs.

48. — Cette garantie, quoique précieuse, est encore insuffisante. En premier lieu, l'établissement de la propriété foncière deviendra de plus en plus difficile, au grand détriment du crédit, par suite du défaut de transcription des partages. Car, si les mutations par décès sont révélées par les registres de l'état civil, les divisions et licitations ne sont constatées nulle part pour le public. Et, s'il est simple de représenter, comme titre de propriété, un acte de partage de date récente, il est impossible, à beaucoup de personnes, de produire, après deux ou trois générations et plusieurs ventes partielles, des actes passés à plusieurs années d'intervalle, pour de nombreuses parcelles de terrain.

D'autre part, le régime actuel se prête à des fraudes de toute espèce, quoi qu'en ait dit M. de Vatimesnil.

L'héritier déclare-t-il que le partage n'a pas encore eu lieu? — Il peut vendre ou hypothéquer, *comme indivis*, les biens échus à ses cohéritiers par un partage occulte.

L'héritier montre-t-il un acte de partage? — C'est peut-être un acte refait après un premier partage dont il se sera servi pour traiter avec d'autres personnes; et, s'il en est ainsi, c'est un acte translatif de propriété (voir n° 130 *infrà*), qui a laissé subsister les droits réels consentis par les premiers attributaires, en vertu du premier acte, du véritable partage. Les héritiers peuvent doubler leur crédit par cette collusion et même le multiplier au-delà s'ils sont plus de deux. Ce dilemme prouve qu'on s'expose à une mystification toutes les fois que l'on contracte avec un héritier partiel ou l'ayant cause d'un héritier partiel.

49. — Aussi se manifeste-t-il une tendance prononcée à faire transcrire les actes déclaratifs de partage et de licitation.

Championnière et Rigaud la signalaient, dès 1838, au sujet de certains actes d'une forme particulière : « La pratique, la première, » disaient-ils, ... a fait transcrire des actes ayant nature de partage ; » puis la jurisprudence a consacré cette novation dans les prin- » cipes (1). »

La pratique a persisté, et il y a des personnes qui requièrent la transcription de leurs partages, en sachant que cette publication n'est pas obligatoire, mais en la considérant comme utile.

Nous avons vu que, deux fois, le gouvernement a proposé de soumettre à la transcription les actes déclaratifs, et nous parlerons, sous le n° 83 *infrà*, d'un projet tout récent qui assujétirait les soultes et licitations au droit de transcription, et qui aurait nécessairement pour effet d'encourager les parties dans la voie de la publicité, qu'elles suivent déjà volontiers.

Ajoutons que la transcription des partages est obligatoire dans plusieurs pays étrangers. En Russie, l'acte de partage des immeubles ne devient authentique que par sa transcription sur les registres fonciers. (De Saint-Joseph, art. 1106.) — En Autriche, le copartageant n'acquiert de droit réel sur sa part que par une mention sur les registres publics. (De Clercq. art. 436 et 816.) — En Bavière, l'art. 22 de la loi du 1er juin 1822 a prescrit d'inscrire sur les registres des tribunaux tous les actes modificatifs de la propriété, y compris les partages. (Dalloz, v° *Transcription*, n° 30). La transcription était nécessaire dans les États de l'Église, d'après une ordonnance du 10 novembre 1834. — En Belgique, la loi du 16 décembre 1851 (modifiant celle du 11 brumaire an VII) a ordonné que « tous actes entre-vifs, à titre gratuit ou onéreux, translatifs ou *déclaratifs* de droits réels immobiliers, autres que les priviléges et les hypothèques, seront transcrits en entier sur un registre à ce destiné, au bureau de la conservation des hypothèques... Jusque-là, ils ne peuvent être opposés aux tiers qui ont contracté sans fraude. » — Dans les Pays-Bas, le législateur a prescrit, dès 1832, dans l'intérêt du fisc, la transcription des partages avec soulte et par licitation, et la Haute-Cour a reconnu, en 1840, la nécessité de la

(1) Voir n° 118 *infrà*. — Cette tendance a fait croire à Championnière que le temps emporterait la fiction (*Revue de législation*, 1838, t. 7, p. 408). Mais c'est une grosse erreur, à notre avis (voir n° 21 *suprà*).

transcription de tous les partages, d'après les art. 671 et 1228 du Code civil de 1838 (1).

50. — Il reste à parler du droit de transcription, qui se rattache naturellement à la formalité dont il est le salaire.

L'art. 62 de la loi du 9 vendémiaire an VI établissait : 1° un droit proportionnel d'un pour mille sur le montant des créances hypothécaires ; 2° un autre droit proportionnel d'un et demi pour cent sur le prix intégral des *mutations* que les nouveaux possesseurs voudraient purger d'hypothèques.

L'art. 10 de la loi du 21 ventôse an VII (11 mars 1799) prescrit de percevoir, conformément à l'art. 62 précité, un droit sur l'inscription des créances hypothécaires, et sur la transcription des actes emportant *mutation* de propriétés immobilières. L'art. 25 fixe la quotité du droit de transcription, dans les termes suivants : « Le droit sur la » transcription des actes emportant mutation de propriétés immo- » bilières, sera d'un et demi pour cent du prix intégral desdites » mutations, suivant qu'il aura été réglé à l'enregistrement. »

Il est certain que ces articles n'avaient en vue ni les partages, ni les licitations, dont la transcription du reste n'était pas obligatoire.

Mais que devait-il arriver lorsque des partages ou des licitations, seraient volontairement présentés à la formalité ?

Tout propriétaire peut faire transcrire son titre et rien ne s'oppose à l'exercice de cette faculté par le copartageant. D'ailleurs le conservateur, qui n'a pas le droit de discuter les motifs de la réquisition, ne pourrait refuser la formalité sans s'exposer à certaines peines et répararations. (C. civ. 2107, 2199 et 2202.) Les parties au contraire sont censées toujours agir dans leur intérêt : elles peuvent demander la formalité par suite de circonstances toutes particulières, qu'elles connaissent seules, par exemple, parce que l'acte n'est pas un vrai partage, mais un partage refait. Il faut donc les satisfaire.

Le droit proportionnel doit-il être perçu ? Oui, car les parties

(1) Suivant l'art. 671, la propriété des immeubles ne s'acquiert, même *inter partes*, que par la transcription du titre, et l'art. 1228 est ainsi conçu : « L'hy- » pothèque, consentie dans un acte de partage pour la garantie du partage ou » de la soulte, lorsqu'elle est inscrite dans la huitaine *après la transcription de* » *l'acte de partage*, prendra rang avant toute autre hypothèque inscrite pendant » ce délai. » — On a même soutenu, en se fondant sur les délibérations des États généraux de 1838, que le partage a un caractère translatif en Hollande. Mais cette opinion a été condamnée par la Haute-Cour en 1863, avec raison : l'art. 1129 du Code néerlandais (semblable à notre art. 883) donne au partage un effet non-seulement rétroactif, mais purement déclaratif, et la transcription n'est qu'une mesure de publicité qui n'indique pas le caractère de l'acte.

savent seules si leur acte emporte mutation, et leur réquisition, toute volontaire, les oblige à se conformer à la loi dont elles réclament le bénéfice. Il leur est même impossible d'obtenir ultérieurement aucune restitution, sous prétexte ou pour cause d'erreur : car la transcription constitue un service rendu par l'Etat; le droit proportionnel est la rémunération de ce service, et cette rémunération est irrévocablement acquise par l'accomplissement de la formalité, qui assure la publicité et la conservation de l'acte ; à ce point de vue matériel, la perception ne dépend ni de la nécessité, ni de l'utilité de la transcription. Ainsi jugé, *d'abord pour les licitations* (Cass. 30 août 1826, 28 juillet 1827, 9 mai 1837, 18 juin 1840, 3 mai 1841, 17 janvier 1842, 26 avril 1843 et 13 avril 1847 : Dalloz, v° *Enreg.*, nos 6010, 6030, 5907, 5909 et 6031; D. P. 1847, 1, 230; Instr. 1204, § 12; 1220, § 12; 1802, § 31; 1630, § 9; 1661, § 13; 1675, § 12; 1697, § 9, et 1706, § 30), *puis pour les partages purs et simples* (Cass. 9 août 1860, 2 juin 1863, 10 juillet 1865 et 24 mars 1868; D. P. 1860, 1, 451; 1863, 1, 468; 1866, 1, 18; 1868, 1, 241; Instr. 2185, § 3; 2274, § 12; 2326, § 4, et 2367, § 5).

On liquide en outre le droit proportionnel non sur la valeur des seules parts acquises, mais sur la valeur intégrale des biens licités ou partagés.

Cette perception a toujours été très-vivement combattue. Car on admet difficilement, d'une part, que le droit puisse atteindre et même excéder le prix d'acquisition, et d'autre part, que le colicitant adjudicataire doive remplir la formalité de la transcription pour la conservation de sa propre part, de sa propre chose. Si, par suite de l'indivisibilité de l'hypothèque, chacune des parcelles de l'immeuble est grevée du chef des cohéritiers, cette affectation parcellaire ne peut jamais exister que dans la proportion des droits de ces cohéritiers, et l'esprit distingue toujours dans chaque parcelle une part de raison qui n'a jamais cessé d'appartenir à l'adjudicataire : tout se passe comme si l'adjudicataire avait acquis, en forme de cession, les portions de ses copartageants, et c'est s'arrêter à une apparence que de prendre l'enchère pour le prix véritable de l'acquisition. — Du reste, le législateur de vendémiaire an VI ne s'est nullement occupé des licitations, en tarifant le *prix intégral*, et celui de ventôse an VII a formellement prescrit de régler le droit de transcription comme le droit d'enregistrement.

Mais l'administration a très-habilement répondu. « En principe, » a-t-elle dit, la transcription est une formalité purement civile, qui » assure à celui qui la requiert la faculté de purger. — Le droit de » transcription est le prix de cette formalité. A la différence du

» droit d'enregistrement, qui repose sur le fait d'une transmission » actuelle de propriété, il n'est que la rémunération du service rendu » par l'accomplissement d'une opération matérielle... Les deux » droits différant ainsi par leur nature et leur objet, sont distincts et » indépendants l'un de l'autre; ils n'ont ni le même fondement ni » les mêmes règles. » (Instr. 2131, § 4, n° II.) La transcription a son but propre et particulier, et ses effets civils spéciaux. L'hypothèque frappant toutes les parcelles, la purge doit porter sur le tout : c'est le prix total qui doit être l'objet des notifications ou déclarations prescrites par les art. 2183 et 2184 du Code civil, qui doit servir de base au droit de surenchère conféré aux créanciers hypothécaires par l'art. 2185, et qui est enfin soumis à l'exercice des droits des créanciers. Aussi l'art. 2181 du Code civil ordonne-t-il de transcrire les actes en entier. Or, si les effets de la transcription sont indivisibles comme l'hypothèque et la formalité, s'ils s'étendent à toutes les parties de l'immeuble, le droit, lorsqu'il est exigible, ne doit-il pas être assis sur la valeur intégrale? — D'autre part, « la loi du » 9 vendémiaire an VI (art. 62) s'était bornée à disposer que le droit » de transcription se percevrait sur le *prix intégral* des mutations, » sans déterminer de quelle manière ce prix intégral devrait être » établi, et sans distinguer les mutations à titre gratuit de celles à » titre onéreux. L'art. 25 de la loi du 21 ventôse an VII a complété » cette disposition, en déclarant que le droit serait assis sur le *prix* » *intégral, suivant qu'il aurait été réglé à l'enregistrement*, c'est-à- » dire qu'il serait composé de la même manière que pour la liquida- » tion du droit d'enregistrement, avec addition ou sans distraction » des charges, sur le prix stipulé par les parties pour les transmis- » sions à titre onéreux, et sur le capital au denier vingt du revenu » pour les mutations à titre gratuit. Ainsi, la loi n'a pas dit que le » droit de transcription serait réglé sur celui d'enregistrement (ce » qui impliquerait que le droit de transcription ne pourrait être » perçu, lorsque le droit proportionnel de l'enregistrement ne l'a » point été); mais, ce qui est bien différent, que le *prix intégral*, sur » lequel doit toujours porter le droit de transcription, serait réglé » comme il l'est à l'enregistrement. » (Instr. 1502, § 31.)

Le ministre des finances a décidé, par ces motifs, dès le 30 septembre 1833, que le droit de transcription serait calculé sur la valeur intégrale des biens licités, toutes les fois qu'il serait exigible (Instr. 1440, § 1), et c'est dans ce sens que la Cour de cassation s'est constamment prononcée, malgré la résistance des tribunaux (Cass. 9 mai 1837, 15 juin 1840, 3 mai 1841, 15 novembre 1841, 17 janvier 1842 (bis), 13 avril 1847 (bis), 17 novembre 1847, 7 novembre 1849 (bis), 16 avril 1850 (ter), 10 juin 1850, 26 août 1850, 2 décembre 1850, 26 février 1851, 2 décembre 1851, 7 juillet 1852, 22 novembre 1853, 23 novembre 1853, 18 mai 1858, 13 août 1862, 3 et 17 janvier 1865 et 6 décembre 1871 : Dalloz, v° *Enreg.*, n°s 5067, 5969, 6028 et 6024 ; D. P. 1847, 1, 230 ; 1847, 4, 473, 8 ; 1849, 1, 280 et 290 ; 1851, 1, 119, 185, 278 et 342 ; 1851, 1, 44 et 323 ; 1852, 1, 205 ; 1853, 1, 344 ; 1858, 1, 400 ; 1862, 1, 352 ; 1865, 1, 31 et 34, et 1872, 1, 84 ; Instr. 1502, § 31 ; 1630, § 9 ; 1661, § 13 ; 1668, § 8 ; 1678, §§ 1 et 12 ; 1706, § 30 ; 1814, § 1 ; 1857, § 3, n°s 1 et 2 ; 1875, § 5, n°s 1 à 5 ; 1883, §§ 5 et 6 ; 1912, § 2 ; 1946, § 4 ; 1990, §§ 5 et 6 ; 2137, § 7 ; 2239, § 4 ; 2325, §§ 1 et 3, et 2434, § 4).

51. — La loi du 28 avril 1816, contient, sur le droit de transcription, les trois articles suivants :

« Art. 52. Le droit d'enregistrement des ventes d'immeubles est » fixé à cinq et demi (au lieu de quatre) pour cent ; mais la forma- » lité de la transcription au bureau de la conservation des hypo- » thèques ne donnera plus lieu à aucun droit proportionnel.

» Art. 54. — Dans tous les cas où les actes seront de nature à » être transcrits au bureau des hypothèques, le droit sera augmenté » d'un et demi pour cent, et la transcription ne donnera plus lieu à » aucun droit proportionnel.

» Art. 61. — Les actes de transmission d'immeubles et droits » immobiliers, susceptibles de transcription, ne seront assujétis » à cette formalité que pour un droit fixe d'un franc, outre le » droit du conservateur, lorsque les droits en auront été acquittés de » la manière prescrite par les art. 52 et 54 de la présente loi. »

Les receveurs soulevèrent la question de savoir si les soultes et licitations devaient être soumises au droit de transcription à *l'enregistrement*, soit en vertu de l'art. 52, soit en vertu de l'art. 54 de la nouvelle loi, — en vertu de l'art. 52, parce qu'elles étaient tarifées avec les ventes par la loi du 22 frimaire an VII, et en vertu de l'art. 54, parce que le droit était dû sur tous les actes translatifs, ou non, de nature à être transcrits. La question fut résolue négativement, *d'abord pour les soultes* (Cass., 27 juillet 1819 : Dalloz, v° *Enreg.*, n° 6021 ; Déc. min. 8 octobre 1819 : Instr. 903), *puis pour les licitations* (Cass., 27 novembre 1821 et 5 novembre 1822 : Dalloz, v° *Enreg.*, n°s 6025 et 2090). Les motifs de ces décisions sont parfaitement indiqués par l'arrêt du 27 juillet 1819, dont suit la teneur :

« Attendu, sur le moyen tiré de la violation de l'art. 52 de la loi du » 28 avril 1816, qu'il est de principe général qu'en matière d'impôt » on ne peut pas, par voie d'induction ou d'analogie, étendre d'un » cas à un autre la disposition de la loi ; — attendu que les retours de

» partage d'immeubles ne sont pas compris dans la disposition litté» rale de l'art. 52 de la loi du 28 avril 1816, qui ne parle que des « ventes d'immeubles, et ne fait aucune mention des retours de par» tage, non plus que des parts et portions d'immeubles indivis ac» quises par licitation, à la différence de l'art. 69 de la loi du 22 fri» maire an VII, qui, après avoir assujéti (n° 1 du § 7 dudit article) » à un droit de 4 pour 100 les ventes d'immeubles, a ensuite, et par » des dispositions expresses (celles des nᵒˢ 4 et 5 du même para» graphe), assujéti au même droit les parts et portions indivises de » biens immeubles acquises par licitation, ainsi que les retours de » partage de ces mêmes biens; d'où il faut conclure que la loi de 1816 » n'a pas considéré ces derniers actes sous le même point de vue que » les ventes proprement dites, quoique celle du 22 frimaire an VII, » tout en les distinguant de même dans sa disposition, les eût assu« jéties au même droit; — attendu, sur le moyen tiré de la violation » de l'art. 54 de ladite loi du 28 avril 1816, que les actes de partage » et de licitation n'étant par eux-mêmes, et dans les principes du droit » civil, que déclaratifs de propriété, et le cohéritier qui acquiert, par » voie de partage ou de licitation, une part quelconque dans l'im» meuble indivis, étant, aux termes formels de l'art. 883 du Code » civil, censé avoir succédé immédiatement à cette part, les actes de » ce genre ne sont pas du nombre de ceux sujets par leur nature à » la transcription; d'où il suit que la disposition dudit article ne leur » est pas nécessairement applicable... »

Les contribuables essayèrent, de leur côté, de ne plus payer que le droit fixe *aux hypothèques*, pour les partages de toute espèce. Ils prétendirent que l'art. 61 était relatif aux actes antérieurs à la nouvelle loi, et qu'en réservant le droit proportionnel au seul cas de transmission, cet article autorisait la transcription au droit fixe des actes non translatifs. Mais ils furent condamnés, parce qu'ils dénaturaient le sens de la loi, dont l'article 61 concerne les actes anciens et nouveaux, sur lesquels le droit proportionnel d'un et demi pour cent a été payé par anticipation conformément aux articles 52 et 54, (l'art. 25 de la loi du 21 ventôse an VII demeurant applicable toutes les fois que ce droit n'a pas été payé à l'instant de l'enregistrement). (Cass. 30 août 1826, 25 juillet 1827, 9 mai 1837 et 6 mai 1840 : Dalloz, v° *Enreg.*, nᵒˢ 6040, 6039, 5967 et 5969; Instr. 1204, § 12; 1220, § 12, n° 2; 1502, § 31, et 1630, § 10.)

Les contribuables tentèrent, sans plus de succès, en s'appuyant sur les art. 52 et 54, de faire limiter la perception du droit proportionnel aux parts acquises. Il résulte, disaient-ils, d'abord des art. 52 et 54, que le droit d'un et demi pour cent n'est pas le prix de l'opération matérielle de la transcription, puisqu'il est perçu par le receveur avant tout dépôt à la conservation des hypothèques, — et spécialement des termes de l'art. 54, qu'il doit venir en augmentation du droit d'enregistrement, de sorte que c'est une taxe complémentaire et accessoire, nécessairement soumise aux mêmes règles, ou plutôt qu'il existe un droit unique dans lequel se trouve absorbé et confondu le droit d'un et demi pour cent. L'administration répondit qu'il y avait toujours deux formalités et deux droits essentiellement différents, ce qui était vrai.

52. — La lutte recommença, au sujet du droit fixe, sur l'art. 12 de la loi du 23 mars 1855, ainsi conçu : « Jusqu'à ce qu'une loi spéciale » détermine les droits à percevoir, la transcription des actes ou juge- » ments qui n'étaient pas soumis à cette formalité avant la présente » loi, est faite moyennant le droit fixe d'un franc. »

Les contribuables exposaient que, d'après le projet du gouvernement, ce droit fixe devait seul être perçu pour les partages dont la transcription devait être obligatoire; que le Corps législatif avait encore mieux traité les partages, en laissant leur transcription facultative; que cette décision toute favorable ne pouvait tourner contre eux; que, du reste, le droit de succession (en ligne collatérale) était égal, depuis 1832, au droit de donation, qui contenait le droit de transcription, et qu'il était inconséquent d'exiger un second droit de transcription sur le partage.

Mais l'administration triompha, l'art. 12 de la loi du 23 mars 1855, n'étant que provisoire et constituant une faveur destinée à alléger transitoirement la charge de la transcription pour les actes *nouvellement assujétis à cette formalité*, tels que les baux d'une durée de plus de dix-huit années. (Cass., 9 août 1860 et 2 juin 1863 : D. P. 1860, 1, 451, et 1863, 1, 468; Instr., 2185, § 3, et 2274, § 12, n° 2.)

53. — Le Gouvernement a communiqué au Conseil d'État, au mois d'août 1873, un projet de loi financière, dont l'art. 4 soumet aux droits établis par l'art. 52 de la loi du 28 avril 1816 : « 1° les parts » et portions indivises des biens immeubles *acquises* par licitation; » 2° les retours de partages de biens immeubles. » (R. P., 3703; J. E. 19240.) Cette disposition aurait l'avantage d'amener les parties à requérir plus souvent la formalité de la transcription; et la lacune signalée dans la loi du 23 mars 1855, pourrait disparaître en partie si la transcription des partages purs et simples n'était plus frappée que d'un faible droit.

54. — Partage de créances. — Le cessionnaire d'une créance, d'un droit incorporel ou d'une action n'est saisi *à l'égard des tiers*, d'après l'art. 1690 du Code civil, que par la signification du transport faite au débiteur, ou par l'acceptation du transport faite par le débiteur dans un acte *authentique*.

Cette disposition concerne-t-elle le copartageant qui reçoit dans son lot la totalité d'une créance? De bons auteurs tiennent l'affirmative. La loi, disent-ils, partage elle-même les créances, sans jamais les laisser indivises, de sorte que les conventions des cohéritiers ne peuvent valoir à leur sujet que comme mandats ou cessions. C'était la théorie romaine. « *In familiæ erciscundæ judicium nomina non veniunt ... cum ipso jure in portiones hereditarias ex lege* XII *tabularum divisa sint.* » (Dig., 10, 2, 3 et 2-5; Cod., 3, 36, 6.) Et le législateur l'a reproduite dans l'art. 1220 du Code civil, aux termes duquel « les héritiers ne peuvent demander la dette ou ne sont tenus de la » payer que pour les parts dont ils sont saisis ou dont ils sont tenus » comme représentant le créancier ou le débiteur. » L'essentielle divisibilité des créances rend tout partage matériel inutile et même impossible. Il suit de là que l'héritier dans le lot duquel se trouve une créance est, pour tout ce qui excède sa part, un véritable cessionnaire de ses cohéritiers, et qu'il n'est saisi, à l'égard des tiers, que par les formalités de l'art. 1690.

Mais l'opinion, suivant laquelle l'effet déclaratif du partage s'applique indistinctement à tous les biens héréditaires, paraît préférable. A Rome, les créances étaient peu nombreuses, les cessions très-difficiles et les liquidations de successions peu compliquées. Le crédit moderne a profondément modifié cet état de choses : les créances sont très-nombreuses, les cessions très-faciles, et les liquidations indispensables à cause des rapports, des reprises et des comptes, qui réduisent souvent à zéro l'émolument de certains héritiers. Est-il possible, dans ces conditions nouvelles, d'admettre la division intellectuelle, qui se produit à l'instant de l'acquisition en commun et qu'on ne connaît même pas? Cette division *forcée* n'aggraverait-elle pas la position des débiteurs, en multipliant les difficultés relatives aux garanties, aux anticipations de paiements, aux prorogations de délai, et en augmentant, dans d'effrayantes proportions, les frais de poursuite et de libération, à chaque échéance de capital ou d'intérêts?

Ces considérations ont prévalu, et il est manifeste qu'en droit français, les créances peuvent être partagées avec tous les autres biens.

Domat, tout observateur qu'il était du droit romain, écrivait que « le partage doit comprendre tous les biens sans exception, meubles » et immeubles, rentes, *dettes actives* et autres généralement de toute » nature qui se trouvent dans l'hérédité, et qui doivent passer aux

» héritiers. » (*Lois civiles*, 2e partie, liv. 1, tit. 4, sect. 1, n° 1.) Pothier s'en expliquait au sujet des sociétés, sous le n° 172 : « A l'égard des » dettes actives de la communauté, quoique par elles-mêmes elles » soient divisées de plein droit ... et qu'elles n'aient pas en consé- » quence besoin de partage, ... néanmoins, comme ce serait une » chose trop embarrassante que chacun des ci-devant associés se fît » payer de sa part par chacun de tous les débiteurs de la société ou » communauté, on a coutume de lotir celles qui sont dues par de » bons débiteurs, de même que les autres effets de la communauté. » Par le droit romain il fallait que celui au lot duquel elles étaient » tombées, se fît céder par les autres leurs actions pour les parts » qu'ils y avaient chacun, et les intentât tant en son nom qu'au » leur... Dans notre droit, cette cession d'actions n'est pas néces- » saire ; et celui au lot duquel les dettes actives sont tombées, en » signifiant au débiteur un extrait de son lot de partage, peut en son » nom seul en exiger le paiement. — A l'égard des dettes caduques » ou douteuses, on ne les lotit pas ; mais on charge du recouvrement » quelqu'une des parties, ou même quelquefois un étranger, qui » doit rendre compte de ce qu'il en recevra à chacune des parties » pour la part qu'elle y a. »

Enfin, plusieurs dispositions du Code civil indiquent très-claire- ment que les créances peuvent être loties dans les partages. Ainsi, l'art. 832 recommande « de faire entrer dans chaque lot, s'il se peut, » la même quantité de meubles, d'immeubles, de droits ou de » *créances* de même nature et valeur. » L'art. 886 règle la garantie que se doivent les copartageants lorsque le débiteur d'une *rente* devient insolvable, garantie qui ne pourrait avoir lieu si la division des rentes s'opérait de plein droit, entre les héritiers. L'art. 1686 porte que le prix des licitations se partage entre les copropriétaires, et l'art. 976 du Code de procédure de 1841 dit que ce prix peut être confondu avec d'autres objets dans une masse commune de partage pour former la balance entre les divers lots.

Or l'art. 883 s'applique, d'après ses propres termes, à *tous* les effets compris dans les lots.

Les créances partagées sont donc censées n'avoir jamais appartenu aux cohéritiers qui ne les reçoivent pas dans leurs lots, et avoir tou- jours appartenu à ceux qui les reçoivent.

Nulle cession n'a lieu et nulle formalité n'est obligatoire vis-à-vis des tiers.

Nous verrons, sous le n° 72 *infrà*, que l'art. 1220 n'a eu qu'un but, celui de faciliter les libérations. Cet article oblige, à la vérité, les copartageants à prévenir les débiteurs partagés, pour empêcher des paiements contraires au partage : mais tout est régulier dès que les débiteurs ont reconnu leurs nouveaux créanciers, par des actes privés, de simples lettres ou de toute autre manière.

Par les mêmes motifs, aucune déclaration ne paraît nécessaire pour le partage, même par licitation, des actions nominatives des sociétés : car il n'y a pas de transfert (Comm. 36).

55. — PARTAGE DE BREVETS D'INVENTION. — L'art. 15 du titre 2 du décret du 25 mai 1791 disposait que : « Lorsque le propriétaire d'un » brevet aura cédé son droit en tout ou partie, les deux parties con» tractantes seront tenues, à *peine de nullité,* de faire enregistrer ce » transport au secrétariat de leurs départements respectifs, » et l'art. 20 de la loi du 5 juillet 1844 a reproduit cette disposition, en la modifiant de la manière suivante : « La cession totale ou partielle » d'un brevet, soit à titre gratuit, soit à titre onéreux, ne pourra être » faite que par acte notarié et après le paiement de la totalité de la » taxe déterminée par l'art. 4. — Aucune cession ne sera valable, à » *l'égard des tiers,* qu'après avoir été enregistrée au secrétariat de la » préfecture du département dans lequel l'acte a été passé. L'enre» gistrement des cessions et de tous autres actes emportant mutation » sera fait sur la production et le dépôt d'un extrait authentique de » l'acte de cession ou de mutation. »

Ces dispositions sont étrangères aux partages et licitations des brevets, parce que les partages et licitations ne sont ni des cessions ni des mutations (Cass. 10 août 1840 : D. P. 1840. 1. 211).

§ 3. — Le partage produit-il les effets des mutations?

56. — DES INTÉRÊTS. — C'est entre les ventes et les licitations qu'existent quelques différences.

« Dans les partages d'immeubles, disait Pothier, et même de meu» bles frugifères, tels que sont des bestiaux, un fonds de bou» tique, etc., les retours produisent de plein droit des intérêts du » jour du partage. Mais lorsque la masse n'était composée que de » meubles non frugifères, je pense qu'il en est autrement, et que les » intérêts des retours ne sont dus qu'*ex mora* » (*Sociétés,* n° 175) (1).

Actuellement « l'acheteur doit l'intérêt du prix de la vente jus» qu'au paiement du capital, dans les trois cas suivants : s'il a été » ainsi convenu lors de la vente ; — si la chose vendue et livrée pro» duit des fruits ou autres revenus ; — si l'acheteur a été sommé de » payer. — Dans ce dernier cas, l'intérêt ne court que depuis la som» mation » (C. civ. 1652). — Cet article n'est pas directement appli-

(1) Voir aussi *Traité des successions,* ch. 4, art. 5, § 2.

cable aux licitations : il faut recourir aux règles de l'interprétation des conventions et rechercher quelle a été l'intention des copartageants (C. civ. 1156). Or l'égalité doit être l'idée fixe et dominante des copartageants. On doit présumer en conséquence que l'intérêt court par la volonté des parties, si la chose licitée est frugifère, et qu'il ne court pas si elle est improductive : telle est la distinction qu'exige l'égalité du partage que Pothier, faisait et que le Code a posée pour la vente elle-même. On applique jusque-là l'art. 1652. Mais si la chose est improductive, une demande en justice sera nécessaire, conformément au principe général (C. civ. 1153), pour faire courir l'intérêt moratoire : une sommation serait insuffisante, parce que l'art. 1652 est spécial au contrat de vente et qu'il faut maintenir *autant que possible* l'égalité.

57. — Des frais. — « Les frais d'actes et autres accessoires à la » vente sont à la charge de l'acheteur » (C. civ. 1593). — « Les frais » de la délivrance sont à la charge du vendeur, et ceux de l'enlève» ment à la charge de l'acheteur, s'il n'y a eu stipulation contraire » (art. 1608). — « Les droits des actes civils et judiciaires emportant » obligation, libération ou translation de propriété ou d'usufruit de » meubles ou immeubles, sont supportés par les débiteurs et nou» veaux possesseurs » (L. du 22 frimaire an VII, art. 31).

« Les frais de l'acte de partage, disait Pothier (*Société*, n° 173), et » tous ceux qui se font pour y parvenir, doivent être pris sur la » chose, c'est-à-dire qu'on doit les prélever sur les deniers communs, » s'il y en a ; sinon chacun des copartageants doit y contribuer à pro» portion de la part qu'il a dans la masse. » Cela découle de la nécessité de l'acte de partage et de la parité de position des parties.

Au cas de licitation, le cohéritier qui profite de l'acte doit seul supporter les frais extraordinaires. Mais l'égalité commande encore qu'à *défaut de convention* tous les copartageants participent à la dépense totale à *concurrence des frais qu'aurait entraînés un partage pur et simple*. Le cohéritier adjudicataire peut donc imputer sur son prix les frais d'estimation, de mesurage et de pesage, les honoraires du notaire rédacteur (1) et le droit d'enregistrement qui eût été perçu sur un partage pur et simple : il ne reste chargé personnellement que de l'excédant.

58. — De la garantie. — Comme les cohéritiers ne se sont respectivement rien transmis, si l'un d'eux éprouve quelque éviction, il n'a contre ses cohéritiers, ni l'action en résolution du coéchangiste

(1) Les notaires ont pour les partages les mêmes honoraires que pour les ventes et les échanges, du moins à Lyon (délibération de la chambre des notaires du 7 avril 1850).

(art. 1705), ni l'action en garantie de l'acheteur (art. 1603), mais un recours spécial (art. 884), protégé par un privilége sur les immeubles de la succession (art. 2103-3°).

« Les colicitants de l'adjudicataire, disait Pothier (*Vente*, n° 642), » n'étant point proprement vendeurs de leur part, ils ne sont pas » tenus de la même garantie dont un vendeur est tenu envers un » acheteur; mais ils sont seulement tenus envers lui de la garantie » dont sont tenus entre eux des copartageants... Cette décision doit » avoir lieu quand même la licitation contiendrait une clause expresse » de garantie; car la clause ne doit en ce cas s'entendre que de » l'espèce de garantie qui convient à la nature de l'acte (1). »

Le copartageant est tantôt mieux, tantôt moins bien traité que l'acheteur.

Il est mieux traité sous cinq rapports :

1° Si l'un des cohéritiers se trouve insolvable, la portion dont il est tenu comme garant doit être également répartie entre le garanti et tous les cohéritiers solvables (art. 885, al. 2). Aucune solidarité semblable n'existe de plein droit entre les vendeurs (art. 1202), en matière civile.

2° La garantie du partage n'a pas lieu si l'espèce d'éviction soufferte a été exceptée *par une clause particulière et expresse de l'acte* (art. 884, al. 2) : une clause générale de non-garantie n'a donc aucune valeur entre cohéritiers (2). On peut convenir au contraire que le vendeur ne sera soumis à aucune garantie (art. 1627).

3° La perte arrivée par cas fortuit est opposable en compensation à la demande en garantie : c'était l'avis de Pothier (*Vente*, n° 634) et c'est un moyen de maintenir autant que possible l'égalité.

4° Celui qui vend une créance ou autre droit incorporel, doit en garantir l'existence au temps du transport, quoiqu'il soit fait sans garantie (art. 1693) ; mais il ne répond de la solvabilité du débiteur que lorsqu'il s'y est engagé (art. 1694). Au contraire, les copartageants sont garants de la solvabilité des débiteurs partagés : de là vient l'usage de ne pas lotir les créances douteuses. — Cette garantie était très-étendue, dans l'ancien droit. « Quant aux rentes sur particuliers, » disait Rousseaud (v° *Partage*, s. 4, n° 2), les lots sont garants de » l'insolvabilité qui survient, même cent ans après... Lebrun conseille » d'exclure la garantie de fait; mais l'on ne peut exclure la garantie » de droit, ni celle de la solvabilité au temps du partage. » — Dans notre droit actuel, « la garantie de la solvabilité du débiteur d'une

(1) Les copartageants étaient respectivement garants des évictions (arrêt de Grenoble du 12 juillet 1613 : Louet, l. II, s. 2).

(2) *Contrà* Chabot : Dalloz, v° *Succession*, p. 175, n° 110.

» *rente* ne peut-être exercée que dans les cinq ans qui suivent le » partage. Il n'y a pas lieu à garantie à raison de l'insolvabilité du » débiteur, quand elle n'est survenue que depuis le partage con- » sommé » (art. 886). Et l'on suit les mêmes règles, par identité de motifs, pour les créances ordinaires, au sujet desquelles les juges ont cependant une très-grande latitude.

5° L'héritier lésé porte la demande devant le tribunal du lieu de l'ouverture de la sucession (art. 822), au lieu de subir la règle *Actor sequitur forum rei* (Pr. 59).

Le copartageant est moins bien traité que l'acheteur sous trois rapports.

1° « Lorsqu'à l'époque de l'éviction, la chose vendue se trouve » diminuée de valeur, ... le vendeur n'en est pas moins tenu de » restituer la totalité du prix » (art. 1631). — « Si la chose vendue se » trouve avoir augmenté de prix à l'époque de l'éviction, indépen- » damment même du fait de l'acquéreur, le vendeur est tenu de lui » payer ce qu'elle vaut au-dessus du prix de la vente » (art. 1633.) Entre copartageants, l'indemnité doit être égale, selon certains auteurs, à la valeur au moment du partage, comme en droit romain (Dig., 21, 2, 66, 3), selon d'autres, à la valeur au temps de l'éviction. Dumoulin et Pothier étaient du premier avis, et la seconde opinion paraît plus conforme à la lettre de l'art. 885 du Code civil. Les principes de la matière exigeant qu'aucun héritier ne s'enrichisse aux dépens des autres, il faudrait décider que l'indemnité doit toujours être de la moindre valeur. La chose a-t-elle augmenté de valeur, dans l'intervalle du partage et de l'éviction, il suffit de donner à l'évincé ce qu'il avait reçu primitivement, l'équivalent des autres parts. La chose a-t-elle diminué de valeur, il suffit de lui rendre ce qu'il a perdu.

2° Aux termes de l'art. 1634 du Code civil, « le vendeur est tenu » de rembourser ou de faire rembourser à l'acquéreur, par celui qui » l'évince, toutes les réparations et améliorations utiles qu'il aura » faites au fond. » Cette responsabilité du vendeur est la conséquence d'une faute. — Entre copartageants, pas de faute, et conséquemment pas de responsabilité. L'évincé doit s'arranger seul et directement avec le véritable propriétaire (art. 555; Cass. 9 avril 1862 : D. P. 1862, 1, 200).

3° On doute qu'il y ait lieu à garantie, en matière de partage, pour les défauts cachés et les vices redhibitoires. Car l'art. 884 ne parle que des *troubles et évictions*, à la différence de l'art. 1625, et la loi du 20 mai 1838, sur les vices redhibitoires, ne désigne que les *ventes* et *échanges* d'animaux domestiques (1).

(1) On ne peut voir là que de fâcheux oublis du législateur : car on ne dé-

59. — Du privilége. — Le privilége résultant des partages était connu dans l'ancien droit. Louet accordait une hypothèque tacite pour la garantie des partages notariés, conformément à deux arrêts des 17 novembre 1587 et 4 mars 1610, mais en déclarant qu'il y aurait beaucoup de difficulté pour les partages sous seings privés (l. H, s, 2). — Lebrun examinait si la soulte était privilégiée *sur le total* du lot qui la devait, et tenait l'affirmative d'après un arrêt du 27 mai 1680 (*Successions*, l. IV, c. 1, n° 30).

Mais le privilége du copartageant n'était pas nettement distingué du privilége du vendeur. « Le créancier du retour, disait Pothier, a » une hypothèque privilégiée sur tous les biens immeubles du lot qui » en est chargé, et un privilége sur les meubles dudit lot, *semblable » à celui d'un vendeur à crédit.* » (*Société*, n° 175.)

La loi du 11 brumaire an VII n'accordait de privilége qu'aux *précédents propriétaires* (art. 14, n° 3); et la Cour de cassation a jugé, le 17 novembre 1831, que, par suite du caractère déclaratif du partage, cette dénomination de *précédents propriétaires* ne comprenait pas les cohéritiers (D. P. 1831, 1, 313).

Le Code civil reconnait deux priviléges au vendeur : 1° un privilége sur le prix des *effets mobiliers* non payés, tant qu'ils sont en la possession de l'acheteur (art. 2102, n° 4); 2° et un privilége sur l'*immeuble* vendu, pour le paiement du prix (art. 2103, n° 1).

Les cohéritiers n'ont pas de privilége *mobilier;* mais ils sont privilégiés, suivant l'art. 2103, n° 3, sur tous *les immeubles de la succession*, pour les soultes ou retours de lots *et la garantie des partages* faits entre eux.

On voit que ce dernier privilége est plus étendu que celui du vendeur d'immeubles; mais il n'est jamais inscrit d'office (art. 2108, *a contrario*). — D'autre part, les délais d'inscription ne sont pas les mêmes. *Sous l'empire du Code civil,* le vendeur devait faire inscrire son privilége avant la revente (art. 2108), et le cohéritier devait faire inscrire le sien dans les soixante jours du partage (art. 2109); *sous l'empire du Code de procédure,* le vendeur avait quinze jours à partir de la transcription de la revente (Pr. 834), et le cohéritier soixante jours à compter du partage. *Depuis la loi du 23 mars 1855*, le vendeur doit requérir l'inscription dans les quarante-cinq jours de la

couvre pas de raison pour rompre sous ce rapport l'égalité du partage. — Siméon a même dit au Corps législatif que « les cohéritiers ... se doivent garantir » des *vices* et des évictions procédant d'une cause antérieure au partage. » (Dalloz, v° *Succession*, p. 170, n° 100.) — En tout cas, le préjudice souffert doit compter tant pour l'action en lésion que dans les partages rectificatifs (s'il y en a).

vente ou avant la transcription de la revente (art. 6), et le cohéritier dans les quarante-cinq jours du partage (art. 6) ou avant la transcription de la revente, *dans les quinze jours suivants* (C. civ. 2109). — Après les soixante jours, le privilége de copartageant peut être inscrit *comme simple hypothèque*, tant qu'aucune revente n'arrête le cours des inscriptions (art. 2113).

60. — De la rescision pour cause de lésion. — C'est ici que la volonté de faire régner l'égalité dans les partages et licitations s'est révélée avec le plus d'énergie.

Accurse et son école, invoquant le principe romain, que le partage est une vente, décidaient qu'il fallait une lésion d'outre moitié, d'après le Code de Justinien (4, 44, 2) (Favre, *De erroribus*, d. 8, c. 1 et 2).

Mais Dumoulin enseigna qu'une lésion raisonnable suffisait, *non nimis modica inæqualitas* (§ 33, gl. 1, n° 42); et ce fut jugé, en 1529, 1547 et 1583, attendu que le partage n'est pas un contrat d'affaire, mais un expédient (Coquille, q. 157, et Chopin, l. 3, c. 1, t. 2, n° 3); qu'il est « plutôt une distinction des portions qui étaient confuses, » qu'une acquisition nouvelle » (Henrys, l. 4, q. 173, n° 5), et que le mot *perperam* de la loi *Majoribus* sur le partage (C., 3, 38, 3) (1) comprenait implicitement la lésion.

On disputa sur la quotité à substituer à celle d'outre moitié. Les uns, arguant de la Novelle 108, ch. I, sur les testaments *inter liberos*, tenaient pour le quart; les autres, s'autorisant d'un rescrit de l'empereur Philippe (2), fixaient la lésion du tiers au quart. Le premier système, s'il faut en croire Imbert, avait d'abord prévalu dans la jurisprudence, et le président Favre le présente comme l'opinion commune des docteurs à son époque. Plus tard, il fit place au second, dans les pays de droit coutumier (3) : Papon formula la nouvelle règle, que plusieurs arrêts consacrèrent (l. XV, t. 7, n° 7). « La raison » pour laquelle on n'exige pas, en cette matière, une lésion plus forte, » est très-sensible, disait Merlin (v° *Lésion*, § 4, n° 1) : l'égalité parfaite » doit être l'objet et le résultat de tout partage; l'intention des parties » n'est pas de gagner les uns sur les autres, mais de retirer chacun » ce qui lui appartient... »

Depuis le Code civil, les majeurs ne sont restitués pour cause de lésion que dans les cas et sous les conditions spécialement exprimés par la loi (art. 1313). Mais les cohéritiers sont très-favorablement

(1) *Majoribus etiam, per fraudem vel dolum vel* PERPERAM *sine judicio factis divisionibus, solet subveniri...*

(2) *Inter filios et filias bona intestatorum parentum pro virilibus portionibus* ÆQUO JURE *dividi oportere, explorati juris est* (C. 3, 36, 11).

(3) *Revue critique*, 1881, t. 18, p. 536.

traités. Si l'un d'eux souffre une lésion, dans l'estimation des objets composant son lot, il a une action en rescision, à la différence du coéchangiste (art. 1706). Et cette action est toute autre que celle ouverte au vendeur, car elle est accordée non-seulement aux colicitants-vendeurs (art. 1683), mais à tous les cohéritiers indistinctement (art. 887); non pour lésion de plus des sept douzièmes (art. 1674), mais pour lésion de plus des trois douzièmes (art. 887); non pour les immeubles seulement (art. 1674), mais pour les meubles et les immeubles (art. 887); non pendant deux ans (art. 1676), mais pendant dix ans (art. 1304), non devant le tribunal de la situation des biens ou du domicile du défendeur (Pr. 59), mais devant le tribunal du lieu de l'ouverture de la succession (C. civ. 822; Boitard, t. 1, n° 138); non sur requête avec faits articulés (art. 1677), mais par la loi même (art. 1080), sans que l'estimation des biens nécessite un rapport de trois experts (art. 890 et 1678; Cass. 20 juin 1817 : D. P. 1818, 1, 70), et sans que la valeur supplémentaire puisse être diminuée du dixième de la valeur totale (art. 1681). Ce sont autant de différences importantes.

61. — De la résolution pour cause d'inexécution des conditions. — D'après l'art. 1184 du Code civil, « la condition résolutoire est » toujours sous-entendue dans les contrats synallagmatiques, pour le » cas où l'une des deux parties ne satisfera point à son engagement, » et suivant l'art. 1654, « si l'acheteur ne paie pas le prix, le vendeur » peut demander la résolution de la vente. »

Mais, si l'un des copartageants néglige d'exécuter certaines conditions du partage, et par exemple, de payer des soultes ou un prix de licitation, ses cohéritiers ne peuvent revendiquer (1) les choses qui lui sont échues, comme le vendeur revendique les biens vendus : car ils sont réputés n'avoir jamais eu la propriété de ces choses. Ils n'ont qu'un droit de créance (art. 884), avec une hypothèque privilégiée sur tous les immeubles de la succession (art. 2103), et ne peuvent agir que par voie de saisie, mobilière ou immobilière (Cass., 29 décembre 1829, 9 mai 1832 et 14 mai 1833 : Dalloz, v° *Succession*, n°s 2094, 2097 et 2093-2°). C'est une déduction remarquable de l'art. 883.

62. — Des retraits au profit de diverses personnes. — Autrefois, les ventes étaient soumises, au profit de certaines personnes tierces, à des modes particuliers de résolution, qu'on appelait retraits (2) et qui ont été supprimés tant par les lois des 18 mars et 13 juin 1790 que par un décret du 13 mai 1792.

(1) Par voie de folle-enchère ou autrement.

(2) Merlin en énumère vingt-cinq espèces (v° *Retrait*).

Il suffit d'examiner si le partage donnait ouverture, dans l'une de ses formes habituelles, au principal de ces retraits, au retrait lignager (1).

On définissait le droit de retrait lignager « le droit que la loi » accorde aux parents du vendeur d'un héritage (ancien), lorsqu'il » est vendu à un étranger, de s'en rendre acheteurs à sa place, et en » conséquence de l'obliger à le leur délaisser, à la charge de le » rembourser et indemniser. »

On admettait le retrait pour les ventes (art. 1 du tit. 10 de la cout. du duché de Bourgogne) et tous les contrats équipollents (art. 122 de la cout. de Senlis) Mais « notre coutume, art. 13, disait Davot » (t. 2, p. 401), exclut le retrait en *échange*, et c'est une espèce de » droit commun. »

La question parut à peine douteuse pour les *partages*. Chasseneux la résolvait dans les termes suivants (*Retraits*, § 9, n° 19) : « *Item quæritur quid in divisione? An habeat locum jus retractus? Videtur quod sic, quia divisio vicem emptionis habet... Sed hoc non est verum, quia regulariter nemo cogitur stare in communione.* » Dumoulin refusait également le retrait, en observant qu'il nécessiterait un nouveau partage, d'où naîtrait indéfiniment un nouveau droit au retrait, ce qui fit décider, en 1547, que le parent, pour exercer le retrait, devait prendre tout l'immeuble (2). Boguet (tit. 13, § 1) et Davot (t. 2, p. 403) rapportaient la décision de Chasseneux, en l'approuvant.

Le texte de la coutume de Paris souleva seul des difficultés pour les *licitations*. L'art. 154 portait que « portion d'héritage ve[illegible]ue par » licitation qui ne se peut bailler à devis, est sujette à retrait. » On convint, après de longues discussions, qu'il y avait une erreur manifeste dans cette rédaction (3), et que la licitation, étant une espèce de partage, ne comportait pas le retrait lignager. Pothier l'explique, avec son habituelle clarté : « Lorsqu'un héritage appar- » tient en commun, et en vertu d'un titre commun, à deux proprié- » taires de différente famille, ... la licitation par laquelle l'un d'eux se » rend adjudicataire du total, ne donne pas ouverture au retrait » lignager de la portion de son copropriétaire. La raison est qu'un » tel acte tient lieu du partage qui était à faire entre ces copropriétaires, et par conséquent ce n'est pas vente ; ce licitant adjudica- » taire n'est pas censé acquérir quelque chose de son copropriétaire. »

(1) Pothier dit expressément que les règles du retrait lignager étaient communes au retrait féodal et au retrait censuel (*Retraits*, n° 530).

(2) *Revue pratique*, 1872, t. 34, p. 507.

(3) La négation se trouvait dans la coutume de Calais, conçue dans les mêmes termes que celle de Paris.

(*Retraits*, n° 112.) La question fut ainsi jugée en 1650 et 1651 (Rousseaud, v° *Retrait lign.* — *Licit.*, et Pothier, *loc. cit.*) (1).

63. — Notre Code civil a conservé un des anciens retraits : le retrait débital des droits litigieux.

L'art. 1699 dispose en effet que « celui contre lequel on a *cédé* un » droit litigieux peut s'en faire tenir quitte par le cessionnaire, en » lui remboursant le prix réel de la cession, avec les frais et loyaux » coûts, et avec les intérêts... »

Mais il ne concerne ni le partage, ni la licitation. Car, aux termes de l'art. 1701, « la disposition portée « à l'art. 1699 cesse, 1° dans le » cas où la cession a été faite à un cohéritier ou copropriétaire du » droit cédé... » C'est la reproduction de l'ancienne règle, et c'est encore une application de l'art. 883 (2).

64. — De la capacité de partager. — Le caractère purement déclaratif du partage a nécessité des règles spéciales sur la capacité de partager, qui ne pouvait pas être réglée par les dispositions relatives à la capacité d'aliéner (C. civ. 129, 460, 465, 466, 817, 818, 840 et 1558) (3). A la vérité ces règles diffèrent peu des dispositions qui concernent les aliénations. « Car, ainsi que l'exprimait Pothier » (*Successions*, ch. 4, art. 1, § 2), le partage restreignant aux seuls » effets qui échoient au lot du cohéritier, le droit qu'il avait aupa- » ravant sur tous les effets de la succession, est *une espèce d'aliéna-* » *tion* du droit qu'il avait sur les autres effets : or, tous actes qui » contiennent une aliénation des immeubles des mineurs, *ou qui y* » *ressemblent*, leur sont interdits, et à leurs tuteurs ; d'où il suit que » la demande en partage qui tend à *une espèce d'aliénation* des » immeubles du mineur, ou, du moins, à quelque chose qui lui » *ressemble*, ne peut lui être permise, ni à son tuteur. » Cependant le partage est licite dans tous les cas où la vente seule est interdite (4); d'où il suit qu'on ne peut étendre au partage, même par licitation, ni les art. 450 et 1596 du Code civil, qui défendent au tuteur d'acheter les biens du mineur ; ni l'art. 1597, d'après lequel certains hommes de loi ne peuvent devenir cessionnaires de certains droits litigieux ; ni les art. 2 et 14 de la loi du 24 juillet 1867, qui prohibent la négociation des actions ou coupons d'actions avant le versement

(1) Rousseaud cite un arrêt contraire du 22 août 1741, qui a sans doute été rendu dans une espèce toute particulière.

(2) Même règle pour les sociétés qui ont, sur leurs actions, un droit de retrait conventionnel, d'après leurs statuts. — Voir aussi les art. 1667 à 1672 du Code civil sur le réméré, et l'art. 1683 sur la rescision de la vente.

(3) Sur l'art. 1558 : Cass. 23 août 1830 (Dalloz, v° *Contr. de mar.*, n° 3903).

(4) Ainsi jugé, pour le bien dotal, en la coutume d'Auvergne (Cass. 27 juillet 1820 : Dalloz, v° *Contr. de mar.*, n° 3683). — Voir C. civ. 400 et 813.

du quart; ni même (*selon certaines personnes*) l'art. 918 du Code civil, qui prescrit d'imputer sur la quotité disponible la valeur en pleine propriété des biens aliénés, soit à charge de rente viagère, soit à fonds perdu, ou avec réserve d'usufruit, à l'un des successibles en ligne directe (*contrà* Cass. 25 novembre 1839 : Dalloz, v° *Disp. entre-vifs*, n° 1007), et les art. 446 et 447 du Code de commerce, qui annulent ou permettent d'annuler certains actes antérieurs aux déclarations de faillite.

CHAPITRE IV.

DE L'EFFET RÉTROACTIF DU PARTAGE ENTRE COHÉRITIERS.

65. — Le partage rétroagit au jour où l'indivision a commencé.

C'est un principe général, que l'art. 883 du Code civil proclame dans les termes suivants : « *Chaque cohéritier est censé avoir succédé seul et* IMMÉDIATEMENT *à tous les effets compris dans son lot, ou à lui échus sur licitation, et n'avoir jamais eu la propriété des autres effets de la succession.* »

Tant que dure l'indivision, les cohéritiers n'ont qu'un droit éventuel et résoluble : chacun d'eux est propriétaire d'une part *sous condition résolutoire,* et du surplus *sous condition suspensive.* Le partage est l'évènement auquel sont subordonnées tant la résolution que l'existence de ces droits conditionnels : car c'est lui qui convertit le droit indivis en propriété réelle et effective. Mais par suite de l'effet rétroactif de la condition accomplie, tout se passe, après la division, comme si, dans le principe même, la mutation avait eu lieu sans condition.

C'est ainsi que la fiction du droit français fait remonter à l'ouverture de la succession les effets juridiques du partage et de la licitation.

Nous allons examiner comment le partage détermine la nature de l'acquisition par indivis, dans quelles limites chaque cohéritier peut disposer conditionnellement des biens indivis et dans quelle mesure le sort de ces actes conditionnels dépend du résultat du partage.

Le chapitre sera divisé en six paragraphes, aux titres suivants :

1° De l'acquisition de la part indivise;
2° De la réception et de la pétition de la part indivise;
3° De l'engagement de l'indivis;
4° De l'aliénation de l'indivis;
5° De la saisie de l'indivis;
6° Du détournement de l'indivis.

§ 1er. — De l'acquisition de la part indivise.

66. — La succession comprend généralement des biens de diverses espèces. Mais le cohéritier n'est propriétaire incommutable d'aucune partie de ces biens : car il peut recevoir, par le partage, une seule espèce de biens et même de simples soultes en argent, dont il sera censé avoir toujours eu la propriété exclusive et absolue, sans avoir eu de droits sur les autres biens.

C'est ainsi que le partage détermine la nature de l'acquisition par indivis, comme nous allons le montrer à un triple point de vue.

67. — POINT DE VUE CIVIL. — L'ancien droit considérait comme *propres de succession* (1) et *propres de communauté* les biens *immobiliers* qui provenaient de successions légitimes : les *meubles*, de même origine, n'étaient que des *acquêts* ou des *conquêts*.

Notre Code civil ne distingue plus la nature ni l'origine des biens pour en régler la succession (art. 732). Mais la communauté légale se compose : 1° de tout le *mobilier* que les époux possèdent au jour de la célébration du mariage, ensemble de tout le *mobilier* qui leur échoit pendant le mariage à titre de succession ... (art. 1401), tandis que les *immeubles* que les époux possèdent au jour de la célébration du mariage, ou qui leur échoient, pendant son cours, à titre de succession, n'entrent point en communauté (art. 1404, al. 1). Et la société universelle de gains renferme ... les *meubles* que chacun des associés possède au temps du contrat, au lieu que les *immeubles* personnels y entrent pour la jouissance seulement (art. 1838). — Sous ces divers rapports, il n'est pas indifférent aux héritiers de recevoir des meubles, des immeubles ou des soultes.

Brodeau cite un arrêt du 23 juin 1660, d'après lequel « la licitation » d'un immeuble faite en justice à un des cohéritiers, lui était propre » seulement pour la portion dont il était héritier... » (Sur Louet, l. A, s. 2, n° 21.) C'était l'avis de Ferrière (sur Paris, art 326, gl. 1, § 3, n° 11) et de Renusson (*Propres*, c. 1, s. 8).

Mais on ne tarda pas à reconnaître que, par son effet rétroactif, la licitation fait des propres pour le tout (arrêts des 27 mai 1680, ... 1691, 6 septembre 1710, 9 mars 1722 et 21 mai 1729 : Lebrun, *Successions*, l. 4, c. 1, n° 35, notes; Rousseaud, v° *Licitation*, n° 1; *Revue critique*, 1861, t. XVIII, p. 532; Lamoignon, *Arrêts*, c. 9, n° 3; Duplessis, *Successions*, l. 3). « C'est une conséquence de nos » principes, disait Pothier, que l'héritage adjugé par licitation à l'un » des héritiers lui est propre pour le total en matière de succession, ... » et qu'il est propre de communauté, sauf la récompense des » sommes tirées de la communauté, pour payer les parts dues dans » le prix aux collicitants... De même, s'il y a retour en deniers... » (*Communauté*, n°s 140, 144 et 146.) (2).

(1) Pour la dévolution des biens.

(2) Pothier examinait s'il devait en être autrement dans les coutumes qui frappaient les soultes des lods et ventes. « Ces coutumes, écrivait-il, consi-

69. — Inversement, les meubles entrent tous en communauté, sans récompense (Rousseaud, v° *Communauté*, p. 2, s. 1, n° 5), à l'exception de certaines soultes.

Voici sur cette exception les paroles de Pothier, qu'on ne saurait trop citer, surtout dans une étude historique. « Est propre la créance » d'une somme d'argent due à l'un des conjoints, pour le retour de » partage d'une succession ... *purement immobilière*, partage que » l'un des conjoints a fait durant la communauté avec ses cohéritiers. » Cette créance, quoique mobilière, n'entre pas en communauté, » étant provenue, durant la communauté, à ce conjoint, du droit » qu'il avait à une succession d'immeubles, qui est un droit immo- » bilier. — C'est l'avis de Lebrun (1), qui est mal à propos contredit » par Bourjon (2), qui prétend que ce retour en deniers doit tomber » en communauté, sans que le conjoint en puisse avoir aucune re- » prise; il se fonde sur ce que les partages ayant dans notre juris- » prudence un effet rétroactif, ce conjoint est censé avoir succédé » directement aux seuls immeubles échus dans son lot, et au retour » en deniers dont son cohéritier est chargé envers lui; que ce retour » en deniers étant en soi un effet mobilier, et ne pouvant lui tenir » lieu d'aucuns immeubles qu'il ait eus, n'ayant succédé qu'à ceux » échus dans son lot, ce retour en deniers doit tomber dans la com- » munauté (3). La réponse est que ce retour n'est pas un simple effet » mobilier de la succession, auquel on puisse dire que le conjoint a » succédé. On ne peut pas dire que ce soit un effet de la succession, » puisque la succession était toute immobilière, et que ce n'est pas » dans la bourse de la succession, mais dans la bourse particulière » du cohéritier qui en est chargé, que doit se prendre ce retour. Ce

» dèrent le partage fait avec retour de deniers, comme une véritable acquisi- » tion que le copartageant, chargé du retour, fait à prix d'argent, de ce dont » son lot excède sa portion héréditaire... (Cependant) je pense que, même dans » ces coutumes, les héritages échus à un héritier, par un lot de partage, quoi- » que plus fort que sa portion héréditaire, ou dont il s'est rendu adjudicataire » par licitation, sont propres pour le total... Il est vrai que, suivant l'esprit » particulier de ces coutumes,... il n'est point censé avoir succédé *immédiatement* » au défunt, à ce qu'il a de plus que sa portion héréditaire... Mais s'il n'y a pas » succédé immédiatement, il a succédé au droit de l'avoir par l'évènement du » partage ou de la licitation, que l'indivis de la succession qui lui a été défé- » rée indivisément avec ses cohéritiers, obligeait de faire; ce qui suffit... » (*Communauté*, n° 136.)

(1) *Communauté*, l. 1, c. 5, s. 1. — Dans le même sens, Renusson (*Communauté*, p. 1, c. 3, n° 16).

(2) *Partage*, t. 10, p. 2, c. 3, n° 7.

(3) Il paraît que le remploi n'était pas obligatoire (arrêt du 3 février 1611 : Roussaud, v° *Licit.*, n° 6).

» retour en deniers dont son cohéritier est chargé envers lui par le » partage, doit donc passer pour une créance contre son cohéritier, » mobilière à la vérité, mais qui lui tient lieu, non d'aucuns im- » meubles déterminés, n'ayant succédé qu'à ceux échus en son lot, » mais d'un droit immobilier indéterminé, puisqu'elle lui tient lieu » de ce qui manquait à son lot, pour faire sa part et son droit à une » succession immobilière... — Il en est autrement, lorsque par le » partage d'une succession composée de meubles et d'immeubles, il » est échu beaucoup plus de meubles, à proportion, que d'immeubles » dans le lot du conjoint. Tout ce qui lui est échu de mobilier tombe » dans la communauté, sans qu'il en puisse avoir aucune reprise. » On ne peut pas dire, en ce cas, que ce qu'il a eu de mobilier dans » son lot, de plus que le montant de sa part dans le mobilier » de la succession, lui tienne lieu et soit subrogé à ce qu'il a eu » de moins que sa part dans la masse immobilière. Les meubles » et les immeubles de cette succession ne composent qu'une même » succession, dans laquelle le conjoint est censé n'avoir jamais eu de » droit qu'aux choses échues dans son lot, par lequel il est rempli de » toute sa portion héréditaire... » (*Communauté*, n° 100.)

On suit encore cette solution (Cass., 11 décembre 1850 : D. P. 1851, 1, 287), parce que les soultes fournies en dehors de l'hérédité sont, comme les prix de vente, la représentation des biens pour les héritiers qui les reçoivent et qui ne peuvent empêcher leurs cohéritiers d'acheter *comme achèteraient des étrangers;* la communauté du reste a droit à une récompense dans le cas inverse, pour les soultes payées (art. 1400-1° et 1437), et le principe de l'immutabilité des conventions matrimoniales domine celui de la rétroactivité du partage (art. 1395).

69. — On va même plus loin lorsque l'une des héritières est mariée sous le régime dotal. On considère comme obligatoire l'emploi de toutes les valeurs mobilières que cette héritière reçoit en plus de sa part héréditaire dans les valeurs mobilières de la succession. Il suffit, dit-on, que les immeubles partagés ou licités se soient trouvés, avant le partage, frappés de dotalité quant à la part indivise de cette femme (comme le veut l'article 1558, par dérogation à l'art. 883), pour que la soulte dégagée par le partage se trouve affectée de la même dotalité, de quelque façon qu'elle soit payée : sans cette règle, le régime dotal deviendrait bientôt une déception. (Cass. 10 mars 1856 : D. P. 1856, 1, 155.)

On décide en même temps que, par l'effet de la fiction, l'immeuble attribué en totalité à la femme dotale (cas inverse) est dotal pour le tout et ne peut être aliéné, pour la plus minime partie, en dehors des dispositions de l'art. 1558. (Cass. 21 mars 1860 : D. P. 1860. 1. 297.)

10. — Point de vue fiscal. — Dans l'ancien droit, le mari devait relief pour les fiefs de sa femme et ne devait rien pour les rotures. On jugea qu'il n'avait rien à payer quand le partage ne donnait pas les fiefs à sa femme, « attendu que le droit ordinaire déclare et déter» mine le droit de chacun des cohéritiers, en telle sorte qu'il n'est » présumé avoir été saisi, ni en droit et part indivise qu'ès choses » qui sont échues en son lot. » (Arrêt du 6 avril 1574 : Brodeau sur Louet, l. II, s. 11.)

De nos jours, le partage produit de notables effets pour le calcul des droits de mutations par décès : 1° quand des biens sont attribués à l'un en usufruit, à l'autre en nue propriété (1), 2° et quand les parents des différents degrés ne reçoivent pas des biens de même espèce (2).

On a bien prétendu que les héritiers ne pouvaient pas diminuer par leur partage les droits qu'ils devaient d'après la saisine. Mais la Cour de cassation a condamné cette opinion. L'effet général du partage est de faire considérer chaque copartageant comme propriétaire *ab initio* des biens qui lui sont dévolus, et aucune disposition des lois sur l'enregistrement n'exempte de l'application de ce principe la perception des droits auxquels l'ouverture des successions donne lieu (Cass. 16 juillet 1823, 11 mars 1851, 4 janvier 1865 et 22 avril 1868 : Dalloz, v° *Enreg.*, n° 4230 ; D. P. 1851. 1. 120 ; Instr. 2300, § 2, et 2368, § 2).

Toutefois on ne tient compte ni du partage par licitation (Cass. 19 novembre 1834 et 10 février 1860 : Dalloz, v° *Enreg.*, n° 103 ; D. P. 1860. 1. 357 ; Instr. 1481, § 8, et 2385, § 3), ni du partage passé après l'expiration du délai légal (Cass. 18 décembre 1830 ; Instr. 1615, § 4), — parce que les soultes ne peuvent supporter un droit de succession et représentent les biens au point de vue fiscal, — et parce que la nature ni la quotité du droit ne peuvent être changées par suite d'une contravention (3).

(1) Voir n° 141 *infrà*. — Le droit de mutation est dû sur la valeur *entière* pour la nue propriété et sur la moitié de la valeur pour l'usufruit (L. 22 frimaire an VII, art. 15, n°s 7 et 8).

(2) Car les droits varient de 1 à 9 0/0 selon les degrés de parenté et sont liquidés, suivant les art. 14 et 15 de la loi du 22 frimaire an VII, sur le *revenu brut* des *immeubles* (multiplié par 20), sur le *capital nominal* des *créances* et sur la *valeur estimative* des *objets mobiliers*. — Avant 1850, ils étaient moindres pour les meubles que pour les immeubles (L. 18 mai 1850, art. 7) et n'étaient pas dus pour les rentes sur l'État (art. 10).

(3) Ou d'une prorogation de délai. — Voir cependant n° 81 *infrà*.

Le partage dont la date est antérieure à la déclaration, sans être certaine, et qui n'a pas été produit pour la déclaration, n'autorise aucune demande en restitution (C. civ. 1328), tandis qu'il peut déterminer un supplément de droits. Celui qui est postérieur à la déclaration ne peut motiver de réclamation ni de la part des contribuables (L. 22 frimaire an VII, art. 60), ni de la part du Trésor.

71. — Point de vue politique. — De 1820 à 1831, le partage servait à fixer rétroactivement le cens des électeurs politiques.

L'art. 4 de la loi du 29 juin 1820 exigeait une possession annale, dans les termes suivants : « Les contributions directes ne seront » comptées, pour être électeur ou éligible, que lorsque la propriété » foncière aura été possédée, la location faite, la patente prise, et » l'industrie sujette à patente exercée *une année avant l'époque de la* » *convocation du collége électoral...* » Et l'on inscrivait sur les listes les héritiers qui recevaient, par partage ou licitation, des biens suffisants, encore que l'acte fût récent, quand l'ouverture de la succession remontait au 1er juin de l'année précédente. (Cass. 5 et 12 juillet 1830 : Dalloz, v° *Droit politique*, n°s 266 et 269.)

§ 2. — De la réception et de la pétition de la part indivise.

72. — L'effet rétroactif du partage devrait empêcher les cohéritiers de recevoir ou réclamer, avant le partage, aucune portion de biens indivis.

Il résulte cependant : 1° de l'art. 1220 du Code civil, que les héritiers peuvent demander la dette pour les parts dont ils sont saisis; 2° de l'art. 1939, que la chose déposée, qui doit être rendue aux héritiers du déposant, doit être remise à chacun d'eux pour leur part et portion, si elle est divisible; 3° de l'art. 2083, que l'héritier, qui a payé sa portion de la dette, peut demander la restitution de sa portion dans le gage, dès que la dette est entièrement acquittée.

Ces dispositions, adoptées après le vote de l'art. 883, prouvent que le législateur a voulu donner aux débiteurs de la succession le moyen de se libérer sans attendre ou provoquer le partage.

Il faut décider en conséquence, en faveur des libérations :

1° Que le débiteur qui paie aux héritiers de son créancier leur part virile, fait un paiement valable, auquel on ne peut opposer l'inexistence d'une liquidation (Cass. 9 novembre 1847 : D. P. 1848. 1. 49) ;

2° Que le débiteur peut opposer en compensation de la part d'un héritier les créances qu'il a contre cet héritier personnellement, l'extinction s'étant produite irrévocablement et de plein droit, dès le jour où les deux dettes se sont trouvées exister à la fois (Cass. 23 février 1864 : D. P. 1864. 1. 477);

3° Que la confusion s'opère de même *ab initio*, définitivement pour la part du cohéritier débiteur (Pothier, *Successions*, ch. 4, art. 1, § 3; C. civ. 1301, arg. d'analogie; *contrà* Cass. 16 juillet 1856 : D. P. 1856. 1. 281), et conditionnellement pour les autres parts;

4° Que le débiteur prescrit contre chaque héritier la part de cet héritier, sans pouvoir prescrire conditionnellement les autres parts (C. civ. 2257);

5° Que les héritiers peuvent donner, pour leurs parts, des quittances et mainlevées irrévocables (*Contrà* Cass. 20 décembre 1848 : D. P. 1849. 1. 81);

6° Et qu'ils sont pareillement capables de consentir, pour leurs parts, des novations définitives, s'ils sont du reste capables de contracter (C. civ. 1272).

71. — Le législateur a même été un peu plus loin. Par une conséquence assez naturelle de l'admission des libérations partielles, et peut-être en tenant compte de l'essentielle divisibilité des créances et des choses fongibles, il a permis aux héritiers de réclamer leurs parts lorsqu'elles ne seraient pas offertes par les débiteurs (Cass. 9 novembre 1847 et 4 décembre 1866 : D. P. 1848. 1. 49, et 1866. 1. 470).

Mais là s'arrêtent les exceptions. Car, en autorisant un fait de libération, l'art. 1220 n'a ni gêné le droit qu'ont les héritiers de partager les valeurs actives de la succession, ni modifié les effets du partage relativement aux créances qui entrent en entier ou dans des proportions inégales dans certains lots. (Voir n° 54 *suprà*.)

En conséquence, l'art. 1220 ne produit d'effets : 1° qu'avant le partage, 2° à l'égard des débiteurs, 3° et pour les choses divisibles (1). — Le débiteur *informé du partage* ne peut plus se libérer qu'en payant à celui ou à ceux des héritiers qui ont la créance dans leurs lots (C. civ. 1295, al. 2 : *arg*.). — Toutes les parts, reçues ou dues, doivent être indistinctement partagées, pour qu'aucune inégalité ne résulte des accroissements et dépréciations (2). — Enfin, l'immeuble vendu par l'un des héritiers ne peut être revendiqué, même partiellement, par les autres héritiers, si ce n'est par l'action même du partage (Cass. 6 décembre 1825, 13 novembre 1833 et 28 avril 1851 :

(1) On peut cependant tirer un argument contraire de l'art. 2090, relatif à l'antichrèse.

(2) Pothier décidait le contraire (*Successions*, c. 4, a 1, § 3); mais il se fondait sur une loi romaine (Dig., 10, 2, 38) et donnait lui-même une règle différente pour les sociétés (*Société*, n°s 122 et 180). Voir du reste n° 89 *infrà*.

Dalloz, v° *Succession*, n°s 1583 et 1584; D. P. 1851. 1. 145), et le prix de la vente immobilière consentie par tous les héritiers ne peut être valablement distribué qu'après le partage (Cass. 16 janvier 1833, 18 juin 1834, 26 juin 1839 et 2 décembre 1862 : Dalloz, v° *Vente p. d'imm.*, n° 123; v° *Contr. de mar.*, n° 2320; D. P. 1852. 1. 10, et 1863. 1. 151).

§ 3. — De l'engagement de l'indivis.

74. — Aucune loi ne défend d'engager les biens indivis, par hypothèque, gage, antichrèse ou autrement, et il est constant qu'on peut faire tout ce qui n'est pas interdit. Les cohéritiers peuvent donc engager l'indivis. Mais ils ne le peuvent que conditionnellement, à cause de la règle : *Nemo plus juris ad alium transferre potest quam ipse habet* (Dig., 50, 17, 54). Spécialement, ceux qui n'ont sur un immeuble qu'un droit suspendu par une condition, ou résoluble dans certain cas, ou sujet à rescision, ne peuvent consentir qu'une hypothèque soumise aux mêmes conditions ou à la même rescision (C. civ. 2125). *Resoluto jure dantis, resolvitur jus accipientis.* En conséquence, les hypothèques qui grèvent, du chef des cohéritiers, un immeuble indivis, *se consolident* ou *s'évanouissent* selon l'évènement du partage.

Cette règle ne fut pas toujours admise.

On soutenait, dans l'ancien droit, que le partage ne modifiait pas l'hypothèque, n'ayant d'effet qu'entre les copartageants et demeurant étranger aux créanciers. « *Divisio non mutat causam pignoris, sicut nec alienatio ulla* (Tiraqueau, *Retrait conv.*, § 1, gl. 14, n°s 76 à 80). *Dominus rei communis pro indiviso possessæ, dominus est, et vere dominus. Potuit igitur partem suam creditori suo obligare : hypotheca autem semel quæsita, jus tribuit in re, nec extinguitur... Hypotheca enim est jus formatum, in re hypothecata, et non est alienabile, nec auferebile per debitorem, nedum per alienationem mere voluntariam, sed etiam pretextu divisionis* (Dumoulin, § 1, gl. 9, n°s 45 et s.).

Ce fut la règle dans les pays de nantissement. Arrêts du parlement de Flandre (Merlin, v° *Partage*, § 6, n° 2) et du 6 septembre 1608, pour la coutume de Reims (Rousseau, v° *Nantissement*, n° 12).

Mais le parlement de Paris se prononça constamment dans le sens de l'effet rétroactif (arrêts des ..... 1559, 8 janvier 1569, ... 1574, 6 mai 1581, 2 août 1595, ... 1601, 3 septembre 1633, 3 mai 1743 et 20 juin 1761 : Louet, l. H, s. 11; Lebrun, l. 4, c. 1, n° 21; *Revue critique*, 1860, t. 18, p. 535) (1). Brodeau, sur Louet, cite un arrêt sem-

(1) Louet mentionne un arrêt contraire du 20 juillet 1571 (pour un pays de nantissement ?).

blable du parlement de Dijon, du 22 juin 1675. — Et Mornac posait en principe que la doctrine romaine ne se gardait plus en France. « *Quam tamen legem abrogatam esse haud temere dixerim, quum senatus parisiensis pronuntiaverit pignus concessum esse in ea sola parte quæ per divisionem heredi obtigit, qui rem communem hypothecæ dederat* » (Ad dig., 20, 6, 7). On expliquait que, d'après l'intention du défunt, l'héritier n'était pas *dominus incommutabilis, sed ad tempus ... cum onere divisionis.* « La coustume *Le mort saisit le vif,* » disait-on en 1574, a un effet *suspensif* relatif au partage ou à la » subdivision ... qui ne sont point attributifs, mais déclaratifs des » droits des cohéritiers, par un effet rétroactif, comme si le déceds » n'estait arrivé et le cohéritier saisi de sa portion héréditaire qu'au » temps du partage. » (Brodeau sur Paris, art. 37, n° 5.) « Le sort du » partage, écrivait Brodeau (sur Louet, l. II, s. 11, n° 7), produit un » droit déclaratif, et un effet réductif et rétroactif dirimant. » Domat lui-même concluait à l'extinction de l'hypothèque. « Car comme le » débiteur n'avait pas un droit simple et immuable d'avoir cette » partie, mais que ce droit renfermait la condition de la liberté à tous » les copropriétaires de venir à un partage, l'hypothèque accessoire » de ce droit renferme aussi cette condition et n'affecte que ce qui » est échu au débiteur : c'est là notre usage et ce que demande aussi » la logique. » (*Lois civiles,* l. 1, t. 4, § 1; l. 3, s. 1, n° 15.) Mais ce n'était pas sans hésitation qu'on avait rejeté les lois romaines. « Nos » docteurs, disait Lebrun, ont bien fait ce qu'ils ont pu pour décliner » la décision de ces lois. M. Duval dit qu'elle n'avait lieu que dans » les partages entre les copropriétaires, et non dans ceux d'entre co- » héritiers (1). Chopin l'a pris d'une autre manière : mais Me Claude » Henrys a avoué sincèrement la disposition du droit, en demeurant » d'accord qu'il fallait nécessairement s'en éloigner. La raison qu'il » en rapporte est qu'un créancier n'a pas plus de droit que son débi- » teur... La conséquence qui s'ensuit ... est encore un pressant » moyen, ... puisqu'un héritier dissipateur infectera tout le bien d'une » succession et tous les lots de ses cohéritiers, ce qui produira perpé- » tuellement des garanties (2)... Enfin nous avons une maxime, dans » notre droit français, qui lève toutes sortes de difficultés sur ce » sujet, qui est que tous les partages ont tous un effet rétroactif... » (*Successions,* l. 4, c. 1, n° 21.)

Pothier développait la règle pour le partage pur et simple (*Communauté,* n° 143, et *Successions,* ch. 4, art. v, § 1), pour le partage avec soulte (*Communauté,* n° 143, et *Société,* n° 180) et pour le partage par

(1) Bourjon a proposé d'excepter la licitation.

(2) Si tous les créanciers hypothécaires ne sont appelés au partage.

licitation (*Communauté*, n° 146 ; *Société*, n°ˢ 179 et 180, et *Vente*, n° 641).

75. — La loi du 9 messidor an III maintenait les hypothèques après le partage. « Il n'y a que le consentement formel des créanciers » hypothécaires, portait l'art. 104, qui puisse faire passer leur hypo» thèque d'une propriété sur l'autre; en conséquence, les échanges, » permutations, *partages* et autres expropriations semblables, ne » pourront de leur nature produire cet effet. » Mais cette loi, par suite de prorogations successives, n'a jamais été mise à exécution, et n'a laissé aucune trace sur la question qui nous occupe.

On a décidé, sous l'empire de la loi du 11 brumaire an VII (Cass. 14 brumaire an IX : Dalloz, v° *Succession*, n° 2081) comme sous l'empire du Code civil (Cass. 16 janvier 1833 et 13 février 1838 : Dalloz, v° *Vente p. d'imm.*, n° 123, et v° *Succession*, n° 2080), que l'hypothèque consentie par un cohéritier sur un immeuble indivis n'établit sur cet immeuble qu'un droit éventuel, subordonné au fait ultérieur du partage ou de la licitation.

Cette jurisprudence, qui paraît définitivement fixée, est très-importante, à cause du nombre des hypothèques légales et judiciaires qui frappent les biens indivis indépendamment de toute convention, par suite de leur généralité (1).

76. — L'art. 563 du Code de commerce a fourni une belle discussion au sujet de l'hypothèque légale des femmes *de faillis*.

L'art. 551 du Code du 12 septembre 1807 portait que « la femme » dont le mari était commerçant à l'époque de la célébration du » mariage n'aura hypothèque... que sur les immeubles qui appar» tenaient à son mari à l'époque ci-dessus. »

L'art. 563 actuel, substitué à cet art. 551 par la loi du 28 mai 1838, est ainsi conçu : « Lorsque le mari sera commerçant au moment de » la célébration du mariage, ou lorsque, n'ayant pas alors d'autre » profession déterminée, il sera devenu commerçant dans l'année, » les immeubles qui lui appartiendraient à l'époque de la célébration » du mariage, *ou qui lui seraient advenus depuis, soit par succession,* » *soit par donation entre-vifs ou testamentaire,* seront seuls soumis à » l'hypothèque de la femme... »

Ce texte empêche l'hypothèque légale de frapper les immeubles *acquis à titre onéreux* pendant le mariage.

On s'est demandé s'il affranchissait pareillement les immeubles *acquis par licitation*.

(1) Notons qu'en intervenant au partage, les créanciers peuvent discuter la nécessité des licitations, faire enchérir leur débiteur et s'opposer au paiement des soultes au préjudice de leurs droits.

Pour l'affirmative, on a dit que le droit commercial était rigoureux, surtout au cas de faillite; que tous les paiements, indistinctement, étaient censés faits des deniers des créanciers, et qu'il fallait prévenir les fraudes.

Mais l'opinion contraire a prévalu devant la plupart des cours d'appel et devant la Cour de cassation. On a rappelé que le législateur de 1838 s'était montré favorable aux femmes des faillis (1). On a observé que les créanciers sont protégés par les art. 882 et 1167 du Code civil, et l'on a considéré « que l'hypothèque légale de la femme » conserve le caractère de généralité qui lui est propre, sauf les » exceptions *spécialement* déterminées par la loi; ... que s'il est » attribué au mari, moyennant soulte ou licitation, une part d'im- » meuble au-delà de la quotité à laquelle il avait droit, l'attribution » de cet excédant ne peut-être assimilée à une acquisition à titre » onéreux; qu'elle constitue un simple mode de lotissement et l'un » des résultats *ordinaires* du partage; ... que l'art. 563 du Code de » commerce, en prévoyant spécialement le cas de succession, admet » par là même l'éventualité d'un partage, avec tous ses effets » légaux, et notamment le caractère déclaratif qui y est attaché par » l'art. 883 du Code civil; que les effets absolus et *réciproques* de » cette fiction légale s'opposent à ce que la femme, suivant les résul- » tats du partage ou de l'acte qui en tient lieu, en subisse tous les » inconvénients sans pouvoir, *par compensation*, en recueillir les » avantages... » (Cass. 10 novembre 1869 (bis) : D. P. 1869. 1. 501.) Ces motifs sont excellents.

§ 4. — De l'aliénation de l'indivis.

77. — Vente de certains biens. — On trouve, au Code civil, que « tout ce qui est dans le commerce peut-être vendu, lorsque des lois » particulières n'en ont pas prohibé l'aliénation » (art. 1598), et que » la vente peut être faite purement et simplement, ou sous une con- » dition, soit suspensive, soit résolutoire » (art. 1584). Il suit de ces règles que les cohéritiers peuvent vendre tous les biens indivis, soit en totalité, soit en partie, sous la modalité qui affecte leur droit (2).

(1) « Leurs droits, disait le rapporteur de la commission de la chambre des » deputés, trop méconnus par le Code de commerce, ont été réglés d'une ma- » nière plus équitable, sans que l'on ait sacrifié les précautions nécessaires » pour empêcher que l'actif des faillis puisse être soustrait à leurs créanciers. » (Dalloz, v° *Faillite*, p. 18, n° 33.)

(2) L'acquéreur peut demander la nullité de la vente, quand le vendeur lui a laissé ignorer que partie de la chose était à autrui (C. civ. 1599, et Cass. 16 janvier 1810 : Dalloz, v° *Echange*, n° 19).

Le partage qui porte toujours sur toutes les choses héréditaires (Cass. 28 avril 1851 : D. P. 1851, 1, 145), consolide ou détruit les ventes de l'espèce, avec un tel effet rétroactif que ces ventes sont censées avoir été parfaites dès l'origine ou n'avoir jamais existé (1).

18. — Les mêmes effets juridiques se produisent lorsqu'un seul héritier a échangé un bien indivis, au lieu de le vendre, ou lorsqu'il l'a donné en paiement, délaissé par hypothèque (art. 2172), déposé (art. 1922) ou prêté de quelque façon que ce soit.

Il en serait encore de même s'il avait constitué sur ce bien un droit d'usufruit, une servitude ou toute autre charge réelle, s'il avait plaidé (art. 1351), transigé ou compromis, par exemple sur l'existence ou le mode d'une servitude (art. 1165), ou s'il avait renoncé à une prescription acquise ou commencée (art. 2222).

La solution ne serait pas même différente, en droit strict, pour les simples baux. Car, en principe, le propriétaire conditionnel ne peut pas consentir de baux purs et simples : l'art. 1673 le prouve, en prescrivant, par une disposition spéciale, de maintenir après le rachat les baux faits sans fraude par l'acquéreur à réméré. Mais le mandat peut facilement se présumer lorsque le cohéritier a loué ou affermé, pour une durée raisonnable, sans autoriser d'innovations (art. 1859-4°, arg. d'analogie). Ce tempérament est conforme à l'intérêt des cohéritiers eux-mêmes, parce qu'il permet d'obtenir des conditions plus avantageuses, tout en favorisant l'exploitation des biens.

19. — Donation de certains biens. — Le copropriétaire peut aussi donner ou léguer les biens indivis, sous la condition suspensive ou résolutoire du partage.

La libéralité se consolide, quand le bien donné ou légué tombe dans le lot du donateur ou du testateur.

Le donataire perd au contraire toute espèce de droit, quand le bien tombe dans un autre lot, le donateur ayant alors disposé d'une chose dont il est réputé n'avoir jamais été propriétaire.

Les deux cas sont prévus par l'art. 1423, au titre du contrat de mariage. « Si le *mari* a *légué* un effet de la communauté, le dona-
» taire ne peut le réclamer en nature, qu'autant que l'effet, par
» l'évènement du partage, tombe au lot des héritiers du mari : si
» l'effet ne tombe point au lot de ces héritiers, le légataire a la
» récompense de la valeur totale de l'effet donné, sur la part des
» héritiers du mari dans la communauté et sur les biens personnels

(1) Aussi la purge de l'acquéreur n'est-elle qu'éventuelle, tant que dure l'indivision (Cass. 13 février 1838 et 21 janvier 1839 : Dalloz, v° *Succession*, n° 2089, et v° *Privilége*, n° 1740-4° ; *contrà* Cass. 3 juin 1817 : Dalloz : v° *Contr. de mar.*, n° 2316).

» de ce dernier. » Cette seconde disposition, fondée sur l'intention présumée du mari, déroge à l'art. 1021, qui prononce la nullité du legs de la chose d'autrui, soit que le testateur ait connu ou non qu'elle ne lui appartenait pas. En conséquence, il ne faut l'étendre ni à la *donation entre-vifs* consentie par le mari contrairement a l'art. 1422, ni aux libéralités consenties par la *femme* (1). Mais le principe est certain quant à l'effet du partage.

80. — Prescription de certains biens. — La propriété s'acquérant aussi par prescription, il faut examiner comment les cohéritiers peuvent perdre par la prescription la propriété des biens indivis.

L'art. 2257 dispose que la prescription ne court point à l'égard des *créances* qui dépendent d'une condition, jusqu'à ce que la condition arrive. Sa portée, quant aux créances indivises, a été indiquée sous le n° 72 *suprà*, et ses termes limitatifs prouvent que la prescription court à l'égard des droits réels conditionnels. Ainsi toute personne qui possédera dans les conditions voulues, pourra prescrire les droits éventuels et résolutoires des héritiers sur les immeubles indivis, et prescrira, le cas échéant, contre chaque héritier séparément.

Or, d'après l'art. 2252, les longues prescriptions ne courent ni contre les mineurs ni contre les interdits. Le possesseur d'un immeuble indivis prescrira donc les droits conditionnels des copropriétaires majeurs, sans prescrire les droits semblables des copropriétaires mineurs ou interdits. Et son droit se consolidera ou s'évanouira par le partage, selon que l'immeuble ira à l'un des majeurs ou à l'un des incapables. Car « chaque copartageant possède » les biens qui lui sont échus en partage, comme s'il les avait directe- » ment et spécialement reçus de la loi ou des dispositions du défunt » au moment même de l'ouverture de la succession. » (Cass. 2 décembre 1845 : D. P. 1846. 1, 21.) On a vainement prétendu que le mineur perdrait le bénéfice de l'art. 2252, par suite du recours en garantie qui serait exercé contre lui par le majeur évincé : car la prescription suppose une ancienne aliénation qui exclut toute espèce de recours.

A la vérité, l'art. 710 (voté plus de 9 mois après l'art. 883) décide, pour les servitudes, que « si parmi les copropriétaires il s'en trouve » un contre lequel la prescription n'ait pu courir, comme un mineur, » il aura conservé le droit de tous les autres. » Mais l'exception confirme la règle. — Puis l'art. 710 n'est que la reproduction plus ou moins raisonnée de la loi *Si communem fundum* (Dig., 8, 6, 10, pr.), qui statuait seulement (C., 2, 26) pour une servitude de passage, *indivisible* (Dig., 10, 2, 25, 9). Aussi pense-t-on que, sauf le cas de

(1) Voir cependant Mourlon, t. 3, n°s 129 à 137.

copropriété *permanente*, la règle qu'il trace doit fléchir, après le partage, devant le principe général de l'art. 883. Cette opinion a été exprimée par Merlin, d'après l'ancien droit, et consacrée, le 20 août 1853, par la Cour de cassation (D. P. 1853, 1, 230.)

81. — Cession de droits successifs a titre onéreux. — Le cohéritier vend conditionnellement tous les biens indivis, lorsqu'il cède son droit à la succession (cas prévu par l'art. 841, qui permet aux autres héritiers d'écarter le cessionnaire, en lui remboursant le prix de la cession). Ce qui a été dit de la vente particulière de certains biens s'applique naturellement à cette vente générale.

Mais, comme il se produit ici des effets particuliers, nous nous occuperons successivement de la cession suivie d'un partage pur et simple, de la licitation au profit du cessionnaire et de la licitation au profit d'un cohéritier du cédant.

Le caractère de la cession dépend du partage, quand les biens indivis sont de diverses natures. — Le cessionnaire a-t-il un lot d'immeubles? — Il est censé avoir acheté des immeubles. A-t-il un lot de créances? — Il est censé avoir acheté des créances. — De là, plusieurs conséquences importantes.

Pour l'enregistrement, les ventes d'immeubles sont tarifées à 5, 50 %, les ventes d'objets mobiliers à 2 %, les cessions de créances à 1 %, les cessions d'actions nominatives à 0,50 %, les cessions de baux à 0,20 %, les cessions d'actions au porteur au droit fixe, et les cessions de rentes sur l'Etat gratis (1). De ces distinctions fiscales naît une première question, celle de savoir quelle taxe est exigible sur une cession de droits successifs. Le cessionnaire n'étant rien moins que certain de recevoir des immeubles, il semble au premier abord que le Trésor ne devrait percevoir que le moindre droit, sauf à agir en supplément après le partage. Mais chaque bien est vendu sous une condition résolutoire pour une part, et sous une condition suspensive pour le surplus. Or la condition résolutoire n'empêche pas la perception du droit proportionnel, parce que l'acte qu'elle affecte opère actuellement, comme le dit M. Demante (n° 41), transmission ou obligation. « Le contrat est pur est simple; c'est la résolution qui » est conditionnelle. Dans ce cas il faut dire avec Ulpien : *Magis est* » *ut sub conditione resolvi emptio, quam sub conditione contrahi videa-* » *tur*... » Il suit de là que, pour une cession de droits successifs, le droit proportionnel est immédiatement exigible, sur la part du cédant, qui est précisément représentée par le prix de la cession. — Pour la quotité du droit, il faut suivre l'art. 9 de la loi du 22 frimaire an VII,

(1) Le tout, sous des conditions qu'il est inutile d'indiquer ici.

lequel est ainsi conçu : « Lorsqu'un acte translatif de propriété ou » d'usufruit comprend des meubles et immeubles, le droit d'en- » registrement est perçu sur la totalité du prix, au taux réglé » pour les immeubles, *à moins qu'il ne soit stipulé un prix par- » ticulier pour les objets mobiliers, et qu'ils ne soient désignés et » estimés, article par article, dans le contrat.* » En conséquence, le droit de 5,50 % est dû sur la totalité du prix, toutes les fois que ces dernières conditions ne sont pas remplies (Cass. 5 mai 1817, 30 mai 1826, 7 janvier 1839, 15 juin 1847 et 7 août 1855 : Dalloz, v° *Enreg.*, n°s 2985 et 2986; D. P. 1855, 1, 118, et Instr. 1200, § 18; 1796, § 5, et 2031, § 1). — La perception faite sur ces bases est-elle définitive, ou subordonnée aux résultats du partage? Si le droit a été fractionné par suite d'une ventilation régulière du prix, et si le cessionnaire reçoit en lotissement des biens d'une qualité supérieure, par exemple des immeubles uniquement, le Trésor peut demander un supplément (Demante, n° 31). Inversement, le cessionnaire, qui reçoit des biens d'une qualité inférieure à celle pour laquelle il a payé l'impôt, pourrait réclamer une restitution *d'après les principes du droit civil;* mais il en est empêché par une règle sévère, ainsi formulée par l'art. 60 de la loi du 22 frimaire an VII : « Tout droit d'enre- » gistrement perçu régulièrement, en conformité de la loi, ne pourra » être restitué, quels que soient les évènements ultérieurs, sauf les » cas prévus. » — D'un autre côté, toute cession de droits successifs doit être enregistrée, lorsque la succession comprend des immeubles (voir n° 39 *suprà*). Mais, si le partage n'attribue que des valeurs mobilières au cessionnaire, il faut soutenir que l'obligation de l'enregistrement cesse, et que les droits doivent être liquidés, le cas échéant, selon la nature des biens attribués : car les déductions du droit pur doivent ressortir dès que l'article exceptionnel de la loi du 22 frimaire ne les contrarie plus (1).

Au point de vue civil, les mutations immobilières entre-vifs ne sont opposables aux tiers qu'à partir de la transcription, et les cessions de créances ne sont parfaites que par l'acceptation authentique ou la signification. Dans ces conditions, le cessionnaire de droits successifs s'expose à de sérieux dangers, en négligeant de faire transcrire son titre et de le faire signifier (2), lorsque la succession comprend des immeubles et des créances : car la cession se décompose nécessairement en autant de ventes conditionnelles qu'il y a d'espèces de biens

(1) Les évènements ultérieurs qui restent sans influence sur les perceptions effectuées, doivent être pris en considération quand il s'agit de droits à réclamer (R. P. 3785-12). — Voir cependant n° 70 *suprà*.

(2) A défaut d'acceptation authentique.

(et même de biens différents), et chacune de ces ventes est régie par les principes qui lui sont propres.

Cette analyse de la cession de droits successifs montre très-clairement qu'une signification ne peut avoir d'utilité que pour les créances. On a vainement prétendu que l'art. 1690 du Code civil s'appliquait à toute vente d'hérédité : l'art. 1689, auquel il se réfère, ne parle que du transport d'une créance, d'un droit ou d'une action *sur un tiers*, qui est *débiteur*, selon le terme de l'art. 1690 lui-même (Cass. 16 juin 1820 et 6 juillet 1858 : Dalloz, v° *Tierce opposition*, n° 160, et D. P. 1858, 1, 114. *Contrà* Cass. 23 juillet 1835 et 12 juillet 1853 : Dalloz, v° *Vente*, n° 1961 ; D. P. 1853, 1, 334) (1).

Tels sont les effets de la cession suivie d'un partage pur et simple.

82. — Recherchons maintenant les effets de la licitation prononcée au profit du cessionnaire.

Il est un point hors de doute : c'est que, par la cession, le cédant ne peut modifier d'aucune façon les droits des tiers. Le cessionnaire ne devient pas héritier : car l'art. 841 donne aux héritiers la faculté de l'écarter du partage, faculté qui ne pourrait être exercée vis-à-vis d'un héritier. Sa seule qualité est celle de tiers acquéreur, et la licitation ne la change pas. Si les dettes de la succession deviennent ses dettes personnelles, c'est seulement à l'égard des cédants ; les créanciers de la succession n'ont point d'action personnelle et directe contre lui, mais une action hypothécaire et un droit de suite sur les biens. Ainsi les obligations du cessionnaire, comme tous ses droits, sont régis par le titre de la vente, au Code civil, et nullement par le titre des successions (Instr. 1220, § 12-2°).

Cependant, lorsqu'un héritier cède à un tiers sa part indivise, l'effet de cette cession est de substituer le cessionnaire aux droits comme aux obligations du cédant, et de le rendre propriétaire, comme l'était ce dernier, des biens indivis. « L'acquéreur peut, comme le vendeur » l'aurait pu lui-même, demander le partage des biens communs. — » Si le partage s'opère en nature, l'acquéreur est censé avoir, *du* » *chef de son vendeur*, succédé seul et immédiatement à tous les » effets compris dans son lot : car il serait impossible d'admettre, » sans violer le principe d'égalité qui doit régner dans les partages, » que les immeubles compris dans le lot du cessionnaire fussent » grevés des hypothèques créées par les copartageants durant l'indivision, pendant que les immeubles échus à ces derniers seraient » libres de toutes hypothèques de même nature. — Il n'en peut être » autrement lorsqu'il y a licitation, puisque la licitation est assimilée

(1) Il suffit au cessionnaire de s'opposer à ce que le partage ait lieu sans lui.

» au partage. Il suit de là que la licitation qui s'opère entre l'acqué-
» reur des droits d'un copartageant et les autres copropriétaires, doit
» produire les mêmes effets que celle qui aurait eu lieu entre tous
» les cohéritiers avant la vente. » (Cass. 27 janvier 1857 : D. P. 1857.1.5.) Aussi dégrève-t-elle les immeubles des hypothèques consenties par les héritiers colicitants (même arrêt), ouvre-t-elle l'action en rescision pour lésion du quart (1), ne confère-t-elle que le privilége de copartageant, et ne donnait-elle lieu ni à la commise (Bannelier, t. 1, p. 578), ni au retrait (Pothier, *Retraits*, n° 113).

L'acte doit-il être transcrit ?

Oui, disent l'administration et la Cour de cassation, pour purger les hypothèques qu'ont pu conférer *les héritiers colicitants* (Instr. 1205, § 9, et Cass. ch. réun. 19 décembre 1845) notamment depuis l'ouverture de la succession jusqu'à la cession, le caractère rétroactif de la licitation ne pouvant atteindre, au profit du cessionnaire, une période pendant laquelle il était complètement étranger à la propriété des immeubles indivis (Instr. 2102, § 4, n° VIII).

Oui, a dit plus récemment M. Larombière, parce qu'il faut purger *du chef du cessionnaire* : car, par suite de la subrogation du cessionnaire aux lieu et place de son cédant, « les hypothèques créées avant
» la vente par le vendeur, sur les immeubles indivis, se consolident
» de son chef sur la totalité de ceux qui sont échus à l'acquéreur par
» le fait de la licitation ou du partage, comme s'il ne les avait ache-
» tés qu'après la cessation de l'indivision ; de telle sorte que, hors le
» cas d'un partage en nature sans soulte, la transcription de la pre-
» mière cession d'une part indivise ne dispense pas le copartageant
» étranger qui s'est rendu adjudicataire de la transcription de l'acte
» de licitation, puisqu'il y a encore nécessité de purger les hypothè-
» ques existantes du chef du vendeur, pour tout ce qui excède la
» quotité primitivement cédée. » (Instr. 2102, § 4, *in fine*.)

Cependant la transcription paraît inutile.

Le cessionnaire a, en effet, dans les immeubles indivis, les droits qu'avait son auteur lui-même. Acquérant une part sous condition résolutoire et le surplus de l'hérédité sous condition suspensive, il a dû faire transcrire l'acte de cession non-seulement pour l'acquisition résolutoire, mais pour l'acquisition suspensive elle-même : car une translation éventuelle de propriété suffit pour rendre la transcription nécessaire (Dalloz, v° *Transcription*, n° 151, et R. P. 2610). La licita-

(1) « Le cohéritier qui a aliéné son lot en tout ou en partie n'est plus recevable
» à intenter l'action en rescision *pour dol ou violence* si l'aliénation qu'il a faite
» est *postérieure* à la découverte du dol, ou la cessation de la violence. »
(Art. 892.)

tion produit ensuite son effet rétroactif comme s'il n'y avait pas eu de cession : sans aucune transcription, la masse des biens est censée avoir appartenu dès l'ouverture de la succession à l'héritier cédant ; et, comme cet héritier a vendu tous ses droits, son ayant-cause est censé avoir acheté purement et simplement cette masse entière et n'avoir jamais traité avec les héritiers colicitants. — Le cessionnaire n'a qu'un titre d'acquisition, la cession : il est en règle, si ce titre a été transcrit. — C'est à titre de vente qu'il possède tous les biens, et c'est par suite du partage que les héritiers colicitants n'ont rien. — La masse des biens est censée n'avoir jamais appartenu aux héritiers colicitants, avoir appartenu à l'héritier cédant depuis le décès jusqu'à la cession, et avoir appartenu au cessionnaire seul depuis la cession.

Notre règle est du reste complètement conforme aux règles admises pour les hypothèques, le privilége et la rescision.

88. — Comment cette licitation doit-elle être imposée?

Pour être exempt des lods et ventes, « il faut, disait Guyot (*Licitation*, c. 3, s. 3, § 5, n° 1), que le copropriétaire adjudicataire soit » acquéreur, *primario, ab initio*, et non pas copropriétaire *acquéreur* » *intermédiaire*, ... qu'il soit celui qui par lui-même a commencé la » société. »

« Si un tiers, écrivait Bannelier (t. 2, p. 49), pour être admis à la » licitation à titre de copartageant, commence par acquérir la portion » de l'un d'entr'eux ; qu'ensuite par la licitation il se trouve adjudi- » taire; les lods sont dus, en ce que tout a été volontaire de son côté, » et qu'il n'avait là aucun droit primitif. » Le tiers acquéreur agit en effet *sine necesitate juris*.. « Il n'a ni titre ni qualité pour affranchir » les portions que la licitation lui donne, *mediante pecunia;* il n'a » point de qualité, parce qu'il est étranger à l'héritage; il n'y a rien » par lui-même, il n'est point cohéritier; il n'a point de titre, parce » qu'il n'a qu'un titre singulier d'une portion pour laquelle seule- » ment il a payé les droits. » (Guyot, *loc. cit.*, n° 3.)

Jugé en conséquence que le tiers acquéreur d'une portion devait les lods pour les autres portions lorsqu'il se rendait adjudicataire (arrêts des 31 janvier 1637, 3 mai 1730, 6 mars 1734, 21 juin 1736 et 6 février 1740 : Guyot, *loc. cit.*, n° 2, et Merlin, v° *Licitation*, § 1, n° 10).

Même décision pour le centième denier (15 septembre 1731 : Bosquet, v° *Licitation*, n° 3).

D'après ces errements, l'art. 2 de la loi du 14 thermidor an IV tarifa à deux pour cent les licitations et les retours de partage d'immeubles réels entre les copropriétaires *au même titre*. « Les rece- » veurs, portait la circulaire de la régie (n° 926), doivent ... s'assu-

» rer que la licitation ou le partage avec retour sont faits entre co-
» propriétaires *au même titre*, c'est-à-dire qu'ils ont hérité ou acquis
» conjointement ; s'il en était autrement, le droit de quatre pour cent
» serait exigible. »

Toute difficulté cessa le jour où la loi du 22 frimaire an VII taxa les soultes et licitations comme les ventes, à 4 %.

Mais la loi du 28 avril 1816 éleva le droit de vente de 4 à 5,50 %, en disposant en outre que le droit d'enregistrement serait augmenté d'un et demi pour cent dans tous les cas où les actes seraient de nature à être transcrits (art. 52 et 54). Le droit de vente fut demandé sur les parts acquises par licitation par les tiers cessionnaires. Son exigibilité, d'abord admise par un arrêt de la Cour de cassation du 30 mai 1826 (Instr. 1205, § 9), puis repoussée par deux arrêts des 22 février et 6 novembre 1827 (Dalloz, v° *Enreg.*, n°ˢ 6026 et 6025 : Instr. 1236, § 5), fut définitivement proclamée par un arrêt de la chambre civile du 21 janvier 1840, confirmé par un arrêt des chambres réunies du 10 décembre 1845. (Dalloz, v° *Enreg.*, n° 6027 ; D. P. 1846. 1. 17 ; Instr. 1618, § 10, et 1755, § 15. — Conf. Cass. 11 février 1846, 16 juin 1847, 9 novembre 1847, 26 janvier 1848, 18 décembre 1848 (ter), 14 février 1849, 9 janvier 1851, 2 mars 1858, 21 juillet 1858 et 15 mars 1870 : D. P. 1846. 1. 102 ; 1847. 4. 473. 5 ; 1848. 1. 56 ; 1848. 5. 351. 6 ; 1849. 5. 380. 3 ; 1851. 1. 34 ; 1858. 1. 319 et 456 ; 1870. 1. 230 ; Instr. 1767 ; § 12 ; 1796, § 25 ; 1814, § 10 ; n°ˢ 1 et 2 ; 1837, § 15, n°ˢ 1 à 4 ; 2010, § 6 ; 2137, §§ 15 et 6, et 2402, § 4.)

Sans la perception du droit de vente, « la licitation, disait-on déjà
» dans l'ancien droit, deviendrait une fraude évidente pour tromper
» le seigneur, et on ne manquerait jamais de prendre cette voie
» quand tous les cohéritiers ou les copropriétaires auraient concerté
» de vendre ensemble... (De Laurière et Berroyer sur Duplessis). Un
» homme acquerrait un dixième ou même un centième d'une copro-
» priété où il n'aurait rien, et ensuite liciterait, et par là ne paierait
» les droits que du dixième ou du centième (Guyot, *Licitation*, c. 3,
» s. 3, § 5, n° 1). »

C'est en effet ce qui a été tenté dès que furent rendus les deux arrêts de 1827 (R. G. 8218). Et la jurisprudence actuelle de la Cour de cassation a eu pour résultat, et peut-être pour objet, comme le fait observer M. Demolombe « de réprimer les fraudes nombreuses
» auxquelles on avait précédemment recours, afin de se soustraire
» à l'application du droit de transcription, en achetant, par un pre-
» mier acte, la moitié ou toute autre portion même plus petite d'un
» immeuble, de manière à créer ainsi entre le vendeur et l'acheteur

» une indivision que l'on faisait cesser ensuite, sous l'apparence d'un » partage, au moyen d'un second acte qui transmettait à l'acquéreur » la totalité de l'immeuble (*Successions*, t. v, n° 290). »

84. — En considérant la crainte de la fraude comme la seule cause de la perception, on a proposé, dans le temps et de nos jours, une distinction entre le cas où l'intervalle de temps des deux actes était très-court et celui où il était au contraire considérable.

« Si un long intervalle, a écrit M. Flandin (Dalloz, v° *Transcrip-* » *tion*, n° 147), séparait les deux actes; qu'une possession indivise » sérieuse eût réellement existé; qu'en un mot, les circonstances de » fait, dont l'appréciation souveraine appartient aux tribunaux, » fussent exclusives de toute supposition de fraude, on ne devrait » voir, dans le second acte de vente, qu'un acte équipollent à par- » tage. »

« Si les copropriétaires n'ont pas un titre commun, avait dit l'ad- » ministration dans l'instr. 1226, § 5, n° 1, il n'a pu y avoir entre » eux convention, ni par conséquent société... » On s'empara de cette idée, et l'on soutint que, les cohéritiers du cédant pouvant consentir à la cession, l'état d'indivision créé par la cession pouvait former une société particulière d'après l'art. 1841 du Code civil, et que la fiction de l'art. 883 était applicable au partage de cette société d'après l'art. 1872 (Championnière et Rigaud, n° 2705). Mais, comme l'explique l'instr. 2402, § 4, n° VII, « à supposer qu'une société particu- » lière ait pu se former entre le cessionnaire et les autres héritiers, » dans le sens de l'art. 1841, par le seul effet de l'état d'indivision » et en l'absence de toute stipulation, soit sur sa forme et sa durée, » soit sur son objet, ce fait ne saurait influer sur le caractère et le » résultat de la licitation. — Il est de règle, en effet, que, pour la » perception des droits d'enregistrement, la mise en société d'un » immeuble appartenant à un ou plusieurs associés n'est pas consi- » dérée comme déplaçant la propriété de cet immeuble, et que, lors » de la dissolution, la perception se règle d'après les changements » que l'acte de partage apporte à la situation dans laquelle les parties » se trouvaient avant l'association (1). — Dès lors, s'il y avait eu, » dans l'espèce, une société dissoute par l'effet de l'attribution de tous » les biens à l'un des associés, il faudrait, pour déterminer la nature » et l'importance des droits exigibles à raison de cette attribution, » faire abstraction de la société; il faudrait, par conséquent, prendre » uniquement pour base d'appréciation les titres en vertu desquels » les associés étaient copropriétaires au jour de la formation de

(1) Voir n° 139 *infrà*.

» leur prétendue société, et ne tenir aucun compte de leur qualité » d'associés. »

La durée de l'indivision créée par la cession, est indifférente pour la perception : elle peut prouver que le tiers acquéreur n'a pas eu en vue d'arriver à la propriété du tout par l'expédient d'une prompte demande [illegible] licitation, mais elle ne peut modifier la nature des choses. Aussi décidait-on, dans l'ancien droit, que le cessionnaire devait les lods, quand même il avait acquis sa part depuis longtemps (arrêts des 30 mars 1703 et 24 juillet 1730 : Rousseaud, v° *Lods-Partage*, et Guyot, *Licitation*, c. 3, s. 3, § 5, n° 2). Et l'opinion contraire n'a jamais prévalu.

85. — Mais il semble que les principes devraient conduire à d'autres règles de perception.

Le cessionnaire acquiert, par la cession, la part du cédant sous condition résolutoire et le surplus de l'hérédité sous condition suspensive. — Le droit de mutation doit être payé sur la part vendue sous condition résolutoire, et demeure en suspens quant à la vente sous condition suspensive. — A l'instant de la licitation au profit du cessionnaire, il devient exigible sur les parts qu'il n'avait pas frappées d'abord et tel qu'il les aurait frappées sans la condition suspensive ; en conséquence, il doit être calculé, tant pour le principal que pour les décimes, d'après le tarif en vigueur au jour de la cession (1).

Le droit de transcription n'est pas dû de la même manière. — La cession comprend deux ventes, l'une sous condition résolutoire et l'autre sous condition suspensive, qui doivent être transcrites l'une et l'autre, d'après ce qui a été dit. Le droit de vente à 5,50 % est perçu sur le prix de la première, conformément à l'art. 52 de la loi du 28 avril 1816, et le droit de transcription de 1,50 % doit être exigé pour la seconde, à l'instant de l'enregistrement, en vertu de l'art. 54 de la même loi de 1816. — Arrivant plus tard la licitation, le supplément de droit de vente pourra n'être plus perçu qu'au taux de 4 %, par suite de la déduction du droit de 1,50 % payé par anticipation.

Ce mode de liquidation paraît seul conforme au droit civil, d'après lequel la cession doit être intégralement transcrite et la licitation

(1) En droit strict, l'héritier qui a cédé sa part devrait acquitter de son côté la taxe des licitations, car il a été seul propriétaire de tous les biens, depuis l'ouverture de la succession jusqu'à la cession. Mais il faut admettre que cette taxe se confond avec le supplément de droit de vente, parce qu'elle retomberait à la charge du cessionnaire et qu'on ne peut pas faire supporter par la même personne deux droits de mutation, pour une seule acquisition.

exemptée de la transcription. — Il diffère sous deux rapports du système actuellement suivi. D'une part, il charge les cessionnaires du droit de 1,50 °/₀ dans tous les cas indistinctement et dès le temps de la cession; d'autre part il oblige à calculer le principal et les décimes du droit de vente (de 5,50 °/₀) d'après les lois en vigueur au temps de la cession. En somme, il est un peu plus onéreux pour les cessionnaires, ce qui n'est pas un mal, en présence de la défaveur dont ils sont l'objet dans notre droit (art. 841).

Ajoutons qu'il se recommande d'une autorité très-respectable : celle de Pothier. — L'art. 113 de la coutume d'Orléans portait qu'entre autres personnes que cohéritiers, profit était dû pour les tournes. Et « par ces mots *autres personnes*, disait Pothier, on doit entendre un » tiers qui aurait acheté la part de l'un des héritiers, et, en cette » qualité de cessionnaire, aurait partagé avec les autres héritiers. » Ce tiers doit profit pour les tournes dont le lot qui lui est tombé » par le partage est chargé; mais il ne doit pas ce profit pour les » tournes à raison du partage, qui, n'étant pas considéré comme un » titre d'acquisition, ne peut donner lieu à des profits; il le doit pour » raison de la vente qui lui a été faite de la part de ce cohéritier, » *ces tournes étant une augmentation du prix de cette part.* (*Vente*, n° 632.) Puis l'illustre jurisconsulte revenait sur cette idée, au sujet du retrait lignager. « Il semble, écrivait-il, qu'on pourrait conclure » que ... l'adjudication devrait donner lieu au retrait lignager ... » comme au profit de lods et ventes... Néanmoins il faut décider » qu'il n'y a lieu au retrait lignager... La raison est que ... dans l'es- » pèce, la licitation ne peut passer pour une véritable vente... S'il y » a lieu au profit de lods et ventes pour les portions que ce tiers ac- » quiert par la licitation, ce n'est pas qu'il acquière ces parts des » héritiers colicitants, et que la licitation soit un vrai titre d'acqui- » sition; mais c'est par une raison particulière; savoir, que la pre- » mière part que ce tiers a acquise, qui, jusqu'à la licitation, n'était » qu'une part indéterminée de l'héritage, est déterminée par la lici- » tation du total de l'héritage; et par conséquent la vente de cette » part, qui, avant la licitation, n'était que la vente d'une part indé- » terminée, et ne donnait ouverture au profit que pour une part, » devient, par la licitation, la vente du total de l'héritage, et doit par » conséquent donner ouverture à un profit entier qui est dû au » seigneur, sous la déduction de ce qu'il a déjà reçu lors de la vente » de cette part. » (*Retraits*, n° 113.)

86. — Nous arrivons au troisième cas : celui où l'un des héritiers colicitants demeure adjudicataire après la cession.

Deux arrêts, des 21 janvier 1839 et 13 décembre 1840, décidèrent qu'en pareil cas l'héritier devait les droits. (Rousseaud, v° *Lods-Partage.*) Brodeau et Duplessis les approuvaient, par la raison que « les cohéritiers se doivent imputer que la licitation n'ait pas été pro-» voquée, commencée par eux au temps que tous les communistes » étaient cohéritiers et se trouvaient copropriétaires par une com-» munauté formée *ab initio.* » Mais la plupart des auteurs les critiquaient. L'opinion commune était, au Palais, que l'ancien propriétaire ne devait rien, parce que la licitation se réfère au titre de son ancienne propriété. Et Guyot dit positivement qu'on ne suivait pas les arrêts : « Peut-on imputer à ce cohéritier, s'écriait-il, d'avoir » un étranger pour copropriétaire, par le fait de son cohéritier? Et » quand il obtient par le partage, soit ordinaire, soit de licitation, un » héritage, dans lequel il avait par droit de sang, *totum in toto, et to-* » *tum in dividua parte*, parce qu'il ne se trouve plus, sans son fait, » vis-à-vis de son cohéritier, n'ayant d'autre voie que le partage ou » la licitation, peut-on lui faire payer des droits pour n'avoir pas » licité avec son cohéritier?... Il est absurde de lui faire payer. » (*Licitation*, c. 3, s. 3, § 2, n° 3.)

Cependant la jurisprudence de 1639 et 1640 fut confirmée par un arrêt du 22 août 1749, qui inspira cette réflexion : « On parviendrait » sans doute difficilement à renverser une jurisprudence aussi con-» stante, mais on ne peut pas se cacher qu'il est *plus difficile encore* » *de la justifier par de bonnes raisons...* Car elle présente toujours » l'inconvénient de laisser un héritier maître de frustrer tous ses » cohéritiers. » (Merlin, v° *Licitation*, § 4, n° 11.)

Le cas est actuellement réglé par l'art. 841 du Code civil, aux termes duquel : « Toute personne, même parente du défunt, qui n'est » pas son successible, et à laquelle un cohéritier a cédé son droit à » la succession, peut être écartée du partage, soit par tous les cohéri-» tiers, soit par un seul, en lui remboursant le prix de la cession. » Ce droit de retrait n'est au fond que la faculté accordée par la loi aux héritiers ou à l'un d'eux d'acquérir les droits du cessionnaire, aux conditions de la cession, comme ils le feraient par une licitation. L'exercice du retrait équivaut ainsi à un véritable partage. Aussi l'acte est-il dispensé de la transcription (Dalloz, v° *Transcr.*, n° 208), le retrayant étant censé seul propriétaire depuis l'ouverture de la succession. (Cass. 1er décembre 1806 : Dalloz, v° *Succession*, n° 1997; *Contrà* Cass. 31 mai 1859 : D. P. 1859, 1, 241.) — On ne perçoit qu'un droit de libération sur les sommes remboursées d'après deux décisions ministérielles des 8 ventôse et 11 floréal an XII (lettre 17 messidor an XII : L. 22 frimaire an VII, art. 69, § 2, n° 11).

87. — Mutation de droits successifs a titre gratuit. — La propriété des droits successifs se transmet fréquemment soit par succession, soit par donation entre-vifs ou testamentaire.

Au cas de transmission par succession, tout se passe, pour le copropriétaire survivant, comme s'il n'y avait pas eu de décès, quoique le titre ne soit plus précisément commun. C'était l'avis des anciens auteurs (Championnière et Rigaud, n° 2793), et le ministre des finances s'est ainsi prononcé, le 24 fructidor an V, sous l'empire de la loi du 14 thermidor an IV, qui distinguait des ventes les licitations entre copropriétaires au même titre (1). L'héritier du copropriétaire décédé est censé succéder aux objets que lui donne le partage; et, s'il reçoit tous les biens par licitation, il faut dire que tous les biens ont été recueillis par son auteur lors de l'ouverture de la succession commune, puis par lui-même lors du décès de son auteur (2). Appliquer ici les règles de toute acquisition de part indivise (n°° 66 à 71 *suprà*).

Au cas de transmission par donation, le partage produit des effets encore plus remarquables, en imprimant à la libéralité un caractère mobilier ou immobilier. — Considérez en effet : 1° que les donations entre-vifs doivent être transcrites lorsqu'elles comprennent des biens susceptibles d'hypothèque (C. civ. 939); 2° qu'elles sont soumises à des droits plus élevés lorsqu'elles ont des immeubles pour objet (L. 21 avril 1832, art. 33) (3); 3° que le rapport des immeubles peut être exigé dans certains cas en nature (C. civ. 859), tandis que celui du mobilier doit toujours se faire en moins prenant (art. 868) et que celui des meubles incorporels se fait en nature ou en moins prenant (art. 858) au gré du donataire (art. 1162 et 1100); 4° que le testateur a pu léguer son mobilier et ses immeubles à des personnes différentes (art. 1010); 5° que la saisine de l'exécuteur testamentaire porte sur le mobilier, à l'exclusion des immeubles (art. 1026).

§ 5. — De la saisie de l'indivis.

89. — Quiconque est obligé personnellement est tenu de remplir son engagement sur tous ses biens mobiliers et immobiliers, présents

(1) « L'héritier est aux droits de celui qu'il représente. Le premier titre, commun à tous, est la mort de celui qui jouissait des biens transmis indivisément à son décès, à ceux que la loi a appelés à les recueillir. Les mutations à titre successif, qui s'opèrent indépendamment de la volonté des parties, et par la seule force des choses et de la loi, ne dérogent pas pour cela à ce titre primitif, qui ne cesse pas d'être commun de la propriété, comme pour l'indivision. » (Circ. n° 1101.)

(2) Il semble, en conséquence, que le droit de mutation par décès peut être demandé, quand il est supérieur au droit de soulte (voir n° 83 *suprà*).

(3) Voir, par analogie, pour ces deux points, n° 81 *suprà*.

et à venir (C. civ. 2092). Aussi le droit de chaque héritier est-il saisissable, en principe.

Dumoulin croyait, d'après le droit romain, que la saisie ne pouvait dépendre du résultat du partage : « *Nec resolvitur nec alteratur... nec augetur nec dividitur prehensio... per quamcumque subsequentem divisionem, ... quoniam manus injectio non est personalis, sed realis.* » (§ 1, gl. 9, n° 44.) Mais le contraire fut jugé dès 1538.

On put encore, d'après un arrêt du 26 mai 1551, saisir et faire vendre la portion d'un cohéritier en une maison ou autres héritages, sans qu'il fût besoin de procéder au partage (Rousseaud, v° *Cohéritier*, n° 4). Mais cette expropriation devint de plus en plus difficile, à cause de l'effet déclaratif du partage et du droit de retrait successoral, jusqu'à ce que le Code civil défendît expressément d'exproprier les immeubles indivis.

« La part indivise d'un cohéritier dans les immeubles d'une suc-
» cession ne peut être mise en vente, aux termes de l'art. 2205, par
» ses créanciers personnels, avant le partage ou la licitation qu'ils
» peuvent provoquer s'ils le jugent convenable, ou dans lesquels ils
» ont le droit d'intervenir conformément à l'art. 882. » — « La loi,
» disait le conseiller d'Etat Treilhard, a donné aux créanciers le
» droit de provoquer un partage ; c'est tout ce qu'elle a dû faire : il
» ne faut pas leur laisser la faculté de saisir même les portions des
» cohéritiers qui ne leur doivent rien... Du reste, ajoutait le tribun
» Lahary, comment pourrait-on connaître la part indivise du
» débiteur ... dans des immeubles possédés en commun par les divers
» cohéritiers, puisque leurs droits ne sont définitivement réglés,
» puisque leurs portions contingentes ne sont connues, évaluées et
» assignées à chacun d'eux que par le résultat de la licitation ou du
» partage... Tant que dure l'indivis, le cohéritier débiteur n'est
» vraiment ni propriétaire ni usufruitier ; car il ne peut le devenir
» incommutablement qu'en faisant cesser cet indivis... Enfin jusqu'à
» ce que tous les biens possédés en commun soient licités ou par-
» tagés, il est incertain si tel ou tel immeuble, telle ou telle portion
» d'immeuble écherra dans le lot du cohéritier débiteur, s'il ne
» recueillera pas pour sa part successive une somme d'argent au
» lieu d'un corps héréditaire ; si même, après le prélèvement des
» dettes de la succession, il restera quelque excédant sur lequel il
» puisse exercer son droit. — Il faut donc en pareille occurrence que
» le créancier personnel attende l'évènement qui doit consolider la
» propriété ou l'usufruit sur la tête de son débiteur. » (Dalloz, v° *Vente p. d'imm.*, p. 552, n° 2, et p. 553, n°s 11 et 12.)

Le législateur a interdit toutes les formalités préparatoires.

S'il eût voulu défendre seulement l'adjudication, il eût employé, dans l'art. 2205, le mot *adjudication*, comme dans les art. 2213 et 2215, au lieu du terme générique *mise en vente;* le poursuivant serait du reste dans l'impossibilité de remplir les formalités prescrites par le Code de procédure à peine de nullité, par exemple d'indiquer une mise à prix et de désigner des corps certains dans le cahier des charges. La saisie elle-même, autorisée d'abord (Cass. 14 décembre 1819 et 22 juillet 1822 : Dalloz, v° *Vente p. d'imm.*, n° 114, et v° *Exceptions*, n° 203-5°; *contrà* Cass. 27 octobre 1814 : Dalloz, v° *Absence*, n° 694), est maintenant prohibée parce qu'elle atteindrait les droits des cohéritiers (Cass. 3 juillet 1826 : Dalloz, v° *Vente p. d'imm.*, n° 112) (1); le commandement seul est permis, parce qu'il est seul personnel.

89. — La saisie-exécution des meubles indivis devrait être empêchée par les mêmes motifs. Mais, comme les nullités ne peuvent être prononcées par analogie, nous déciderons que le procès-verbal doit être provisoirement maintenu, sauf l'évènement du partage qui le régularisera ou l'annulera, et sauf aussi les dommages-intérêts que pourront demander, dans certains cas, les héritiers non débiteurs.

La saisie-arrêt ou opposition est fondée, parce qu'elle ne contrarie nullement les droits des cohéritiers et qu'en outre l'héritier débiteur peut recevoir et même réclamer sa part indivise; mais elle est toujours subordonnée au résultat du partage, quant à ses effets juridiques (Cass. 24 janvier 1837; Dalloz, v° *Contr. de mariage*, n° 2319).

§ 6. — Du détournement de l'indivis.

90. — A Rome, l'héritier qui détournait un effet de la succession ne commettait pas un vol; il y avait une action spéciale, le *crimen expilatæ hereditatis,* qui remplaçait l'action *furti* (Dig. 47, 19, 2, 5 et 6) (2).

Notre ancienne jurisprudence interdisait de même toutes poursuites criminelles pour vol, entre cohéritiers (arrêts du Parlement de Dijon des 7 juin 1687 et 19 janvier 1692 : Merlin, v° *Vol*, s. 2, § 4, a. 3, n° 3). « ... Ces personnes, disait Jousse (t. 4, p. 193), ont une » espèce de droit dans la chose qu'ils prennent. Ainsi on ne les » regarde pas comme voleurs. »

Ces principes ont encore été confirmés par un décret de la Convention du 3 messidor an II.

(1) Elle vaut toutefois comme opposition au partage (Cass. 11 novembre 1840 : Dalloz, v° *Succession*, n° 2030).

(2) Cette exception ne s'étendait pas à l'associé (Dig. 47, 2, 45; 17, 2, 45 et 51).

Mais la Cour de cassation a constamment jugé que la copropriété n'exclut pas l'action de vol (Cass. 3 novembre 1808, 14 mars 1818, 18 mai 1827, 27 février 1836, 23 juin 1837 et 5 mai 1849 : Dalloz, v° *Vol*, n°s 122, 110, 131 et 177 ; D. P. 1849, 1, 145), parce que les règles anciennes n'ayant pas été rappelées dans la loi nouvelle, n'ont plus aucune autorité, et que le copropriétaire, qui soustrait frauduleusement une chose commune, commet nécessairement un vol de la partie qui ne lui appartient pas.

Cette jurisprudence est extrêmement rigoureuse, tandis que l'ancienne règle était tout-à-fait conforme à la nature des choses. On ne peut pas dire en effet que l'héritier qui s'empare d'une chose héréditaire s'empare de la chose d'autrui : car il a sur cette chose un véritable droit de propriété, qui lui permet de la posséder aussi bien que ses cohéritiers. Les intérêts de ces derniers sont du reste sauvegardés par l'art. 792 du Code civil, aux termes duquel l'héritier qui a diverti ou recélé des effets d'une succession demeure héritier pur et simple, sans pouvoir prétendre aucune part dans les objets divertis ou recélés (1). Puis c'est un principe qu'entre communistes, les choses *non sunt amare tractandæ*. Il semble, par ces motifs, que la peine du vol ne devrait jamais être appliquée pour le détournement des biens indivis (c'est-à-dire avant le partage). Il suffirait, dans les cas de fraude manifeste, de prononcer la peine de l'abus de confiance : cette condamnation serait plus rationnelle et plus juste, et le texte de l'art. 408 du Code pénal ne souffrirait pas plus que ne souffre actuellement la lettre de l'art. 379.

(1) Voir aussi les art. 801, 1460 et 1477.

CHAPITRE V.

DES FORMES PARTICULIÈRES DU PARTAGE ENTRE COHÉRITIERS.

91. — Pour faire ressortir le mieux possible les effets du partage, nous n'avons considéré, dans les chapitres précédents, que les trois formes habituelles du partage (partage pur et simple, partage avec soulte et partage par licitation), et nous avons toujours supposé que l'opération était simple et parfaite.

Il faut examiner maintenant les formes particulières qu'affecte souvent le partage.

Cet examen fournira la matière de six paragraphes, savoir :

§ 1er. — Partage amiable et partage judiciaire.

§ 2. — Partage qualifié mutation.

§ 3. — Partage inégal des valeurs actives.

§ 4. — Partage imparfait (indivision subsistant).

§ 5. — Partages partiels et partages cumulatifs.

§ 6. — Partages refaits.

On a justement distingué, parmi tous les pactes que nous allons passer en revue, les actes *équipollents* à partage qui ont pour *effet* immédiat de faire cesser l'indivision, et les actes *préparatoires* qui ont le même *objet* sans produire le même résultat. (Championnière et Rigaud, n° 2700.)

§ 1er. — Partage amiable et partage judiciaire.

92. — Licitation judiciaire. — On agita, pendant deux siècles, la question de savoir si l'immunité devait s'étendre à toutes les licitations.

La licitation, disait-on contre l'extension, n'a été inventée qu'à cause de l'impossibilité de certains partages. Depuis, elle a été admise pour les biens qui, quoique susceptibles d'une division matérielle, ne pouvaient être partagés sans difficultés ni préjudice, *sine injuria*. Mais elle ne peut l'être lorsque les biens sont commodément partageables : il n'y a nulle raison pour faire fléchir alors le principe sacré qui défend de dépouiller un propriétaire contre son gré ; et, s'il plaît aux parties de liciter entre elles en pareil cas, leur convention toute volontaire doit être traitée comme vente.

Les seigneurs, s'inspirant de ces idées, firent insérer dans les coutumes des restrictions à la faculté de liciter, pour avoir quelquefois les lods et ventes.

Ainsi, l'art. 80 de la coutume de Paris, de l'année 1580, portait que « si l'héritage *ne se peut partir* entre cohéritiers, et se licite *par jus-* » *tice* sans fraude, ne sont dues aucunes ventes par l'adjudication » faite à un d'eux. »

Cette coutume, observait Duplessis, requiert deux circonstances : la première que l'héritage licité ne se puisse partir, « ce qui ne doit » pas être pris si crûment qu'il faille absolument qu'il soit impar- » tageable, comme une maison, une seigneurie, une justice; il suffit » qu'il ne se puisse commodément partager (et sans désavantage), » de là on voit que c'est une aliénation forcée. » La seconde circonstance est que la licitation « soit faite en justice, et cela, afin de pré- » venir la fraude dont on pourrait déguiser un contrat de vente. »

93. — Les seigneurs allèrent jusqu'à soutenir que l'exemption de la licitation judiciaire était subordonnée à la visite des lieux par des experts, parce qu'il fallait savoir si la chose ne se pouvait partir. Mais ils furent condamnés par arrêts des 4 août 1646 et 30 juillet 1669. « La » formalité du rapport préalable, que l'on voulait introduire, ... n'est » pas nécessaire; la maxime en est certaine au Palais... Ce rapport » n'est qu'une source de puérilités ... et les seigneurs viendraient tous » les jours devant les tribunaux, en discutant, critiquant et commen- » tant ce rapport. » (Guyot, *Licitation*, c. 3, s. 2, n°s 12 et 16.)

94. — Il y eut querelle aussi sur la question de savoir si l'exemption devait avoir lieu lorsqu'on avait admis les étrangers aux enchères.

La licitation tranchée au profit d'un étranger a tous les caractères d'une vente et en produit tous les effets (Pothier, *Vente*, n° 516), *quia quoad heredes venditio necessaria est, quoad extraneum est voluntaria* (Ferrière). En conséquence, le terme de partage ne sauve pas les droits (Bannelier, t. 2, p. 50), l'acte doit être transcrit, les hypothèques tiennent (Dalloz, v° *Succession*, n° 2086), l'action résolutoire peut être exercée et le retrait lignager pouvait avoir lieu (Pothier, *Retraits*, n° 112; Davot, t. 2, p. 307; Rousseaud, v° *Retrait lignager-Licitation*).

Les conditions sont bien différentes lorsque l'héritage demeure à l'un des héritiers. Cependant Dumoulin avait vu *d'abord* dans l'intervention d'un tiers une cause suffisante pour modifier le titre de l'héritier adjudicataire et le rendre acquéreur même de sa portion. Voici ses paroles : « *Sic distinguendum puto : aut ordinatur, quod adjudicabitur plus offerenti etiam extraneo licitatore admisso, aut vero ordinatur, quod extraneus non admittetur, sed solum inter socios licitabitur et remanebit meliorem conditionem aut pensionem offerenti. — Primo casu, etiamsi contingat unum ex sociis vincere in licitatione, tamen dico quod omnia jura debentur dominis directis, sicut ex mera venditione, cum sit vera venditio principaliter subsistens, unde infero quod etiam jus retractus feudalis, si res feudalis sit, habebit locum etiam contra socium vincentem licitatione... — Secundo vero casu, etsi variè et effusè possem argumentari, verius puto nihil deberi dominis directis...* (§ 33, gl. 1, n° 73.) Mais il s'était prononcé plus tard pour l'exemption : « *Non obstat quod extraneus licitator fuit admissus, quia victus fuit et repulsus, ex quo res remansit socio; et sic idem est ac si solum inter socios fuisset licitata, ex quo extraneus non fuit admissus in effectu ... et sic sumus in terminis assignationis ex divisione.* » (§ 78, gl. 1, n° 157.) Et d'Argentré avait ajouté : « *Necessario vendunt, necessario auctionem ingrediuntur, necessario extraneum admittunt ... venditores coacti nulla debeant, spontaneus emptor debeat.* » (Art. 73, n. 4, n° 3.)

L'exemption fut proclamée par arrêts des . juillet 1586, 3 mars 1587, 15 décembre 1648 et 30 juillet 1669 (Louet, l. L, s. 9, et Rousseaud, v° *Lods-Partage*).

Puis le principe passa sans difficulté dans le droit civil. (Lebrun, Duplessis et Lamoignon : Dalloz, v° *Enreg.*, n° 2723.) « Cette licitation, » a écrit Pothier, tient lieu de partage, et n'est autre chose, de même » que le partage, qu'un acte dissolutif de communauté... Quoi- » qu'elle ait l'apparence d'un contrat de vente, elle n'est pas néan- » moins contrat de vente... La raison qui fait regarder la licitation » comme n'étant qu'une espèce de partage, étant tirée de ce qu'elle » a la même fin, qui est de faire cesser la communauté et l'indivis, on » doit, dans tous les cas dans lesquels cette raison se rencontre, re- » garder la licitation comme une espèce de partage, et lui en donner » les effets. » (*Vente*, n°s 516 et 639, et *Communauté*, n°s 147 et 713.)

Cette doctrine n'a plus été contestée de nos jours (Dalloz, v° *Succession*, n° 2083), sans doute parce que les étrangers sont nécessairement appelés toutes les fois que l'un des copropriétaires est mineur (C. civ. 460, 839 et 1687). — Elle ne saurait l'être depuis qu'en ordonnant de faire transcrire les jugements d'adjudication, la loi du 23 mars 1855 a excepté *sans distinction* tous les jugements rendus sur licitation au profit d'un cohéritier ou d'un copartageant (1).

Il n'y a de difficultés que pour l'adjudication prononcée au profit d'un étranger, qui déclare un héritier pour command. Dumoulin enseignait qu'il y avait droit acquis au seigneur par la forme du

(1) La présence des étrangers peut seulement fournir des présomptions pour les frais (n° 87 *suprà*) et la folle-enchère (n° 102 *infrà*).

contrat dont les effets n'étaient pas effacés par la déclaration (§ 33, gl. 2, n° 28). Mais l'opinion contraire a prévalu, parce que la forme de l'acte n'influe pas sur son caractère. (Cass. 7 brumaire an VII et 17 brumaire an XII; Déc. min. 18 brumaire an XII et 11 septembre 1818 : Dalloz, v° *Enreg.*, n° 2725) (1).

95. — Licitations conventionnelles. — La lutte fut des plus vives au sujet des licitations conventionnelles.

Dumoulin avait admis l'assimilation, pour les biens impartageables. « *Nisi vere similiter appareat hominii divisionem esse factam in fraudem et occultationem meræ venditionis, puta si nihil erat commune inter socios vel coheredes nisi dicta domus, et si commode poterat dividi; tunc enim ex quo nihil erat simul dividendum, et poterat divisio prompte fieri per partes æquales et æque commodas, et tamen maluit alteri cedere partem suam pro certa pecunia vel certa alia domo ad valorem portionis ejus, tunc quantumque dicant se hoc facere per modum divisionis, satis apparet quod est mera et voluntaria venditio, in veritate et effectu, et omnia jura debentur dominis directis.* » (§ 33, gl. 1, n° 75.)

D'Argentré s'était prononcé pour l'affranchissement, sans réserve. « *Nec ego,* disait-il, *quod Molinæus facit distinguo, an res commode dividi potuerit, et ita fraudis suspicio colligi possit ut sic laudimia evitarentur; an vero individuitatis necessitas coegerit venire ad licitationem, quæ sententia fuit primum Pauli Castr. Est enim originalis et primaria causa consideranda quæ necessitatem divisionis imponit; nec coarctanda est latitudo dispositionis contrahentium et libertatis conventionalis, ut sic vel sic faciant, vel disponant quod legibus, et jure permittente, hoc vel illo modo possunt, si causa necessaria antecedit, quod Molinæus recte scribit... Quod si fieri potest et facilius dissolvi, non tam spectandum an aliter necessitati divisionis parere consortes*

(1) Il reste à signaler deux décisions particulières, relatives l'une à la coutume de Blois et l'autre au droit de contrôle.

1° Comme l'art. 88 de la coutume de Blois parlait des licitations *entre cohéritiers,* on s'était demandé s'il s'appliquait aux licitations judiciaires. Pontanus se prononça pour l'affirmative : « *Idem judicandum est quod de divisione quæ per ipsos coheredes fieret; esset enim iniquum, si mihi res esset cum herede rixoso, qui nollet mecum dividere quod commune esset, dum propterea eum in judicio provocarem, ex sua contumacia laudimias solvere cogerer...* »

2° La licitation judiciaire n'était pas soumise au droit de contrôle : « Si » la licitation a été faite forcément en justice, disait Merlin, comme lorsqu'il » s'agit de biens de mineurs, ou lorsqu'il y a contestation entre les copropriétaires, elle n'est pas sujette au contrôle, parce que, dans ce cas, c'est un acte » judiciaire qui n'a pas pour base la seule volonté des parties, puisqu'elles » n'ont pu le faire valablement par-devant notaires. Il y a là-dessus une décision du conseil du 10 août 1737. » (V° *Licitation*, § 5, n° 1.)

potuerint, quam si sic commodius, gratius et expeditius, et meliori omnium pace, meliore sumptu fecerint, bona præsertim fide, et sine cogitatione fraudis, dum sibi negotium gerunt, in quo (negotio) non oportet dominos esse curiosiores et exploratores alieni commercii, etiamsi per consequens quidpiam pereat commodis feudalibus, cujus rei explicat rationes Tiraquellus... » (art. 73, n° 4).

Cependant les réformateurs de la coutume de Paris limitèrent l'exemption aux licitations judiciaires, en 1580 (1) : ce fut un beau prétexte pour la cupidité des seigneurs (Merlin).

Aussi Boguet présentait la question comme douteuse, dans son traité de 1601 : « *Hac in re distinguit Publit. : aut plures, inquit, emphyteutæ inter se libere dividunt, et tunc debetur laudimium, quando uni fratrum plus adjudicatur, quam sit sua portio : aut unus provocat ad divisionem, aliis reluctantibus, et officium implorat judicis qui dividit assignando res hereditarias, prout sibi placet, et tunc secus, quia talis alienatio dicitur necessaria absolute. Sed priorem opinionem nulla adhibita distinctione tenent Guido Pap. et Bœr. Quin etiam addit Publit... vidisse se semper observari in partibus Pedemontanis, quod qualitercumque fiat divisio, nunquam solvitur laudimium; quod et apud nos (in comitatu Burgundiæ) usu receptum esse compertum habeo...* » (t. 12, § 2).

Mais l'affranchissement triompha, malgré les termes de l'art. 80 de la coutume de Paris.

« Cet article est bon, disait Auzanet, en ajoutant après ces mots *en* » *justice* ces mots *ou par convention volontaire*, comme cela est en » usage à présent sans contredit; et de plus, il semblerait à propos » d'ôter ces mots *ne se peut partir entre cohéritiers*, car cela n'est plus » d'usage;... parce qu'il n'était pas juste de donner à un seigneur, » encore moins à son fermier, sous prétexte de la prétention d'un » droit de vente qui doit être levé avec civilité, la liberté de pénétrer » dans le secret des familles, et d'empêcher les accommodements entre » cohéritiers. — On ne considère, disait Brodeau, que l'intention et » la cause originelle, primitive et impulsive, qui est la nécessité de » vendre, et la fin ou l'effet, qui est l'adjudication au profit d'un des » héritiers portionnaires (2). »

Jugé en effet que, pour être exempte des lods, la licitation n'a besoin ni de rapport d'experts, ni de l'autorité de la justice, ni d'aucune solennité (arrêts des 11 janvier 1607, ... 1615, 17 ou 18 mai 1631, ... août 1682, 29 mai 1699 de Bordeaux, 20 décembre 1700 de Dijon et 24 mars 1733 de Paris : Guyot, *Licitation*, c. 3, s. 3, § 2,

(1) Voir, dans le même sens, l'art. 123 de la coutume de Melun (n° 134 *infrà*.)
(2) On peut voir aussi Pocquet de Livonière, l. 3, c. 6, s. 5.

nos 4, 6 et 7; Pocquet de Liv., l. 3, c. 6, s. 5; Merlin, vo *Licitation*, § 4, no 3; Davot, t. 2, p. 50).

Les profits ne furent accordés qu'exceptionnellement, dans des cas où le partage eût été très-facile (arrêts des 19 août 1613 et 20 mars 1720 : Rousseaud, vo *Lods-Partage*, et de Laurière, sur Loisel, IV, II, XIII). Et Guyot s'élevait énergiquement contre cette exception, dans son traité des fiefs de 1738. « L'expérience, écrivait-il, nous apprend » que l'immeuble *entier* vaut beaucoup plus que les deux moitiés » *divisées*. Or, selon moi, cette diminution de valeur de la moitié d'un » tout qui valait beaucoup, est toujours prépondérante pour aller à la » licitation, sans crainte de droits... Il arrive très-souvent que, dans » les partages de maison, ... il reste quelque chose de commun, soit le » grand escalier, soit la cour... De là, source de procès... Ces incon- » vénients ne sont-ils pas suffisants pour laisser à des communs le » choix de la licitation, s'ils voulaient y passer tout d'un coup?... » Pour moi, je tiens que la licitation est toujours permise et favorable, » sans que les seigneurs puissent y fouiller, ... sans qu'il soit loisible » à un seigneur de sonder le pourquoi on a été plutôt à la licitation » qu'au partage... On doit *toujours* présumer l'inconvénient, quand » les colicitants ont choisi cette voie... » (*Licitation*, c. 3, s. 2, nos 2, 8 et 9.)

Pothier a clos, pour ainsi dire, la discussion. « Observez, dit-il, » que ces termes qui se trouvent dans l'art. 80 de la coutume de » Paris, *si l'héritage ne se peut partir*, et ceux-ci, *se licitent par* » *justice*, ne doivent pas s'entendre *restrictivè*, mais seulement » *enuntiativè*; et tout ce que nous venons d'exposer sur la nature » et les effets d'une licitation, a lieu 1° soit que l'héritage licité n'ait » pu se partager, soit qu'il ait pu absolument se partager, mais que » les parties aient jugé plus à propos de le liciter; 2° soit que la lici- » tation ait été faite devant le juge, sur assignation; soit qu'elle ait » été faite volontairement par un acte devant notaires... ou par acte » sous seings privés. » (*Communauté*, no 117, et *Successions*, ch. 4, art. 2, § 8.)

90. — La question n'a plus été soulevée en droit fiscal, depuis que la licitation est soumise à l'impôt pour les parts acquises. Elle est cependant intéressante à cause du droit de transcription.

Aucun doute n'est possible au sujet de la licitation conventionnelle en général : car nos Codes déclarent expressément que le partage, même par licitation, peut être fait dans la forme et par tel acte que les parties intéressées jugent convenables (C. civ. 819 et 827; Pr. 985). Mais la question peut être posée quand les biens sont susceptibles de division matérielle, et l'a été *en droit civil*. « La lici-

» lation, a dit Toullier (t. 5, n° 511, note), est un mode de partage...
» Si elle était faite sans nécessité, comme si l'un des héritiers achetait
» la part indivise de l'autre, ce serait une vente qui ne *purgerait* pas
» les *hypothèques*. Le Code ne reconnait que les licitations *néces-*
» *saires* (1). » L'art. 827 du Code civil porte en effet qu'il doit être procédé à la vente par licitation *si les immeubles ne peuvent pas se partager commodément;* l'art. 970 du Code de procédure prescrit au tribunal d'ordonner le partage *s'il peut avoir lieu,* et l'art. 974 décide qu'il n'y a *pas lieu* à licitation lorsque la situation des immeubles a exigé plusieurs expertises distinctes et que chaque immeuble a été déclaré impartageable, *s'il résulte du rapprochement des rapports que la totalité des immeubles peut se partager commodément* (2).

Mais tous ces articles n'ont qu'un but : d'empêcher qu'un copropriétaire soit dépouillé *contre son gré,* par une licitation, de la part qu'il a dans les biens indivis. Aussi l'art. 827 du Code civil dit que les biens *doivent* être licités lorsque le partage est incommode, sans dire qu'ils ne peuvent pas être licités quand le partage est commode. — Les héritiers peuvent apprécier mieux que personne les inconvénients et les avantages de la licitation, et leur appréciation doit être souveraine par ce motif. S'ils licitent, il faut présumer, d'après les judicieuses réflexions de Guyot, qu'ils ne pourraient partager sans certain préjudice, matériel ou moral ; et leurs créanciers ne peuvent se plaindre après coup, lorsqu'ils ont négligé d'user de leur droit d'intervention. — Cette opinion est confirmée par l'art. 1686, au chapitre de la licitation et aux termes duquel : « Si une chose
» commune à plusieurs ne peut être partagée commodément et sans
» perte; *ou si dans un partage fait de gré à gré de biens communs, il*
» *s'en trouve quelques-uns qu'aucun des copartageants ne* PUISSE *ou ne*
» VEUILLE *prendre,* la vente s'en fait aux enchères. » Elle l'est encore de l'avis de certaines personnes, par l'art. 1408, placé au titre du contrat de mariage et suivant lequel « l'acquisition faite pendant le
» mariage, à titre de licitation ou *autrement,* de portion d'un
» immeuble dont l'un des époux était propriétaire par indivis, ne
» forme point un conquêt. »

97. — Partages judiciaires. — Les partages faits en justice ou par des arbitres ne cessent pas d'être des partages.

(1) Le législateur néerlandais paraît avoir admis cette restriction (art. 1129 et 1122 combinés).

(2) Dans ce sens, Chabot : Dalloz, v° *Succession,* p. 175, n° 112. — Jugé aussi qu'une seule créance ne comporte pas de partage (Cass. 10 novembre 1845, 24 juillet 1866 et 17 janvier 1870 : D. P. 1845. 1. 418; 1867. 1. 36, et 1870. 1. 302) : la liquidation des droits suffit.

Mais sont-ils rescindables, malgré les garanties présentées par les formalités accomplies ?

Dès que ces garanties ont été vaines, peut-on dire, les parties (surtout les mineurs et les interdits, pour lesquels ont lieu la plupart des partages judiciaires) doivent avoir le droit de poursuivre l'égalité, qui est essentielle dans les partages.

Cependant, les considérations ne manquent pas en sens contraire. 1° La lésion ne peut être établie que par deux expertises, attendu qu'une seule expertise, en contradiction avec celle du partage, ne prouverait rien. 2° Le partage judiciaire a toute la force d'un arrêt, et il n'existe qu'une seule voie pour surmonter l'autorité de la chose jugée : c'est la voie de la requête civile, dans les cas exceptionnels qu'énumère la loi (1).

On a jugé que la licitation judiciaire, n'étant pas une expropriation forcée, pouvait être rescindée pour lésion *d'outre moitié*, sous l'empire du droit écrit (arrêt du 7 septembre 1583 : Rousseaud, v° *Partage*, s. 6, n° 1, et Dalloz, v° *Succession*, n° 2300) et du droit intermédiaire (Cass. 4 janvier 1808 ; Merlin, v° *Lésion*, § 4, n° 7) (2).

Actuellement, l'art. 887 du Code civil, dispose d'une manière générale que les partages peuvent être rescindés pour cause de violence, de dol et de *lésion de plus du quart*, et s'applique évidemment aux partages judiciaires, dont il est longuement question dans les articles précédents (3).

Mais il ne faut pas confondre le cas où la justice, autorisant le partage, ne fait qu'en supposer l'égalité, avec le cas où, statuant définitivement sur des contestations, elle établit et prononce elle-même l'égalité du partage. Dans ce dernier cas, l'autorité de la chose jugée s'attache au partage lui-même, en le rendant irrévocable (C. civ. 1351 et 1352 ; Cass. 11 juin 1838 : Dalloz, v° *Succession*, n° 2300).

98. — De ce que la forme des actes ne change pas leur nature, il suit que le droit établi par l'art. 1 de la loi du 28 février 1872 (droit fixe gradué) frappe les actes judiciaires comme les contrats civils. L'art. 4. de la loi dispose en effet que « les divers droits fixes

(1) La lésion est encore plus invraisemblable, en matière de licitation, quand les étrangers ont été appelés aux enchères.

(2) Dans le même sens, Pothier (*Successions*, ch. 4, art. 6).

(3) On argumenterait à tort de l'art. 1684, suivant lequel la rescision pour lésion *des sept douzièmes* n'a pas lieu dans les ventes qui, d'après la loi, ne peuvent être faites que d'autorité de justice. Cette dérogation ne peut être étendue des ventes aux licitations : les tribunaux pourront seulement tenir compte, dans certains cas, de la concurrence qui aura fixé la valeur des biens licités.

» auxquels sont assujétis les actes civils, administratifs ou *judiciaires*, » *autres que ceux dénommés en l'art.* 1er, sont augmentés de » moitié. » — L'assimilation était indispensable pour empêcher les contribuables de se soustraire au paiement du nouvel impôt, en faisant constater leurs conventions par les juges et tribunaux, au moyen de procès simulés (voir, dans ce sens, l'art. 69, § 2, n° 9 de la loi du 22 frimaire an VII, relatif aux droits de titre). — La question a été résolue pour les partages judiciaires (R. P. 3497-13) (1).

§ 9. — Partage qualifié mutation.

99. — PARTAGE EN FORME D'ÉCHANGE, VENTE OU CESSION. — Nous avons dit que, d'après la nature des choses, le partage pur et simple était un échange pur et simple, le partage avec soulte un échange avec soulte, et le partage par licitation une vente ou cession. Nous devons dès lors reconnaître que les parties peuvent, sans grossière incorrection, qualifier un partage d'échange, vente ou cession.

Que doit-il advenir en pareil cas ?

Chasseneux voulait appliquer les règles du partage. « *Item quæro, si frater vendat fratri partem suam rei censualis quam habet indivisam cum dicto fratre, an debeatur laudemium domino? Videtur quod non, per ea quæ dicit Bal. in l. Voluntas C. de fideicom. ubi dicitquod si frater vendat fratri rem emphyteuticam, non est servanda solemnitas quæ debet servari in venditione rei emphyteuticæ : quia non requiritur consensus domini. Et ad propositum de laudemio vide Ang. de Clavasio in sua summa.* » (*Censes*, § 1, n° 6.)

Dumoulin enseignait le contraire. « *Si habens portionem in re communi, non incipiat a divisione, sed incipiat a donatione, permutatione, vel venditione, ... tunc, cum non intendant dividere, non est divisio nec respectu materiæ, nec respectu formæ, nec respectu intentionis, sed est alius contractus, alia species mutationis et translationis rei, secundum cujus naturam, jura dominis directis debentur... Et sic judicio lapsus est Chassanæus... dum scripsit quod, si vendat frater fratri partem suam quam cum eo habet indivisam, non debetur laudimium domino : quod est falsum, quia imo deberetur, etiamsi non venderet partem suam, sed partem partis, extra terminos divisionis suæ.* » (§ 33, gl. 1, n° 71.)

D'Argentré soutint que la dénomination d'échange ou de vente n'était pas exclusive de l'idée de partage. « *Nec vero eam limitatio-*

(1) Comme pour les envois en possession (R. P. 3317, 3373-9 et 3716), les prorogations de délai (Sol. 30 septembre 1873) et les mainlevées judiciaires (R. P. 3380-3).

nem probo, quam fecit Molinæus cum incipitur a donatione, venditione, permutatione inter consortes, non divisionem, sed aut donationem, aut venditionem aut alium contractum geri; quam sententiam Molinæus de Castrensis judicio sumpsit, et mirum est esse secutum qui reales rerum effectus sectari et tueri soleat... Ideoque etiamsi prætextus is omittitur, et sine mentione divisionis protinus itur ad venditionem portionis, inest tamen causa et necessitas, si non præcisa, certe causalis ex materia et rei qualitate; quare absolute nego laudimia deberi, etiamsi contractus sonet portionis venditionem et incipiatur a venditione, ut Molinæus loquitur, si modo consorti fit, cum quo actio est activa et passiva ad divisionem. Proboque hac de re Chassanæi sententiam, quam Molinæus reprehendit, nisus authoritate Stephani Bertrandi. — Est enim hujusmodi venditio consorti facta, assignatio portionis pecuniaria quæ fundiariam representat, cum jam statuimus nihil referre an cuipiam portio sua in fundis hereditariis, an pecunia assignetur. — Itaque etsi verborum sonus venditionem loquitur, spectandum potius quid agitur et causæ præexistentia, et improprianda vocabula ut intentioni serviant (1); *non est igitur simpliciter venditio, quam necessitas divisionis expressit, cum potentia deducitur in actum; non dicitur quid novum fieri, sed actum habere implicitum statum primæ causæ, et cum præcedat obligatio dividendi, ab ea posterior eventus formatur; est ergo divisio etiam quæ venditionis nomine legitur, si cum eo facta est, qui cogere ad divisionem potuit, atque ideo ad recipiendam ex arbitrio communi dividundo assignationem portionis suæ in pecunia aut in toto aut in parte, et vitare eventus voluit singularis partitionis. — Quod nos sic accipi volumus, ut tota ratio sententiæ resideat in illa causa necessitatis, cui semper innitimur, quæ scilicet ad divisionem consortes adhigit; quod si cessat, remitto ego quoque sententiam... Verborum igitur ista differentia et coloris quam corporis ... nihil interest.* » (Art. 73, n° 4.)

Cette opinion fit de grands progrès, et la jurisprudence établit qu'un partage, conçu dans les termes de vente, ne devait aucuns profits (arrêts des 5 août 1619, 30 juillet 1640, 15 décembre 1648, .. mars 1673, 17 mai 1677, 29 février 1692 et 20 mars 1730 : Guyot, *Licitation*, c. 3, s. 3, § 1, n° 5; Pothier, *Vente*, n° 644 ; Livonière, *Fiefs*, l. 3, c. 6, s. 6) (2).

100. — Brodeau et Lebrun appliquèrent au droit civil la théorie du président d'Argentré (*Successions*, l. 4, c. 1, n°s 57 et 58).

Mais Pothier signala le premier toutes les conséquences de cette

(1) Termes admirables.

(2) Dans ce sens, Guyot, *Licitation*, c. 3, s. 3, § 1, n°s 3 et 5; Bosquet, v° *Lods*; Bannelier, t. 2, p. 49 et 50, et t. 3, p. 757.

théorie. « Non-seulement, dit-il, les actes qui se font dans la forme de » licitation, mais généralement tous les actes qui paraissent avoir » pour fin principale de faire cesser entre cohéritiers la communauté » et l'indivis, quelque nom qu'on leur ait donné, sont, de même que » les licitations, regardés comme des actes tenant lieu de partage, » et auxquels, de même qu'aux licitations, on donne tous les mêmes » effets qu'aux partages. — C'est pourquoi, si mon cohéritier m'a » *vendu* sa portion indivise dans un héritage de sa succession, ... nous » sommes censés nous être exprimés improprement... Quoique l'acte » soit conçu dans les termes d'une vente de sa portion dans l'héritage, » néanmoins, comme on doit, dans les actes, rechercher plutôt l'in- » tention des parties, que s'attacher aux termes dans lesquels ils sont » conçus, et aux noms qu'il a plu aux notaires de leur donner, et que » la principale fin et intention que les parties paraissent avoir eue » dans cet acte, est de faire cesser la communauté et l'indivis par rap- » port à cet héritage; l'acte, suivant notre jurisprudence, n'est pas » regardé comme une vente, quoiqu'il soit qualifié de ce nom, ni » comme une cession; il est regardé comme un acte tenant lieu de » partage, qui ne fait autre chose que déterminer nos parts hérédi- » taires, par rapport à cet héritage. La mienne, par cet acte, est dé- » terminée à l'héritage pour le total, à la charge de payer à mon co- » héritier la somme convenue par l'acte; et celle de mon cohéritier » est déterminée au droit d'exiger de moi cette somme. En consé- » quence, je suis censé, dans ce cas, de même que dans le cas de la » licitation, avoir succédé immédiatement au défunt à l'héritage pour » le total, à la charge de payer la somme à mon cohéritier, pour lui » tenir lieu de la part indéterminée qu'il avait à la succession. — » Ainsi *cet acte ne donne lieu ni aux profits seigneuriaux ... ni au* » *retrait. L'héritage n'est sujet, pour aucune partie, aux hypothèques* » *des créanciers particuliers de mon cohéritier; il m'est propre pour le* » *total, en matière de succession, et par conséquent il est propre de* » *communauté, sauf la récompense... L'acte est sujet à restitution,* » *pour la seule lésion d'outre quart ... et ne doit pas donner lieu à la* » *garantie dont est tenu un vendeur, mais à celle dont sont tenus entre* » *eux les copartageants...* — Ce qui vient d'être dit pour le cas auquel » mon cohéritier m'a *vendu* sa part indivise, doit pareillement avoir » lieu dans le cas où il en aurait disposé envers moi, par bail à rente » rachetable ou non rachetable, ou à quelque autre titre commutatif » (en apparence). » (*Communauté*, n°s 148, 149 et 714; *Vente*, n°s 644, et 645; *Retraits*, n° 112; *Successions*, ch. 4, art 6.)

101. — Notre Code civil a conservé ces effets de droit.

Aux termes de l'art. 888, l'action en rescision est admise contre tout acte qui a pour objet de faire cesser l'indivision, entre cohéritiers, encore qu'il fût qualifié de vente, d'échange, de transaction ou de toute autre manière. A la vérité, cet article ne mentionne qu'une des conséquences du principe; mais c'est pour l'imposer aux parties (comme nous le verrons sous le numéro suivant); la loi ne rescinde le partage en forme de vente qu'en l'assimilant à un véritable partage.

« Tout acte, a dit Chabot, qui a pour objet de faire cesser l'indivi-
» sion entre cohéritiers *est un partage*, ... quel que soit le titre qu'on
» lui a donné. » (Art. 888, et Dalloz, v° *Succession*, p. 175, n° 113.)

C'est du reste une règle générale : la nature des actes se détermine par la substance des stipulations, et non par les expressions plus ou moins exactes, plus ou moins heureuses des contractants.

Il a été décidé en conséquence :

1° Qu'un acte, qualifié cession ou transport, par lequel un héritier abandonne à son cohéritier, moyennant un prix, toutes les valeurs héréditaires, est simplement déclaratif de propriété (Cass. 3 mars 1807 : Dalloz, v° *Succession*, n° 2085-1°);

2° Qu'un partage en forme d'échange doit être enregistré au droit fixe (Déc. min. fin. 5 novembre 1811 : Dalloz, v° *Enreg.*, n° 2610);

3° Qu'une licitation en forme de vente ou cession est affranchie de la transcription (L. 23 mars 1855, art 1, n° 4);

4° Qu'elle n'est pas soumise au droit de transcription (Instr. 1209, § 1, du 9 juin 1827);

5° Qu'elle n'est susceptible d'aucune résolution pour défaut d'exécution (Cass. 24 mars 1823, 9 mai 1832 et 14 mai 1833 : Dalloz, v° *Succession*, n°s 2097 et 2095-2° ; D. P. 1853, 1, 129);

6° Et que la portion cédée est franche de toute hypothèque du chef du cédant (Cass. 25 janvier 1809 : Dalloz, v° *Succession*, n° 2085-2°) (1).

(1) Ces décisions sont inapplicables à l'acte qui fait cesser l'indivision par une *donation*. « Un tel acte, disait Pothier, ne peut être considéré comme te-
» nant lieu de partage : un acte par lequel l'une des parties a tout, et l'autre
» n'a rien, étant ce qu'il y a de plus contraire à l'essence des partages. » (*Communauté*, n° 149.) En conséquence, la donation de droits successifs échappe à l'action en rescision (Cass. 13 janvier 1835 et 11 juin 1844 : Dalloz, v° *Succession*, n° 2307; D. P. 1845. 4. 455) et donne ouverture aux droits de donation (selon l'idée de Dumoulin) et de transcription (s'il y a des immeubles : C. civ. 939; Cass. 5 mai 1841 : Dalloz, v° *Enreg.*, n° 5975; R. G. 9402).

Notez seulement : 1° que le copropriétaire peut donner son lot après le partage, au lieu de donner sa part indivise; 2° et que la convention, qui attribue tous les biens au survivant des copropriétaires, n'est pas une donation (Cass. 10 août 1838 : Dalloz, v° *Obligation*, n° 67-2°), mais un contrat commutatif et aléatoire, équipollent à partage et passible du droit de soulte (Sol. 16 avril 1825 : Instr. 1173, § 7) à l'époque de l'accroissement (voir Instr. 2434, § 7, et 2447, § 5).

102. — Mais ces décisions seraient-elles applicables, si les héritiers avaient manifesté l'intention de conclure une vente ou bien un échange (1)?

Par l'effet de la saisine légale, a-t-on dit dans un système, les héritiers ayant un droit de copropriété né et actuel dans tous les objets qui dépendent de la succession, l'acte de cession de ces objets ne peut avoir un caractère translatif de propriété au profit du cessionnaire, et constitue *nécessairement* un partage. S'il est vrai que les conventions dérivent de la volonté des parties, il faut ajouter aussi que chaque convention a son caractère propre qu'il n'appartient pas aux parties de méconnaître et de détruire (M. Demolombe). Il y aurait, du reste, de graves inconvénients à subordonner les effets si importants du partage à une interprétation plus ou moins arbitraire (M. Dutruc). C'est avant tout d'après la qualité des contractants que doivent se régler les effets juridiques des conventions.

On soutient, d'autre part, que les copartageants peuvent imprimer à leur acte le caractère d'une vente ou d'un échange, parce que le partage est susceptible de toutes les conventions non contraires à l'ordre public, et que les conventions forment la loi spéciale des parties (C. civ. 1134). L'art. 888, qui défend de déroger aux règles du partage *quant à la rescision pour lésion*, n'a pour but que d'assurer l'égalité, n'empêche pas que le contrat soit modifié *quant à ses autres effets* et prouve même, *a contrario*, qu'il peut l'être au gré des parties.

Ce deuxième système a justement prévalu devant la Cour de cassation. — Le partage en forme d'échange, vente ou cession peut recevoir, de clause expresse, les attributs de l'échange et de la vente: les parties peuvent le soumettre à la transcription, au privilége du vendeur, à la garantie du vendeur (Cass. 3 mars 1856 : D. P. 1856. 1. 304), à des conditions résolutoires (Cass. 4 août 1824, 6 janvier 1846 et 12 août 1856 : Dalloz, v° *Succession*, n° 2099-2°; D. P. 1846. 1. 16, et 1857. 1. 8), au réméré, à la revente sur folle enchère (Cass. 2 décembre 1811, 19 novembre 1817, 17 décembre 1833 et 9 mai 1834 : Dalloz, v° *Succession*, n° 2101, et v° *Vente p. d'imm.*, n°s 2209 et 2132; D. P. 1853. 1. 120).

Ainsi, sauf pour la lésion, les règles du partage n'excluent pas l'effet des stipulations des copartageants.

Mais l'acte doit toujours être considéré comme partage quand il s'agit de l'interpréter, parce qu'il conserve son caractère propre sur tous les points où la volonté des copartageants ne s'y oppose pas. — Le pouvoir d'appréciation des juges est du reste très-étendu. Disons

(1) Pothier n'a qu'entrevu cette difficulté (*Vente*, n° 644.)

cependant : 1° que les clauses dérogatoires ne peuvent être tacites, qu'elles doivent être positives, qu'il est généralement dangereux de les induire des circonstances (*contrà* Cass. 3 mars 1856 : D. P. 1856. 1. 304) et encore plus dangereux de les présumer d'après l'exécution donnée à l'acte (*contrà* Cass. 25 juin 1845 (bis) : D. P. 1845. 1. 376 et 377); 2° que les clauses insérées dans le cahier des charges d'une adjudication sur licitation *avec admission des étrangers* ne lient pas *nécessairement* le copropriétaire adjudicataire, quand elles contrarient les effets ordinaires des licitations; 3° que la plupart des clauses doivent être limitées à l'effet prévu, comme celle de rachat qui n'empêche pas la licitation d'effacer provisoirement les hypothèques (Cass. 18 juin 1833 : Dalloz, v° *Privilèges*, n° 936); 4° que néanmoins certaines clauses entraînent forcément plusieurs conséquences, comme la réserve du privilége de vendeur, qui emporte l'obligation de transcrire et autorise la perception du droit de transcription (Cass. 4 février 1822, 26 juin 1839 et 29 juillet 1857 : Dalloz, v° *Enreg.*, n°ˢ 2695 et 2749; D. P. 1857. 1. 443; Instr. 1601, § 10, n° 2, et 2114, § 5).

103. — Partage en forme de vente a forfait. — On convenait assez généralement, dans l'ancien droit, que la vente *de droits successifs* n'était pas rescindable pour cause de lésion. « Si un héritier » vendait ses droits successifs à son cohéritier, disait Pothier, quoi- » que cette vente tienne aussi lieu de partage, elle n'est guère » sujette à rescision ... à cause de l'*incertum æris alieni.* » (*Successions*, ch. 4, art. 6.) C'était aussi l'avis de Lebrun (*Successions*, l. 4, c. 1, n° 57), et il y avait deux arrêts, des 29 mars 1580 et 31 août 1583 (Louet, l. II, s. 8).

Dans notre droit moderne, les ventes *de droits successifs* sont en principe de vrais partages par licitation. Mais l'art. 889 permet aux parties de renoncer même à l'action en rescision pour cause de lésion, quand les forces de la succession sont inconnues (1). Cet article porte en effet que l'action en rescision n'est pas admise contre une vente *de droits successifs* faite *sans fraude* à l'un des cohéritiers, *à ses risques et périls*, par ses autres cohéritiers ou par l'un d'eux. Il résulte de ces termes que l'action doit être reçue : 1° nonobstant la clause de forfait, quand les parties ou l'une d'elles ont traité en connaissance de cause, sans incertitude (Cass. 29 juin 1847, 21 mars 1870 et 29 janvier 1872 : D. P. 1848. 1. 70; 1870. 1. 331, et 1872, 1. 449); 2° et nonobstant l'alea, lorsque les parties n'ont pas traité à leurs risques et périls. On présume du reste que les parties ont entendu traiter à forfait, toutes les fois qu'elles ont parlé de difficultés

(1) Voir le rapport de Chabot (de l'Allier) : Dalloz, v° *Succession*, p. 175, n° 114.

pendantes, de dettes inconnues, de charges viagères (Cass. 15 décembre 1832, 3 juin 1840, 7 décembre 1847 et 30 janvier 1866 : Dalloz, v° *Succession*, n°s 2289 et 2279; D. P. 1847. 4. 420, et 1866. 1. 172), et les appréciations des Cours à ce sujet sont souveraines devant la Cour de cassation (Cass. 14 décembre 1813, 11 février 1835, 22 août 1831, 9 juillet 1839, 3 juin 1840, 8 février 1841, 20 mars 1844 et 22 janvier 1868 : Dalloz, v° *Succession*, n°s 2283, 2284, 2279 et 2278; D. P. 1868. 1. 109).

L'art. 889 déroge donc à l'art. 888; mais il ne déroge pas plus que l'art. 888 à l'art. 883, pour la transcription, le privilége, la garantie et les hypothèques. Il a été jugé, dans ce sens, qu'en privant les parties de l'action en rescision pour lésion, la clause de forfait n'ôte pas à l'acte son caractère déclaratif, que le droit de transcription n'est pas dû (Cass. 5 novembre 1822 et 30 mai 1854 : Dalloz, v° *Enreg.*, n° 2696, et D. P. 1854. 1. 327; *contrà* : déc. min. fin. 10 novembre 1819 et Cass. 4 février 1822 : Dalloz, v° *Enreg.*, n°s 2696 et 2695; R. G. 9399), et que le privilége de copartageant garantit le paiement du prix (Cass. 10 novembre 1862 : D. P. 1862. 1. 470).

104. — Partage en forme de transaction. — Un acte contenait-il transaction et partage? — Dumoulin lui donnait effet comme transaction *in ea re in qua transactum est*, et lui laissait son caractère de partage pour le surplus.

Mais cette division de l'acte étant fort difficile dans la pratique, on reconnut au partage une importance prédominante.

Boguet n'accordait pas de lods (t. 12, § 2) : « *Licet ipsa divisio fiat per modum transactionis propter quæstiones emergentes, vel etiam si de jure ipso successivo principaliter contendatur, eo quod fortasse alter negatur heres, vel socius, nisi tamen dominus fraudem et litem fictam probare velit.* » Et Ferrière motivait cette décision : « *Quin imo, et si coheredes per transactionem uni rem adjudicaverint et eum in locum eorum subrogaverint pecunia accepta ... ob causam et necessitatem divisionis laudimia non debentur, cum principalis voluntas, mens et intentio coheredum fuerit a communione discedere ... Actus enim, ut aiunt nostri interpretes, judicantur a principali intentione agentium.* » (Sur Guy-Pape, q. 48.)

Mais c'est au point de vue de la lésion que la dénomination de transaction pouvait produire de graves effets : car un édit de Charles IX, du mois d'avril 1560, avait déclaré que toute transaction faite sans dol ni violence devait échapper à l'action en rescision pour lésion. Certains copartageants essayèrent de se prémunir, avec le mot transaction. « Quelquefois, dit Merlin, pour prévenir ces sortes » de réclamations, on donne à l'acte de partage la forme d'une vente,

» et le plus souvent celle d'une transaction. Mais précaution vaine. » Pour trancher toutes les disputes qu'élevaient autrefois à ce sujet » d'ignorants praticiens, la jurisprudence a établi pour règle con» stante, que *tout premier acte* entre cohéritiers, au sujet de la suc» cession qui leur est dévolue en commun, est réputé partage. » Mornac atteste cette maxime comme certaine : *Eo jure utimur ut » quocumque nomine denominetur contractus, seu transactio vocetur, » seu non, tamen pro divisione hereditatis rerumque communium ac» cipi debeat. Nihil est vulgatius in quotidianis familiæ erciscundæ » quæstionibus*... Arrêt du Parlement de Paris du 27 février 1577 (1)... » Autre arrêt de 1580, dans une contestation célèbre où l'on avait » consulté tout ce qu'il y avait de jurisconsultes fameux et de ma» gistrats instruits... Arrêts du Parlement de Flandre du 31 dé» cembre 1697 et du 29 juillet 1785 » (v° *Lésion*, § 4, n° 5). Il en était de même dans le ressort du Parlement de Toulouse. (Cass. 14 janvier 1818 : Dalloz, v° *Succession*, n° 2252.) (2).

« L'ordonnance de 1560, disait Rousseaud, n'a lieu que quand les » transactions ont été précédées d'acte de partage, ce qui même » n'exclut pas la restitution pour lésion énorme, suivant l'arrêt des » Grands Jours de Lyon du 16 septembre 1540. » (V° *Partage*, s. 6, n° 6.)

105. — Les rédacteurs du Code civil discutèrent au sujet de la rescision du premier acte *en forme de transaction*. Tronchet voulait permettre aux familles de s'accommoder à l'amiable par d'irrévocables conventions, lorsque des difficultés avaient surgi. Treilhard répondit que le premier acte entre héritiers tend toujours à partager la succession, et que la question même de savoir si l'acte renfermait une transaction, serait l'occasion d'un premier procès qu'il fallait prévenir (3). Suivant le Code, « l'action en rescision est admise contre » tout acte qui a pour objet de faire cesser l'indivision entre cohéri» tiers, encore qu'il fût qualifié de transaction;... mais *après le par» tage* ou l'acte qui en tient lieu, l'action en rescision n'est plus » admissible contre la transaction faite *sur les difficultés réelles* que » présentait le premier acte, même quand il n'y aurait pas eu à ce » sujet de procès commencé. »

Il a été jugé, d'après ces dispositions, que tout premier acte est rescindable dans les cas prévus, lors même que c'est une véritable transaction intervenue sur des difficultés réelles, au cours d'une

(1) Charondas cite d'autres arrêts des 27 mars et 9 juillet de la même année 1577 (*Resp.*, l. 6, t. 4, et *Observ.*, v° *Partage*).

(2) Dans le même sens, Pothier, *Successions*, ch. 4, art. 6, et Lebrun, n° 53.

(3) Fenet, t. 12, p. 82, et Dalloz, v° *Succession*, n° 2253.

instance. (Cass. 4 avril 1819, 12 août 1829 et 16 février 1842 : Dalloz, v° *Contrat de mar.*, n° 2325, et v° *Succession*, n° 2265.)

Le second acte est souverainement apprécié par les Cours d'appel. (Cass. 3 mars 1807, 7 février 1809, 6 décembre 1809, 26 décembre 1810, 13 janvier 1823 et 27 août 1835 : Dalloz, v° *Succession*, n°ˢ 2268, 2260 et 2269.)

Ajoutons : 1° que le premier acte, en forme de transaction, produit en général les effets d'un partage (Cass. 1 brumaire an XII : Dalloz, v° *Succession*, n° 2252); 2° que, par ce motif, la somme promise ou payée par l'un des héritiers est passible du droit de soulte (Cass. 19 frimaire an XIV et Ch. réun. 2 février 1808 : Merlin, v° *Partage*, § 11, n° 5); 3° qu'il faut distinguer, au moins dans certains cas, les transactions relatives soit à l'estimation des biens, soit à la formation des lots, des transactions relatives aux droits héréditaires et aux dons et legs.

106. — Partage en forme de renonciation (moyennant un prix). — Lebrun rejetait l'action en rescision pour lésion, en disant que la renonciation, même moyennant un certain prix, n'étant pas un acte d'héritier, ne pouvait être considérée comme un premier acte faisant cesser l'indivision (*Successions*, l. 4, c. 1, n° 57); mais Bannelier ne voyait dans cette renonciation qu'un acte d'héritier et un partage (t. 3, p. 731).

Cette dernière opinion est actuellement suivie : car, aux termes de l'art. 780 du Code civil, la renonciation qu'un des héritiers fait même au profit de tous ses cohéritiers indistinctement, emporte de sa part acceptation de la succession, lorsqu'il reçoit le prix de sa renonciation. — D'ailleurs il serait trop facile d'éluder l'art. 888, s'il suffisait de prendre la forme d'une renonciation.

La renonciation n'échappe à la rescision que dans deux cas : 1° quand elle tient lieu de vente à forfait, comme premier acte (Cass. 29 mars 1831 : Dalloz, v° *Succession*, n° 2297); 2° quand elle tient lieu de transaction, comme deuxième acte (Cass. 25 juin 1834 : *Ibid.*, n° 2299).

§ 3. — Partage inégal des valeurs actives.

107. — Partage inégal des meubles et des immeubles. — « Quel-
» quefois, ainsi que l'observait Pothier, on met tout le mobilier, ou la
» plus grande partie, dans un lot, et tous les immeubles, ou la plus
» grande partie, dans l'autre, lorsque c'est la convenance réciproque
» des parties : comme lorsque les biens de la communauté d'un
» marchand sont à partager entre le fils ... et la fille ; si le fils a
» dessein de continuer le commerce de son père, et que la fille, au

» contraire, ait dessein de vivre bourgeoisement, sans faire de com-
» merce, les marchandises, effets de commerce et deniers étant, en ce
» cas, à la convenance du fils, on les met dans le lot du fils; et les
» biens-fonds étant plus à la convenance de la fille, on les met dans
» le lot de la fille. » (*Communauté*, n° 699) (1).

Dans les pays où les soultes étaient soumises aux lods et ventes, il était de maxime qu'aucun droit n'était dû pour la soulte payée en deniers ou effets de la succession commune, le cohéritier dans ce cas ne recevant absolument rien de ses copartageants : la coutume de Vermandois faisait exception, en ne distinguant point la nature de la soulte ni les deniers dont elle était payée (Guyot, *Licitation*, c. 3, s. 3, § 1, n°s 9, 10 et 13). — Le droit de centième denier n'était pas exigible (décisions des 4 mai 1723, 18 décembre 1726 ou 1728 et 16 décembre 1730 : Bosquet, v° *Partage*, § 3, n°s 1 et 11), et le droit d'enregistrement ne l'est pas davantage (2).

Mais quelle est la nature d'une vraie soulte, quand l'héritier qui en est chargé reçoit cumulativement des meubles et des immeubles?

Pour le Trésor, la soulte est mobilière à concurrence de la valeur des meubles, immobilière pour le surplus. — C'était la règle pour le centième denier (décisions du Conseil des 11 mai 1729, 19 janvier 1732, 6 décembre 1753 et 12 septembre 1754 : Bosquet, v° *Partage*, § 3, n° 11, et v° *Licitation*, n° 3). « Quand celui qui paie la soulte, lit-on
» dans Merlin (v° *Partage*, § 11, n° 3), se trouve avoir dans son lot...
» des effets mobiliers qui excèdent la valeur de cette soulte, ... le droit
» de centième denier n'est pas dû. La raison en est qu'*on ne peut pas*
» *dire* qu'une telle soulte soit plutôt le prix de l'acquisition d'un
» excédant d'immeubles, que celui des effets mobiliers qui ne sont
» pas sujets au centième denier. » — Et c'est encore la règle pour le droit d'enregistrement. Les soultes qui portent indistinctement sur des créances, des meubles et des immeubles, doivent être imputées, pour la liquidation du droit proportionnel, de la manière la plus

(1) L'art. 832 du Code civil recommande cependant de faire entrer dans chaque lot, s'il se peut, la même quantité de meubles, d'immeubles, de droits ou de créances de même nature et valeur; et, jusqu'à l'attribution, chaque héritier peut critiquer et faire modifier la composition des lots (Cass. 4 vendémiaire an X : Dalloz, v° *Succession*, n° 2301).

(2) Davot examinait la difficulté, par rapport à la commise féodale. « Si dans
» un partage de succession, écrivait-il, on donnait à un des copartageants tout
» un fief, et qu'on composât la portion des autres, d'autres biens ou effets, y
» aurait-il lieu à la commise en cas de possession réelle? La raison de douter
» est qu'en ce cas le partage tient de la vente, *vicem emptionis obtinet*. Mais
» M. Taisand, sur l'art. 6, not. 3, résout que *non*, suivant le sentiment de Co-
» quille, parce que le partage n'est pas une aliénation. » (T. 1, p. 378.)

favorable aux copartageants : d'abord sur les deniers comptants, les titres au porteur et les rentes sur l'Etat, puis sur les titres nominatifs, ensuite sur les créances à terme, en quatrième lieu sur les capitaux de rentes et sur les meubles, en dernier lieu sur les immeubles (Déc. min. fin. et just. de 1807 et Cass. 6 mars 1813 : Instr. 342, et Dalloz, v° *Enreg.*, n° 2705). Il en est ainsi parce que l'administration ne peut pas prouver qu'il est dû davantage (C. civ. 1250) (1).

Nous avons dit (n° 68 *suprà*), que, sous le régime de la communauté légale, la soulte ne tombe pas en communauté quand elle représente des immeubles. Si elle sort d'un lot composé de meubles et d'immeubles, elle est propre nécessairement pour ce qui excède la valeur des meubles. L'équité qui doit présider aux affaires des époux, réclame qu'elle soit propre en même temps à concurrence de la somme nécessaire pour parfaire la part de l'époux dans les immeubles de la successsion.

108. — Partage avec plus-value. — Le principe, en matière de partage, est suivant Championnière et Rigaud (n° 2730), que le droit fixe seul est dû, toutes les fois que l'indivision cesse sans qu'il y ait emploi de deniers ou valeurs étrangères à la succession. Mais c'est une erreur, quant aux immeubles.

D'une part, d'après la loi du 22 frimaire an VII (art. 4, 15-6° et 17 : voir n° 39 *suprà*), l'expertise peut être demandée : quand la valeur des immeubles licités paraît supérieure au prix de licitation, quand la différence de valeur des lots paraît supérieure à la soulte exprimée, et quand la valeur d'un lot sans soulte paraît supérieure à celle des autres lots (Cass. 8 février 1813 et 20 mai 1803 : Dalloz, v° *Enreg.*, n° 4709; Instr. 1537, n°s 257, et 2274, § 2) (2).

D'autre part, l'administration peut poursuivre, en vertu des art. 12 et 22 de la loi du 22 frimaire an VII et de l'art. 4 de la loi du 27 ventôse an IX (voir n° 39 *suprà*), l'héritier qui devient propriétaire apparent d'immeubles dont la valeur excède le total de ses droits, quoique l'existence d'une soulte soit incertaine : la plus-value suffit; le partage doit être produit ou déclaré. Il en était ainsi pour les lods, en Lyonnais, suivant arrêt du 20 mars 1720 (Guyot, *Licitation*, c. 3, s. 3, § 3, n° 5), et la Cour de cassation juge de même pour le droit de 4 %, soit que l'héritier ait vendu, hypothéqué ou affermé en son nom personnel, soit qu'il ait été seul imposé (Cass. 13 mars 1816,

(1) Mais le droit immobilier de 4 % devrait être perçu sur la totalité de la soulte, en conformité de l'art. 9 de la loi du 22 frimaire an VII, si les valeurs mobilières n'étaient pas estimées en détail : car cet art. 9 s'applique à tous les actes translatifs, et le partage avec soulte est translatif en droit fiscal.

(2) Sur la *plus-value*, L. 22 frimaire an VII, art. 60, § 5, n° 3.

29 juillet 1816, 4 août 1818, 26 juillet 1821, 4 mars 1823, 15 mars 1825, 6 février 1826, 14 mars 1826, 6 mars 1834, 3 mars 1851 et 18 août 1852 : Dalloz, v° *Enreg.*, n°s 2250, 2153, 2249, 2251 ; J. E. 7191 ; Instr. 1189, § 6 ; 1158, § 8, et 1883, § 10 ; D. P. 1852, 1, 235). — Cependant ces présomptions ne sont pas invincibles, surtout isolément : car un héritier peut vendre ou hypothéquer tous les biens indivis à ses risques et périls, sous la condition suspensive du partage (Cass. 20 vendémiaire an XI : J. E. 2204 ; voir n° 77 *suprà*) ; il peut de même les affermer en totalité et en payer seul l'impôt foncier, s'il en est usufruitier en vertu d'un partage sans soulte (voir n° 141 *infrà*).

109. — PARTAGE INÉGAL DES DETTES ET CHARGES. — « Il est évident, » a dit Pothier, que les dettes passives de la communauté ne tombent » pas en partage. Néanmoins, lorsque le prix de la vente des » meubles n'a pas suffi pour les acquitter, on les distribue assez sou- » vent entre les copartageants, qui se chargent chacun d'acquitter » certaines dettes. Mais cet arrangement par lequel l'un des copar- » tageants s'est chargé d'acquitter certaines dettes, n'en décharge » pas les autres envers les créanciers ; l. 25, Cod., *De pact.* ; il oblige » seulement celui qui s'en est chargé d'en acquitter ses coparta- » geants. » (*Société*, n° 173.)

Quand les dettes et charges sont inégalement divisées, la comparaison des lots fait ressortir une plus-value dans l'actif : car celui qui doit payer du passif au-delà de sa part, reçoit, en compensation, des biens au-delà de sa part. Bien plus, il y a soulte : car il importe peu que la soulte se paie directement aux copartageants ou en leur acquit.

Au point de vue fiscal, le mode de paiement n'altère pas le caractère de la transmission qui s'opère. « Si, par l'évènement du par- » tage, disait Bosquet, l'un a plus d'immeubles que l'autre, sous la » condition de payer les dettes de l'hérédité, c'est une espèce d'ac- » quisition qu'il fait » (v° *Partage*, § 3, n° 9). Aussi percevait-on le centième denier (décisions des 11 janvier 1738, 15 février 1738, 14 mars 1739, 6 décembre 1753, 12 septembre 1754 et 6 mai 1756 : *Ibid.*, § 3, n°s 9 et 11, et v° *Licitation*, n° 3).

Le droit d'enregistrement est pareillement dû, parce que, d'après l'art. 15, n°s 6 et 7, de la loi du 22 frimaire an VII, la perception se fait sur les mutations sans distraction des charges (Cass. 6 thermidor an XII, 12 avril 1808, 4 février 1822, 20 décembre 1843, 2 juillet 1844, 13 août 1850 et 3 décembre 1873 : Dalloz, v° *Enreg.*, n°s 2686 et 2695 ; D. P. 1850, 1, 266 ; Merlin, v° *Partage*, § 11, n° 4 ; Instr., 1710, § 5 ; 1732, § 5 ; 1875, § 7, et 2182, § 6).

D'autre part, la convention est garantie par le privilége de copartageant, comme s'il y avait soulte (Cass. 2 avril 1839 : Dalloz, v° *Priviléges*, n° 440), et sujette à rescision comme partage, quand tous les biens sont abandonnés à charge d'acquitter le passif (Cass. 2 mars 1837 et 20 juin 1847 : Dalloz, v° *Obligation*, n° 3104, et D. P. 1848, 1, 70).

Mais il est difficile, *dans certains cas*, 1° de décider si l'héritier doit conserver, *à titre de propriétaire*, les biens en excès, à charge de supporter personnellement le passif, ou s'il doit les vendre *comme mandataire*, au compte de la succession, pour acquitter le passif au nom de la communauté ; 2° et de déterminer, en droit civil, la part qui incombe à chaque héritier dans le passif (Cass. 26 août 1816 et 12 février 1840 : Dalloz, v° *Enreg.*, n° 2685) (1).

110. — Soulte en valeurs personnelles. — L'héritier qui a le lot le plus fort peut donner de ses propres biens au lieu de payer une soulte en deniers.

D'Argentré ne voyait là qu'un partage : « *Nec si res immobilis pro immobili permutatio putanda, etiamsi de proprio compensantis fiat, non de corporibus hereditariis, quia non id agitur ut vendatur aut permutetur, sed potius ut divisio fiat, quæ quidem necessariam præexistentiam causæ sic contrahendi habet, cum quilibet de consortibus alium cogere possit ad divisionem, quod non similiter accidit in permutatione, venditione, in quas volentes, nec ulla vi coacti, venimus, sine præexistentia necessitatis* » (art. 73, n° 1). Dans ce sens, arrêt du 1er mars 1567 (Rousseaud, v° *Communauté*, p. 2, s. 1, n° 13).

Mais ce n'était pas l'opinion commune. « Lods sont dus, disait » Rousseaud (v° *Lods-Partage*), si la soulte est faite en héritages » autres que de la succession. » Et Pocquet de Livonière considérait l'acte comme un échange quand la succession était immobilière, comme une vente quand elle était mobilière (*Fiefs*, l. 3, c. 6, s. 6) (2).

On percevait aussi le droit de centième denier (décision du 4 décembre 1740 : Bosquet, v° *Partage*, § 3, n° 11).

De nos jours, on a prétendu que, d'après les termes généraux de l'art. 888 du Code civil, le droit de soulte est seul exigible, parce que des cohéritiers ne peuvent entre eux ni vendre, ni échanger (Cham-

(1) Il y avait en outre une exception, dans l'ancien droit, pour les rentes foncières. « Le créancier, disait Cottereau, jusqu'à concurrence de la rente, est » aussi propriétaire du lot du débiteur. Ce sont les biens de ce lot qui la » doivent ; elle se prend sur ces biens, non sur les biens propres du débiteur ; » elle est alors de la même succession. » Cette exception n'existe plus, aujourd'hui que le créancier de la rente a, non plus un droit réel à la chose, mais un simple droit personnel contre le débiteur. (Dalloz, v° *Enreg.*, n° 2000.)

(2) Voir aussi Pothier, *Communauté*, n° 131.

pionnière et Rigaud, n°s 2710 à 2712; Dalloz, v° *Enreg.*, n° 2702).

Les vrais principes ont été exposés au sujet de la transcription. Relativement à celui des héritiers qui reçoit la totalité des biens héréditaires, l'acte n'a réellement que le caractère de partage, puisqu'il fait cesser l'indivision... L'héritier recevra donc ces biens libres de toute hypothèque dont son cohéritier aurait pu les grever pendant l'indivision, et il en sera ainsi à l'égard de toute personne, sans transcription. Mais par rapport à l'immeuble étranger que l'autre cohéritier a reçu comme équivalent de sa part dans les biens héréditaires, l'acte a évidemment le caractère translatif, et il reste, par conséquent soumis à la transcription. (Dalloz, v° *Transcription*, n° 141.) L'opération se décompose en un partage avec soulte et en une vente dont le prix se compense avec la soulte. Ces deux conventions doivent produire l'une et l'autre leurs effets habituels : par exemple, l'éviction de l'immeuble propre n'entraînera pas la résolution du partage et rendra simplement la soulte exigible.

Toutefois, on ne perçoit pas cumulativement le droit de soulte et le droit de vente, mais soit le droit d'échange soit le droit de vente (qui comprennent l'un et l'autre le droit de transcription) sur la valeur des immeubles propres, selon la nature et le lotissement des biens indivis (Cass. 28 mars 1849, 8 avril 1850, 17 juin 1850 et 9 août 1870 : D. P. 1849, 1, 97; 1850, 1, 135 et 282; D. P. 1871, 1, 156; Instr. 1875, §§ 4 et 8. — C. civ. art. 747, 766, 792, 931, 1014, 1108 et 1477).

111. — Soulte en valeurs fictives. — Il arrive que des héritiers, mal inspirés ou mal conseillés, cherchent à déguiser des soultes par des valeurs fictives, sans se douter qu'ils font tort à tous leurs concitoyens, en volant l'État, et qu'ils s'exposent eux-mêmes à d'autres droits d'enregistrement, à des procès dans la suite, voire même à de graves pertes pécuniaires, en dénaturant la vérité. Ils peuvent même échouer dans leurs tentatives : car la loi subordonne la perception du droit fixe sur les partages à la justification de la copropriété.

A la vérité, comme le genre de justification n'a pas été déterminé, les parties ne sont pas tenues de produire des titres écrits (Cass. 4 juin 1867 : D. P. 1867, 1, 218). Disons même que les énonciations des actes lient généralement l'administration, parce que les intérêts rivaux des contractants en garantissent généralement l'exactitude. Mais, quand ces énonciations paraissent frauduleuses, les tribunaux doivent exiger des explications (Cass. belg. 6 mars 1851 : R. G. 9389); ils peuvent même ordonner des vérifications (arrêt de 1867), à la seule condition de ne soulever aucune question d'État (Dalloz, v° *Enreg.*, n° 2632).

L'exigibilité du droit de soulte a été reconnue sur des partages qui comprenaient des deniers fictifs (Cass. 31 mars 1817 : Dalloz, v° *Succession*, n° 3150), des rapports non justifiés, des créances éteintes par confusion (Cass. 23 mars 1853 : D. P. 1853, 1, 102 ; Instr. 1967, § 7), des biens précédemment vendus (Cass. 18 avril 1860 : D. P. 1860, 1, 275), de prétendues valeurs en portefeuille (Cass. 13 mai 1862 : D. P. 1862, 1, 421 ; Instr. 2230, § 8), etc.

112. — Soulte en biens étrangers. — Le principe que le droit de mutation est un droit réel, limite au territoire français (1) l'empire de la loi de l'impôt. Partant, quand une succession comprend des biens français et des biens étrangers, l'administration doit procéder pour la perception des droits, comme si cette succession n'était composée que de biens français, et sans avoir égard aux biens étrangers (2), sur lesquels elle ne peut étendre ses recherches ni exiger l'impôt. En conséquence, le partage dans lequel les biens français sont inégalement répartis, est un vrai partage avec soulte, vis-à-vis de la loi fiscale, la soulte consistant dans l'attribution anormale des biens étrangers. Ainsi jugé : 1° pour la perception du droit de soulte (Cass. 14 novembre 1838, 8 décembre 1840, 20 août 1843, 3 avril 1844, 11 novembre 1844 (Ch. réun.), 15 juin 1847 et 23 juillet 1873 : Dalloz, v° *Enreg.*, n°s 3244 et 2681 ; D. P. 1847, 1, 210 ; Instr. 1634, § 11, n°s 1 et 2 ; 1732, § 10 ; 1723, § 5 ; 1732, § 6 ; 1706, § 20, et 2472, § 9) (3) ; 2° pour l'obligation de l'enregistrement (Cass. 12 déc. 1843 : Instr. 1710, § 3) ; 3° et pour la liquidation des droits de mutation par décès (Cass. 10 février 1869 : D. P. 1869, 1, 357 ; Instr. 2383, § 3).

Ces règles sont évidemment inapplicables quand un Français, exclu par des lois ou coutumes étrangères de la succession de certains biens étrangers, prélève sur les biens français, conformément à l'art 2 de la loi du 14 juillet 1819, une part égale à la valeur des biens dont il est exclu (voir n° 142 *infrà*). Mais cette exception est soumise à deux conditions, savoir : que la succession soit échue à des Français et à des étrangers, et que les Français soient exclus de certains biens (Cass. 28 août 1848 ; Instr. 1825, § 10).

§ 1. — Partage imparfait.

113. — Le partage est imparfait quand certains biens restent indivis entre certains héritiers. Il en est ainsi 1° lorsqu'un héritier reçoit seul sa part en nature, 2° et lorsqu'il cède ses droits, par licitation ou autrement, à tous ses cohéritiers ou à plusieurs de ses cohéritiers.

(1) Y compris l'Algérie et les colonies françaises (Instr. 2383, § 3, p. 20).

(2) Non protégés par les lois françaises.

(3) Mais le droit gradué de partage ne peut être perçu sur les mêmes biens (R. P. 3197-11).

Dans le premier cas, on a toujours considéré l'acte comme partage (Cass. 26 mars 1833, 2 avril 1851 et 25 avril 1864 : Dalloz, v° *Enreg.*, n° 3040; D. P. 1851. 1. 97, et 1864. 1. 225), et c'est un partage définitif, pour toute la succession : car le quasi-contrat de société, qui existait entre tous, se trouve irrévocablement remplacé par un véritable contrat de société entre les héritiers qui demeurent dans l'indivision. Aussi le droit gradué doit être payé sur la totalité des biens (R. P. 3773).

114. — Le deuxième cas est plus compliqué.

Dumoulin admettait l'exigibilité des droits : « *Si non incipiat a divisione, sed incipiat a venditione portionis suæ sive uni tantum ex sociis, sive omnibus cedat.* » (§ 33, gl. 1, n° 71.)

Mais l'opinion contraire prévalut, après avoir tenu longtemps les esprits en suspens, certaines personnes ayant voulu distinguer, dit Sudré (*Lods*, § 9, n° 6), si l'acte avait été passé entre tous les héritiers, ou si l'un des héritiers avait particulièrement cédé sa portion à un ou deux autres.

L'exemption fut consacrée par plusieurs arrêts : des 5 août 1619, 20 mars 1730, 7 août 1736 et 4 juillet 1744 (Guyot, *Licitation*, c. 3, s. 3, § 4, n°s 4 à 6, et § 1, n° 9, et Bannelier, t. 2, p. 50). C'était aussi la jurisprudence du parlement de Toulouse (Dalloz, v° *Succession*, n° 2305).

« C'est pour *mieux et plus également s'entre-partager*, disait Pocquet de Livonière (l. 3, c. 6, s. 6), d'après l'art. 282 de la coutume d'Anjou, qu'on éloigne les gens difficultueux : ce sont des traités qui disposent au partage et le préparent. On favorise les arrangements de famille. »

Guyot parlait de même : « Il n'y a point de règle qui oblige les associés à ne sortir de communauté qu'en la rompant avec tous. Tous les associés ne faisant qu'un, l'un peut liciter sa portion soit avec un, soit avec tous : cela ne fait que diminuer le nombre des copropriétaires; mais il n'y a point de changement de propriété, ils ont tous *totum in toto et totum in qualibet parte*... C'est toujours un acte qui n'a trait qu'à la dissolution de la communauté, et dans lequel l'esprit des contractants est de partager et non de vendre ... ces sortes d'accommodements sont toujours favorables, ils retranchent le nombre des propriétaires, et par là ébranchent les occasions de discorde. » (*Licitation*, c. 3. s. 3, § 1, n° 7, et § 4, n°s 2 à 4.)

Le langage de Bannelier était encore plus formel : « Il ne faut pas croire que la licitation ne soit exempte de lods, qu'au seul cas où elle fait cesser l'indivision pour le *tout* et entre *tous*, qu'elle en

» doive produire si elle n'est qu'entre deux, d'entre plusieurs, ni » qu'alors ce soit une vraie vente, opinion trop dure. Il suffit que » tout se passe entre cohéritiers » (t. 2, p. 50).

115. — On suivit jusqu'en 1827 les même serrements. La Cour de cassation jugea, le 25 janvier 1809, qu'il n'y avait pas transmission de propriété quand l'un des héritiers cédait ses droits à ses cohéritiers, et que la portion cédée n'était soumise à aucune hypothèque du chef du cédant (Dalloz, v° *Succession*, n° 2085-2°). Et l'administration délibéra, le 7 mai 1822, que le droit de transcription n'était pas exigible. « D'après les art. 883 et 888, disait-elle, les cessionnaires » sont propriétaires à compter du décès de l'auteur commun, et le » cédant ne l'a jamais été. Les premiers possèdent comme représen» tant immédiatement la personne du défunt, et la transcription n'est » pas nécessaire. La circonstance que la cession d'une part hérédi» taire entre quelques-uns des héritiers seulement n'a rien de défi» nitif pour les cessionnaires, fortifie cette solution loin de la » contrarier; car, le droit de 5 1/2 % ne se perçoit qu'à raison de la » vente et de la transcription. Or ... ne peut-il pas arriver que la » propriété entière des biens soit abandonnée à d'autres cohéritiers » que ceux qui auraient accepté la cession?... » (Dalloz, v° *Enreg.*, » n° 2650; R. G. 8225.)

Mais la question, reprise avec des arguments nouveaux, devint l'objet d'une lutte remarquable dans laquelle la Cour de cassation n'a jamais varié, malgré la division, et pour ainsi dire l'opposition, des tribunaux et des auteurs.

116. — Pour soumettre le partage imparfait aux règles ordinaires du partage, on a fait observer qu'il constitue l'un des éléments du partage; qu'il a lieu dans l'intérêt commun; qu'il simplifie toujours l'état d'indivision, en faisant cesser la communauté pour l'un des héritiers, et qu'il détermine d'une manière définitive la part de cet héritier. Qu'importe, relativement à celui dont le droit indivis est anéanti et relativement à l'acte qui produit cet effet, qu'il reste encore plusieurs copropriétaires? Plusieurs personnes ne peuvent-elles pas tenir leurs droits en commun de l'auteur même de la succession? — Si l'acte n'est pas un partage dans toute la force du terme, c'est encore moins une vente ou un échange : car il y a même intention, même cause, même objet que dans le partage. On ne découvre nul motif de priver les familles d'un utile moyen de simplifier les opérations, si fécondes en procès, qu'exigent les indivisions. On cherche vainement ce que peuvent y gagner les créanciers, puisque rien ne peut être consommé sans eux, s'ils ont eu le soin de former opposition. — Du reste l'art. 883, qui gouverne la fiction, parle *des cohéri* *tiers* et non *de tous les cohéritiers;* sa disposition est plutôt démonstrative que limitative, et l'expression collective *chaque héritier* équivaut à celle de *tout héritier*. Enfin l'art. 888 s'applique d'une manière générale à tout acte qui a pour *objet* de faire cesser l'indivision, qu'il ait ou non pour effet de la faire cesser immédiatement; et l'art. 889 place la cession consentie à un seul ou par un seul cohéritier sur la même ligne que la cession consentie à plusieurs ou par plusieurs.

Dans tous les cas, il faudrait admettre, disait-on, certaines distinctions.

On conçoit au besoin qu'une part indivise, vendue par un héritier à l'un ou quelques-uns de ses cohéritiers conserve, après la vente, une existence distincte, parce qu'il faudra faire, pour le partage, autant de lots qu'il y avait primitivement de copropriétaires; on conçoit dès lors que le seul fait de la vente n'entraîne pas l'anéantissement des hypothèques du cédant, et que ces hypothèques puissent suivre la part indivise dans les mains de l'acquéreur. Mais il en est autrement quand la vente a lieu au profit de tous les cohéritiers : aucun des lots ne peut être considéré, après le partage, comme la représentation de la part indivise qui a été cédée. Les hypothèques doivent s'évanouir dès qu'il est constant qu'il n'y aura jamais d'immeubles déterminés sur lesquels elles pourraient s'asseoir.

Les effets doivent être semblables, ajoutait-on, toutes les fois que des biens échoient indivisément à plusieurs héritiers par suite d'un accord particulier, par exemple, d'une licitation. Car la succession se trouve partagée, et c'est une indivision entre copropriétaires qui remplace une indivision entre cohéritiers, à tel point que la division ne pourra plus être poursuivie par l'action *familiæ erciscundæ*, devant le tribunal du lieu d'ouverture de la succession, et devra l'être par l'action *communi dividundo*, devant le tribunal de la situation des biens.

117. — Mais la Cour de cassation a repoussé toutes ces considérations, par les motifs suivants.

L'idée de partage emporte naturellement celle de la cessation absolue de l'indivision. Aussi l'art 883 suppose que *chaque héritier* a reçu son lot et succède *seul* aux effets de ce lot ; l'art. 884, relatif à la garantie, considère l'acte de partage comme un acte unique; l'art. 885 porte que *chacun* des cohéritiers est obligé, en proportion de sa part, d'indemniser son cohéritier en cas d'éviction; les art. 888 et 891, relatifs à la lésion, parlent (au singulier), du partage ou *de l'acte* qui en tient lieu; enfin tous ces articles ne peuvent s'entendre que d'un partage parfait parce qu'ils font partie du chapitre intitulé *Du partage et des rapports*, et de la section 4 à la rubrique *Des effets du partage*, ou de la section 5 *De la rescision en matière de partage*. L'art. 1er de la loi du 23 mars 1855 confirme encore ces arguments de texte, en dispensant de la transcription le jugement rendu sur licitation au profit *d'un* héritier ou *d'un* copartageant. Il faut donc, d'après la lettre de la loi, que l'indivision ait cessé à l'égard de chacun des héritiers, ou, en d'autres termes, qu'elle n'ait subsisté à l'égard d'aucun.

Or, c'est par exception à la règle générale que l'art. 883 prive les créanciers des héritiers des hypothèques qu'ils avaient sur les parts indivises. Cette exception doit être restreinte dans ses plus strictes limites. Elle n'a pas de raison d'être quand les héritiers négligent de partager réellement. Du reste on ne sait pas ce que deviendront les biens qu'un partage en nature eût donnés à l'héritier vendeur, et on ne voit pas ce qui dispenserait de les purger du chef de tous les héritiers, s'ils étaient vendus à des étrangers. — L'idée contraire n'a pu prévaloir, dans l'ancien droit, que par une extension peut-être excessive de la règle qui attache au partage un effet purement déclaratif. — Enfin de bons auteurs se rallient à cette doctrine, parce qu'elle fait rentrer dans le système de publicité de la loi du 23 mars 1855 des actes qui resteraient clandestins, si on les rangeait dans la catégorie des partages (Dalloz, v° *Transcription*, n° 150).

118. — Quelque spécieux que soient les motifs donnés de part et d'autre, il est de jurisprudence aujourd'hui :

1° Que l'acte de cession ou de licitation qui laisse subsister l'indivision, est de nature à être transcrit et donne ouverture au droit de transcription, s'il a des immeubles pour objet (Cass. 16 janvier 1827, 6 août 1829, 24 août 1829, 27 décembre 1830, 31 janvier 1832, 16 mai 1832, 6 novembre 1832, 13 juillet 1836, 6 septembre 1837, 2 janvier 1844, 24 janvier 1844, 10 juin 1845, 19 novembre 1845, 21 juin 1848, 12 juillet 1848, 29 novembre 1848, 26 février 1851, 7 août 1855 et 18 mai 1858 : Dalloz, v° *Enreg.*, nos 2052 à 2651, et 1119 ; D. P. 1845, 1, 377; 1845, 4, 234, 53; 1848, 1, 156; 1848, 5, 352, 7; 1851, 1, 44; 1855, 1, 448, et 1858, 1, 400; J. E. 11892 et 12141-2; Instr. 1229, § 12, n° 1; 1307, § 2; 1303, § 12; 1334, § 10; 1401, § 7; 1410, § 11; 1422, § 12; 1713, §§ 8 et 5 ; 1755, § 11; 1825, § 7, nos 1 et 2; 1837, § 5; 1883, § 6; 2034, § 1, et 2137, § 7) (1);

2° Qu'il peut être résolu pour cause d'inexécution totale ou partielle (Cass. 27 mai 1833 et 28 décembre 1840 : Dalloz, v° *Succession*, n° 2120);

(1) Une solution du 28 juillet 1837, insérée dans l'instr. 1562, § 15, avait distingué les licitation d'*immeubles entiers* des cessions *de portions indivises* et limité la perception du droit de transcription à ces dernières cessions; elle fut rapportée par l'instr. 1713, § 5, du 3 août 1844.

3° Et qu'il n'affranchit pas les immeubles des hypothèques de l'héritier vendeur (Cass. 18 mars 1829, 16 mai 1832, 13 août 1838, 3 décembre 1839, 19 janvier 1841, 6 mai 1844, 12 juillet 1848, 2 avril 1851, 29 mars 1854 et 22 novembre 1854 : Dalloz, v° *Succession*. n° 2122-1°, 3°, 4° et 6°, et v° *Enreg.*, n° 2054 ; D. P. 1848, 1. 156 ; 1851, 1, 97, et 1854, 1, 331 et 421).

119. — Mais on reconnaît, en tenant compte des termes des art. 888 et 889, que le partage imparfait est rescindable pour lésion comme le partage parfait, quoiqu'il ne constitue pas un véritable partage, et l'on explique la bizarrerie de cet effet par le respect dû à l'égalité qu'il faut toujours maintenir entre les héritiers. C'est ainsi que s'est prononcée la Cour de cassation les 9 juillet 1839, 20 mars 1844 et 28 juin 1859 (Dalloz, v° *Succession*, n° 2289, et D. P. 1859, 1, 299), après quelque hésitation (Cass. 14 mars 1832, 15 décembre 1832 et 3 décembre 1833 : Dalloz, v° *Succession*, n°s 2256 et 2289).

120. — L'acte ultérieur qui fait cesser l'indivision a les caractères d'un partage. On suit, sous ce rapport, l'ancienne théorie. « Lorsque » par le premier partage, disait Pothier, quelques effets de la » succession sont demeurés indivis... *entre quelques-uns des cohéri-* » *tiers*, il reste à faire entre eux une subdivision de ces choses restées » en commun : *Nulla enim in æternum communio est*. La part de » chacun de ces cohéritiers, par rapport aux choses qui leur sont » demeurées communes et indivises, est encore indéterminée, jusqu'à » la subdivision qui doit s'en faire ; cette subdivision la détermine aux » choses qui tombent dans le lot de chacun, par la subdivision. Cette » subdivision a, de même que le premier partage, un effet rétroactif » au temps du décès du défunt, de manière que chacun d'eux est » censé avoir seul succédé au défunt à tous les effets contenus dans » le lot qui lui est échu par la subdivision, et n'est censé avoir rien » acquis de ses copartageants. » (*Communauté*, n° 141.) Il faut seulement, d'après la jurisprudence de la Cour de cassation, composer dans tous les cas, le lot de l'héritier vendeur.

En conséquence, si les biens restent sur licitation à un héritier qui n'est pas cessionnaire, l'acte produit tous ses effets rétroactifs, et les hypothèques de l'héritier-vendeur s'évanouissent complètement (Cass. 29 mars 1854 : D. P. 1854, 1, 331) (1).

Si les biens sont adjugés à un héritier cessionnaire, l'acte est encore une véritable licitation, qui était autrefois exempte des lods et ventes (arrêt du 15 décembre 1648 : Guyot, *Licitation*, c. 3, s. 3, § 1, n° 8) et qui est encore exempte du droit de transcription (Cass. 2 janvier

(1) L'adjudicataire ne peut souffrir de la cession qui a eu lieu, sans sa participation, entre ses cohéritiers.

1844 : Dalloz, v° *Enreg.*, n° 1110, et Instr. 1713, § 8) : mais les hypothèques de l'héritier-vendeur se consolident.

Les effets du partage imparfait demeurent donc subordonnés aux résultats de l'acte qui fait ultérieurement cesser l'indivision.

§ 5. — Partages partiels et partages cumulatifs.

191. — PARTAGES PARTIELS. — « Le partage, comme disait Guyot, » entraîne ... fréquemment plusieurs opérations; il est permis aux » héritiers de l'élaguer par des actes préparatoires, qui sont des » espèces de licitations, des espèces de partages préliminaires qui » réduisent le partage principal à sa simplicité, qui le rendent stable, » solide et sans remords. » (*Licitation*, c. 3, s. 3, § 1, n° 2.) Il en est ainsi toutes les fois que des biens sont licités, soit avant, soit après le partage en nature (C. civ. 829). — Il arrive aussi qu'on partage séparément les meubles et les immeubles, ou les biens de différentes localités (1). — Il arrive également que des objets soient omis involontairement, et cette omission ne donne pas ouverture à l'action en rescision, mais seulement à un supplément à l'acte de partage (C. civ. 887).

Puis les copropriétaires peuvent ne partager que la jouissance des biens (2), soit afin d'essayer le lotissement (Cass. 12 août 1856 : D. P. 1857, 1, 8), soit afin d'éviter un partage judiciaire, s'il y a des incapables ou des absents (C. civ. 466, 818 et 840; Cass. 4 juin 1817, 6 mars 1843, 13 mai 1861, 19 avril 1865, 30 mai 1866, 20 décembre 1869 et 22 juillet 1872 : Dalloz, v° *Enreg.*, n°s 5416 et 2705; D. P. 1861, 1, 232; 1865, 1, 434; 1866, 1, 210; 1870, 1, 183, et 1872, 1, 420). Ce partage provisionnel est un vrai partage *quant aux fruits à percevoir*, soumis en conséquence au droit gradué (R. P. 3199).

D'autres fois, le partage est *rectifié* par suite de lésion ou pour d'autres causes (3).

(1) Il fallait autrefois, d'après un arrêt du 2 juillet 1583, autant de partages qu'il y avait de coutumes ayant des dispositions contraires. (Rousseaud, v° *Partage*, s. 3. n° 11.)

(2) Pour un temps déterminé ou indéterminé.

(3) Il en était ainsi, dans l'ancien droit, 1° en cas d'éviction peu considérable, quand la récompense se pouvait faire commodément et qu'il n'y avait aucune trace de fraude (Rousseaud, v° *Partage*, s. 4, n° 9); 2° en cas de lésion du tiers au quart, et toutes les fois que les lots avaient été jetés au sort (*Eod. loc.*, s. 6, n° 4). De nos jours, l'héritier troublé ou évincé n'a droit qu'à une indemnité (C. civ. 884) s'il n'est lésé de plus du quart; et « le défendeur à la demande en rescision (pour cause de lésion) peut en arrêter le cours et empêcher un nouveau » partage, en offrant et en fournissant au demandeur le supplément de sa portion héréditaire, soit en numéraire, soit en nature (art. 891). »

Dans tous ces cas, il n'y a que des partages partiels : incomplets ou complémentaires.

L'exemption des lods et ventes avait été accordée sans difficulté à ces traités partiels. Mais de graves questions ont surgi pour les droits de centième denier et d'enregistrement, qui frappent, à la différence des droits seigneuriaux, les partages par licitation et les partages avec soulte ou plus-value.

122. — Partages incomplets. — Prenons le cas le plus simple, celui de la licitation de certains immeubles avant le partage.

On perçoit le droit proportionnel, parce que l'adjudicataire devient propriétaire irrévocable et quoique le partage puisse remplacer la licitation comme titre. Cette pratique est conforme : 1° aux principes, d'après lesquels la condition suspensive entraîne seule un sursis quant à la perception, 2° et à la jurisprudence du centième denier (décision du 17 avril 1755 : Bosquet, v° *Licitation*, n° 3).

Les contribuables et les notaires, obligés d'accepter cette règle de perception, ont cherché des expédients et des tempéraments.

123. — Les notaires ont demandé d'abord la restitution des droits, quand le partage attribuait à l'adjudicataire le prix de la licitation, dans les deux ans de la perception, et même après. Leur prétention fut d'abord accueillie (Déc. min. 22 octobre 1819, 30 avril 1821 et 21 décembre 1829 : Dalloz, v° *Enreg.*, n° 2727 ; Instr. 1307, § 8). Mais on reconnut, à la suite de deux jugements du tribunal de la Seine du 23 juillet 1834, que l'art. 60 de la loi du 22 frimaire an VII s'oppose en pareil cas à la restitution (Déc. min. 23 mai 1835 : Instr. 1498, § 5). Cet article porte en effet que tout droit régulièrement perçu ne peut être restitué, *quels que soient les évènements ultérieurs, sauf les cas prévus par la loi.* Le droit auquel sont assujéties les parts et portions acquises par licitation ne se trouve pas au nombre des droits dont la restitution est autorisée. D'autre part, la perception ne peut être considérée comme provisoire, puisque l'adjudication, faisant cesser l'indivision à l'égard des biens licités, la mutation est opérée et le droit acquis. Enfin l'art. 883 du Code civil ne peut recevoir aucune application relativement à la restitution d'un impôt perçu en vertu d'une loi spéciale, qui a déterminé et limité les cas dans lesquels la restitution peut avoir lieu (Cass. 14 novembre 1837, 17 avril 1839, 10 juin 1839 (bis), 11 juin 1839, 26 juin 1839, 12 août 1839 (bis), 24 mars 1840, 15 avril 1840, 1er décembre 1840, et Ch. réun. 19 mai 1843 : Dalloz, v° *Enreg.*, nos 2748, 2752, 2747, 2749, 2730 et 2750 ; Instr. 1562, § 25 ; 1601, § 10, nos 1 et 2 ; 1630, §§ 6 et 1, et 1697, § 7).

124. — Les notaires ont ensuite demandé, quand les biens étaient licités en plusieurs lots, que la perception fût limitée à ce qui excédait la part de l'héritier adjudicataire *dans le prix total des biens licités*. Car, disaient-ils, si chaque héritier a sa quote-part dans chaque bien, il l'a aussi dans la masse, et la part qui lui revient dans le prix total de toutes les adjudications se compense naturellement jusqu'à due concurrence avec le prix total des lots dont il est adjudicataire. Que l'on suppose, en effet, trois héritiers et trois immeubles : y a-t-il aucune acquisition, si chaque héritier reste adjudicataire d'un immeuble, les trois prix étant les mêmes? Les différentes adjudications ne forment-elles pas un seul tout, au moins quand elles ont lieu le même jour, sur le même cahier des charges, en vertu du même jugement?

Le conseil des finances avait prescrit de ne percevoir le droit de centième denier que dans le cas où il n'était fait aucune mention d'autres biens à partager (décision du 17 avril 1755 : Championnière et Rigaud, n° 2733), et l'administration décida que le droit d'enregistrement devait être calculé seulement sur ce qui excédait la part de l'adjudicataire dans le prix total des biens vendus par le même acte (Sol. 14 avril 1824 et 26 février 1833 et déc. min. 23 mai 1835 : Instr. 1140, § 8; 1425, § 7, et 1498, § 5).

Mais les arrêts de la Cour de cassation indiquèrent un autre mode de perception. Jusqu'au partage, l'héritier n'a droit qu'à sa part héréditaire dans *chacun* des biens indivis. En se rendant adjudicataire d'un lot, il devient débiteur du prix de son adjudication, vis-à-vis de ses colicitants, sous déduction de sa part, et conserve tous ses droits dans les autres objets de la succession : il demeure créancier des prix des adjudications antérieures et sera lui-même covendeur dans les adjudications postérieures. Donc il acquiert réellement (sous une condition résolutoire) ce qui excède sa part dans son lot pris isolément (Cass. 18 novembre 1839 (bis), 28 janvier 1840, 29 juin 1840, 1er décembre 1840 (bis), 30 mars 1841 : Dalloz, v° *Enreg.*, n°s 2730 à 2733; Instr. 1615, § 3, n°s 1 et 2; 1618, § 3; 1630, § 2; 1634, § 3, et 1643, § 7. — Déc. min. 24 novembre 1841 : Instr. 1655. — Cass. 22 avril 1845, 18 août 1845, 22 avril 1846 (bis), 5 août 1846, 13 avril 1847, 31 mai 1847, 8 novembre 1847 (bis), 23 février 1848, 6 novembre 1851 (Ch. réun.), 20 avril 1853, 6 juillet 1853 et 8 août 1855 : D. P. 1845, 1, 237 et 355; 1846, 1, 218 et 307; 1847, 1, 142; 1847, 4, 216, 47 et 48; 1848, 5, 158, 56; 1851, 1, 314; 1853, 1, 139 et 295; 1855, 1, 357; Instr. 1743, § 5; 1755, § 10, n° 2; 1767, § 5, n°s 1 et 2; 1786, § 6; 1796, § 14; 1814, § 12, n°s 1 à 3; 1912, § 3; 1982, § 3, n°s 1 et 2, et 2034, § 6) (1).

(1) Le législateur néerlandais a décidé, dès 1832, que le droit serait perçu, déduction faite de la part de l'acquéreur *dans l'immeuble*.

125. — Les notaires se sont alors efforcés de présenter à l'enregistrement le partage avec la licitation, dans le but d'empêcher la perception du droit de licitation. Ils observèrent que le rigoureux article de la loi du 22 frimaire an VII, dispose pour les perceptions effectuées, sans parler des évènements antérieurs aux perceptions, et qu'en fait l'acte de partage s'unit à l'acte de licitation au point de ne former qu'un tout indivisible.

L'administration exposa qu'on percevait, en pareil cas, le droit de centième denier, d'après une décision du 10 août 1737 (Bosquet, v° *Licitation*, n° 3); « que les droits d'enregistrement sont irrévoca» blement acquis au Trésor par le seul fait de l'existence de l'acte » qui en est passible; que la disposition de l'article 60 de la loi du » 22 frimaire an VII ... s'applique aux droits acquis par le fait de » l'existence de l'acte ou de la mutation, de même qu'à ceux qui ont » été réellement acquittés; que le délai accordé par la loi pour l'enre» gistrement ne suspend point l'obligation du paiement des droits, » mais en retarde seulement l'exécution, suivant la définition du » terme de paiement donnée à l'art. 1185 du Code civil; que les droits » se liquident sur chaque acte séparément, sans égard aux actes » postérieurs... » (Instr. 1634, § 4.)

Mais, cette fois, la demande des notaires fut accueillie par la Cour de cassation (Cass. 30 janvier 1839 et 1er décembre 1840 : Dalloz, v° *Enreg.*, n° 2737 : Instr. 1634, § 4). Jugé seulement : 1° que le droit de soulte est dû quand les attributions ne sont pas définitives et restent subordonnées à une homologation (1) ou à d'autres éventualités résultant de réserves ou restrictions (2) (Cass. 25 mai 1841, 22 avril 1845, 5 mars 1855, 31 janvier 1860, 30 mai 1866, 20 décembre 1869, 12 mai 1870 (Ch. réun.) et 22 juillet 1872 : D. P. 1845, 1, 237; 1855, 1, 95; 1860, 1, 82; 1866, 1, 210; 1870, 1, 183; 1870, 1, 225, et 1872, 1, 420 : Instr. 1661, § 9; 1743, § 5; 2042, § 5; 2174, § 6; 2349, § 4; 2398, § 7; 2403 et 2456, § 4); 2° que le droit de transcription demeure exigible quand la licitation a été prononcée au profit de plusieurs héritiers conjointement (Cass. 26 février 1851 : D. P. 1851, 1, 44; Instr. 1883, § 6) (3).

Comme on l'a remarqué, « cette jurisprudence met dans la pratique » un moyen certain d'éviter le droit proportionnel sur les adjucations » faites à des colicitants; c'est de préparer l'acte de partage avant la » licitation et de le clore dans le délai prescrit pour l'enregistrement » de l'adjudication... Le Tribunal ne manquera pas, ... le cas échéant,

(1) Ou à un appel suspensif. *Quid* d'un pourvoi formé?
(2) Cette circonstance n'avait pas été relevée dans l'arrêt du 1er décembre 1840.
(3) Au cas de licitation hors délai, voir par analogie nos 70 et 81 *suprà*.

» de voir dans le légitime intérêt des parties un motif suffisant pour » avancer le jour de l'homologation. » (Dalloz, v° *Enreg.*, n° 2745.)

120. — Les notaires ont imaginé un moyen plus simple encore d'éviter le droit proportionnel, c'est de liquider, avant de liciter, les parts respectives de tous les héritiers, et de convenir que les héritiers adjudicataires conserveront leurs prix à valoir sur leurs parts.

« Si le cohéritier adjudicataire, disait déjà Bosquet, n'est tenu de » rien débourser, et qu'il soit seulement dit qu'il prendra d'autant » moins, jusqu'à concurrence du prix de la licitation, dans les autres » biens de la succession, il ne doit aucun droit de centième denier, » parce qu'il n'acquiert rien, et que ses cohéritiers se rempliront jus- » qu'à la même concurrence dans les biens communs. » (Décisions du Conseil des 23 juin 1731 et 17 avril 1755 : v° *Licitation*, n° 3.)

En effet, la clause n'est ni révocable, ni nulle. Le colicitant adjudicataire ne doit aucune espèce de prix et n'acquiert aucune part indivise : car ses cohéritiers reçoivent *hic et nunc*, dans les autres biens indivis, des droits semblables au sien, droits qu'un partage ultérieur déterminera. C'est un partage partiel qui attribue tel immeuble à tel héritier, aux autres héritiers telle portion du surplus des biens, et peu importe que cette portion soit fixée quant à sa quotité (comme au quart) ou quant à sa valeur (à 1,000 fr. par exemple) (voir n° 142 *infrà*).

En conséquence, le partage partiel échappe au droit de soulte, lorsqu'il renferme la preuve que les valeurs héréditaires sont suffisantes pour lotir également tous les héritiers, et que, d'autre part, l'adjudicataire s'est dessaisi, jusqu'à due concurrence, en faveur de ses cohéritiers, de ses droits sur les biens demeurés indivis (Cass. 12 juillet 1870 : D. P. 1871. 1. 17; Instr. 2420, § 1) (1).

Mais le droit de soulte est dû :

1° Quand l'égalité n'est pas certaine, d'après les actes, et que l'imputation du prix reste subordonnée au résultat d'une liquidation ultérieure (Cass. 17 avril 1839, 22 février 1841 (bis), 29 décembre 1841, 12 novembre 1844, 22 avril 1845, 29 avril 1845, 10 novembre 1845 et 22 avril 1850 : Dalloz, v° *Enreg.*, n°s 2752 et 2740; D. P. 1845. 1. 32 et 257; 1845. 4. 234. 53, et 1850. 1. 110; Instr.

(1) Le partage portant ainsi sur tous les biens indivis, le droit gradué est exigible sur l'ensemble de ces biens. Un nouveau droit gradué sera dû quand interviendra le partage des biens demeurés indivis. Mais il sera généralement moins onéreux pour les parties de payer ces deux droits gradués que de supporter le droit proportionnel sur la licitation (D. P. 1874. 3. 30. note). — Le droit de soulte deviendrait exigible si les biens étaient ultérieurement partagés par égales part, sans tenir compte des droits préciputaires.

1601, § 10, n° 2; 1613, § 3; 1678, § 3; 1732, § 7; 1743, §§ 8 et 9; 1755, § 11, et 1875, § 0);

2° Quand l'attributaire de l'immeuble ne s'est dessaisi, au profit de ses communistes, d'aucune partie de ses droits réels sur les autres immeubles communs (Cass. 26 juin 1839: Dalloz, v° *Enreg.*, n° 2749; Instr. 1601, § 10, n° 2).

127. — Le partage partiel produit d'ailleurs tous les effets du partage complet, quant aux biens qui en sont l'objet.

Il a été reconnu notamment qu'il fait courir le délai pour l'inscription du privilége, « attendu que ce serait méconnaître le texte et » l'esprit de l'art. 2109 du Code civil que réduire son application au » cas d'une division de tous les meubles et immeubles d'une succes- » sion et d'une liquidation définitive des droits et reprises des cohé- » ritiers ; ... que l'inscription est nécessaire dès que les biens devien- » nent la propriété distincte d'un héritier qui peut les grever ; ... que » l'adjudication par licitation et l'acte de partage sont placés sur la » même ligne par l'art. 2109, et que la licitation a lieu ordinaire- » ment pour faciliter la liquidation d'une succession et arriver à son » partage ; qu'on ne pourrait, sans altérer le système de la publicité, » base principale du régime hypothécaire, maintenir, sans inscrip- » tion, un privilége pendant tout le temps nécessaire pour l'apure- » ment définitif des prétentions et droits de nombreux héritiers ; ... » que l'intérêt des tiers comme celui des copartageants, n'est pas » que le montant des parts et portions de chacun soit fixé dans » l'inscription, mais bien d'assurer le droit au privilége pour les » uns et de révéler l'existence de ce droit pour les autres ; que cette » explication résulte des termes de l'art. 2109, où il est dit que » l'inscription sera prise pour le prix de la licitation, et non pour les » parts et portions de chacun... » Ainsi jugé : 1° pour le partage provisionnel (Cass. 21 août 1821 et 11 août 1830 : Dalloz, v° *Succession*, n° 1240); 2° pour le partage annulable (Cass. 12 juillet 1853, 11 février 1857, 10 novembre 1862 et 30 juillet 1873 : D. P. 1853. 1. 334; 1857. 1. 280; 1862. 1. 470, et 1874. 1. 106); 3° et pour la licitation préalable (Cass. 23 juillet 1839, 15 juin 1842, 19 juin 1849 et 17 novembre 1851 : Dalloz, v° *Priviléges*, n°s 691-1° et 689-4°; D. P. 1849. 1. 186, et 1851. 1. 313) (1).

128. — Partages complémentaires. — Le partage complémentaire est déclaratif, comme le partage partiel.

Guyot l'explique au sujet des lods. « Un effet est resté en com- » mun... Dans la suite, les cohéritiers le divisent ou licitent, ou le

(1) Mais l'inscription ne peut être prise en vertu d'un projet d'acte, d'un partage non homologué (Cass. 17 février 1820 : Dalloz, v° *Priviléges*, n° 688).

» délaissent volontairement à l'un d'eux qui récompense les autres ; » c'est un premier acte par rapport à cet effet commun, à l'égard » duquel il est vrai de dire qu'il n'y a point eu de partage; *ergo*, cet » acte doit être exempt de droits. » (*Licitation*, c. 4.)

La compétence judiciaire est différente, quand les héritiers ont réglé leurs droits héréditaires sur les biens demeurés indivis (C. civ. 822; pr. 59; Cass. 11 mai 1807 : Dalloz, v° *Compet. civ. trib. d'arr.*, n° 75).

Mais c'est principalement sous le rapport de la solidité que le partage complémentaire diffère du premier partage. Il faut tenir en effet que le premier partage ne peut pas être modifié (1), surtout au préjudice des tiers (Cass. 18 juin 1833, 19 août 1840 et 3 décembre 1851 : Dalloz, v° *Privilèges*, n°s 938 et 1740-3°, et D. P. 1852. 1. 10), que le partage complémentaire doit le fortifier, les deux actes formant un seul tout (Cass. 27 juillet 1816 et 27 avril 1841 : Dalloz, v° *Succession*, n°s 2206 et 2190), et qu'au cas de lésion dans l'ensemble, le dernier partage doit être rescindé le premier, comme seul défectueux.

Le partage provisionnel peut être converti en partage définitif, par un simple acte soumis au droit gradué sur la valeur complémentaire (en cas d'enregistrement). Mais cette conversion pure et simple n'est nullement obligatoire : tel bien donné en jouissance à tel héritier peut être définitivement attribué, sans aucune mutation, à tout autre héritier. (Cass. belg. 3 février 1835 : Dalloz, v° *Enreg.*, n° 2629; Cass. 6 mars 1843 et 3 août 1865 : Dalloz, v° *Enreg.*, n° 2705; D. P. 1865, 1, 470.)

On discutait autrefois, au sujet du partage rectificatif, si le supplément se devait faire en biens héréditaires. Dumoulin se prononçait affirmativement : « *Plurimi tenent in hujusmodi divisione, non esse locum facultati supplendi vel reddendi pecuniam : sed rem ipsam debere restitui. Et hæc veritas, et ita debet servari et practicari, licet multi per imperitiam in hoc errent.* » (§ 33, gl. 1, n° 42.) C'était aussi l'opinion de Lebrun. (*Successions*, l. 4, c. 1, n° 63.) Pothier parlait

(1) A moins de nécessité absolue : car on peut présumer au besoin que les parties ont voulu faire un partage provisionnel. « Dans ces partages de maisons, » où il reste toujours quelque chose de commun considérable, source intarissable de procès, je tiens que ce n'est là qu'un partage provisionnel ; il n'y a » point de partage réel toutes les fois que la chose partagée est encore commune par quelque endroit qu'il est impossible de diviser; et je crois dans le » principe, qu'en ce cas, *ad finiendam altercationem*, pour sortir de cette com» munauté subsistante, on peut procéder à la licitation de cette même maison, » et que cette licitation ne produira aucuns droits; ce n'était qu'un fantôme » de partage, ... un essai de partage... L'indivisibilité est encore plus marquée » en ce cas qu'en tout autre. » (Guyot, *Licitation*, c. 3, s. 2, n° 11.)

d'une indemnité pécuniaire. (*Successions*, ch. 4, art. 5, § 3, et art. 6.) — D'après les principes, chaque héritier doit être loti en biens héréditaires, et ne peut être autrement loti sans qu'il y ait soulte ou licitation. Mais, suivant l'art. 833 du Code civil, les inégalités des lots peuvent être compensés, *en justice ou d'un commun accord*, par des retours en argent, et l'art. 891, allant un peu plus loin (1), permet aux héritiers qui ont trop reçu de consolider le partage par une soulte (Cass. 29 novembre 1854 : D. P. 1855, 1, 132), dont l'héritier lésé doit se contenter. C'est donc à titre de partage que l'héritier lésé reçoit son supplément : à titre de partage pur et simple, si le supplément consiste en biens héréditaires; à titre de partage avec soulte, s'il consiste en numéraire. — On percevait, *dans ce dernier cas*, le droit de centième denier, suivant une décision du 20 juillet 1737. (Bosquet, v° *Partage*, § 3, n° 11.) — Actuellement, on exige le droit *de vente dans les deux cas* (2), parce que toute transaction dont l'effet est de faire passer sur la tête de l'une des parties la propriété qui reposait sur la tête de l'autre en vertu d'un titre apparent et *a fortiori* d'une convention parfaite, revêt, *au regard de l'enregistrement*, les caractères juridiques d'une transmission passible d'un droit proportionnel dont la quotité varie selon la nature des biens transmis. (L. 22 frimaire an VII, art. 68, § 1, n° 15; Cass. 24 juin 1868 : D. P. 1868, 1, 439; Instr. 2372, § 3.)

129. — Partages cumulatifs. — Les jurisconsultes romains observaient déjà que plusieurs successions pouvaient être partagées en même temps. (Dig., 10, 2, 25, 3 à 5; C. 3, 36, 8.)

Il existe en effet, entre héritiers, une communauté d'intérêts dans laquelle peuvent être confondues plusieurs successions pareillement indivises, comme celles de plusieurs ascendants, de plusieurs frères, de plusieurs oncles (Cass. 26 juin 1839 : Dalloz, v° *Enreg.*, n° 2749), et le partage de cette communauté ne donne ouverture qu'à un seul droit, quel que soit le nombre des successions partagées. (Sol. 8 germinal an VIII : J. E. 426.)

Mais les héritiers sont-ils dispensés, par ce partage cumulatif, de partager également chaque succession? Peuvent-ils rapporter à la masse, au lieu de les rapporter distinctement à chaque succession, les biens qu'ils ont reçus en avancement d'hoirie?

Les créanciers peuvent critiquer la liquidation qui, par la confusion

(1) Pour éviter soit les désagréments d'un nouveau partage, soit la détérioration des lots (sans avantage réel pour l'héritier lésé, qui n'aurait que des biens épars).

(2) De ceux qui paient des suppléments en argent et de ceux qui reçoivent des suppléments en corps héréditaires.

des héritages et la compensation des créances, aurait pour résultat d'anéantir ou de réduire les droits de leur débiteur dans l'une des successions. (Cass. 31 mars 1816, 22 mars 1817, 14 novembre 1853 et 8 juin 1859 : D. P. 1846, 1, 135; 1847, 1, 287; 1853, 1, 325, et 1859, 1, 235).

S'il n'y a pas de créanciers, les héritiers peuvent s'arranger comme ils l'entendent. Mais on ne peut apprécier leur partage cumulatif sans le scinder en autant de parties qu'il y avait de successions. Primus prend-il tous les biens de la succession paternelle et Secundus tous les biens de la succession maternelle, — on ne peut admettre que Primus ait succédé seul à son père et Secundus seul à sa mère : il faut dire que Primus a reçu les biens paternels à charge d'une soulte qui a été compensée avec la soulte due par Secundus pour les biens maternels.

La nécessité de la décomposition du partage cumulatif, selon l'origine des biens, a été reconnue : 1° pour la liquidation du droit de centième denier (décisions des 10 juillet 1745 et 10 mars 1757 : Bosquet, v° *Partage*, § 3, n° 11, et v° *Licitation*, n° 3; *Contrà* décisions des 22 juin 1737 et 30 octobre 1745 : *ibid.*); 2° pour la perception du droit d'enregistrement sur les soultes exprimées (Cass. 11 décembre 1838, 27 janvier 1840 et 21 juillet 1851 : Dalloz, v° *Enreg.*, n° 2672; D. P. 1851, 1, 201; Instr. 1582, et 1900, § 3), ou non exprimées (Cass. 7 novembre 1843 : Dalloz, v° *Enreg.*, n° 2679; Instr. 1732, § 10. *Contrà* Cass. 29 août 1843, 6 mars 1844 et 15 mai 1844 : Dalloz, v° *Enreg.*, n°s 2681 et 2677; Instr. 1732, § 10) (1); 3° pour l'application de l'art. 1558 du Code civil relatif aux biens dotaux (Cass. 10 mars 1856 : D. P. 1856, 1, 155); 4° et pour l'exercice de l'action en nullité ou rescision (Cass. 16 janvier 1867 : D. P. 1867, 1, 153).

Mais il est bien entendu que le partage cumulatif conserve son caractère déclaratif, *en droit civil*, malgré l'existence des soultes compensées. — Lebrun discutait longuement la question de savoir si le privilége s'étendait, pour le total, sur les effets des deux successions. (*Successions*, l. 4, c. 1, n° 37.) L'affirmative ne paraît guère douteuse en présence de l'art. 2109 du Code civil, et a l'avantage de doubler la solidité des deux partages.

§ 6. — Partages refaits.

130. — Dumoulin observait que les lods étaient dans un cas de cession après partage. « *Divisio vel assignatio ... non videtur esse*

(1) L'opération pouvant constituer un échange, en droit fiscal, on pourrait percevoir, pour les immeubles, le droit d'échange (de 2, 50 °/₀), qui est inférieur au droit de soulte (de 4 °/₀).

nova mutatio... Secus si res jam fuisset divisa certis portionibus cuilibet assignatis : deinde unus eorum portionem suam... uni ex quondam sociis cederet, venderet vel permutaret, etiam pro portione illi assignata de eadem re, quia tum omnia jura deberentur ac si transferrentur in quemvis extraneum. » (§ 33, gl. 1, n° 70.)

D'Argentré exprimait la même opinion, dans d'autres termes : « *Si quis post divisionem factam, et portione pro diviso tradita, portionem suam vendat, sive ei cum quo coheres fuit, sive extraneo, laudimia debet. Hic enim jam non portionem rei communis vendit, sed suum totum, jam separatum; et sic soluta est dissolutionis necessitas, et actio familiæ erciscundæ extincta. Idem si quisquam e consortibus de re communi pepigisset, et pro debita pecunia feudum in debitum accepisset, ex intervallo quidem : nam dissoluta prima divisionis causa, et ad pecuniam redacta, quod deinde pro pecunia dabitur, aut datio in solutum, aut venditio erit, laudimiis subjecta.* » (Art. 73, n° 4.)

« Il est de principe, disait Guyot, qu'après partage fait et con-
» sommé, tous les actes passés entre cohéritiers, *mediante pecunia,*
» doivent droits; le partage les rend étrangers les uns à l'égard des
» autres... Chaque cohéritier avait eu un lot distinct et séparé. »
(*Licitation*, c. 3, s. 3, § 5, n° 31.) « Le partage une fois fait, tous les
» actes qui se passent entre les copartageants rentrent dans les
» règles générales et ordinaires, en sorte que si l'un cède sa part à
» l'autre, ou s'ils font un échange entre eux, ce n'est plus un par-
» tage; chacun avait sa part distincte, et n'avait plus aucun droit sur
» celle des autres : ainsi toutes conventions postérieures, par
» lesquelles ils échangent ou se transportent le tout ou partie de ce
» qui leur était échu, opèrent de véritables mutations sujettes aux
» lods, au centième denier et aux autres droits, quels que soient les
» termes qui s'y trouvent employés. » (Bosquet, v° *Partage*, § 3, n° 10.) (1).

Lebrun remarquait aussi que l'acte ne pouvait être rescindé pour lésion comme partage, mais comme vente, « parce qu'une vente qui
» se fait entre cohéritiers après un partage fait et consommé, est une
» vente à l'ordinaire et un véritable commerce. » (*Successions*, l. 4, c. 1, n° 61.)

131. — On suit toujours ces principes. Le partage refait (complètement ou en partie) est un acte translatif de propriété. Ce n'est pas une rétrocession : car les copartageants avaient seuls succédé aux effets compris dans leurs lots respectifs. Mais c'est une mutation : car chacun avait sa part distincte et n'avait plus aucun droit sur la part

(1) Dans le même sens, Pothier, (*Communauté*, n° 146, note) et Bancelier (t. 2, p. 49).

des autres. L'acte est enregistré comme échange ou vente (Déc. min. fin. 10 juillet 1808 : Dalloz, v° *Enreg.*, n° 2611 ; Instr. 1209, § 1 ; Cass. 18 juillet 1815, 25 mai 1811 et 17 août 1865 : J. E. 5325 ; Instr. 1661, § 9, et 2326, § 6 ; D. P. 1866, 1, 10) ; il doit être transcrit et ne peut être rescindé pour lésion du quart.

Mais les lots peuvent être échangés ou modifiés après un lotissement provisoire ou conditionnel (Cass. 20 avril 1869 : D. P. 1870, 1, 65), après des adjudications avec réserve d'élire command, même après le tirage au sort (1), jusqu'à la consommation du partage (2), tant que ne s'est pas produit le concours de volontés nécessaire pour conférer des droits définitifs (Cass. 18 juin 1833 et 25 mai 1811 : Dalloz, v° *Privilèges*, n° 938, et Instr. 1661, § 9).

Le nouveau partage est également déclaratif quand les tribunaux ont annulé le premier acte pour cause de violence, de dol ou de lésion (C. civ. 1183 et 2125). Notons seulement : 1° que le jugement de rescision n'est affranchi du droit proportionnel de rétrocession qu'autant que la résolution a lieu pour cause de nullité radicale (L. 22 frimaire an VII, art. 68, § 3, n. 7, et L. 27 ventôse an IX, art. 12) ; 2° que la lésion ne peut être rangée au nombre des nullités radicales (Cass. 5 germinal an XIII, 5 décembre 1810, 30 janvier 1815 et 21 mars 1820 : Instr. 2372, § 3, p. 23 ; Cass. 27 février 1872 : D. P. 1872, 1, 83 ; Instr. 2447, § 3) ; 3° et que les droits perçus soit sur le partage rescindé, soit sur le jugement de rescision ne peuvent être restitués par suite du nouveau partage (L. 22 frimaire an VII, art. 60 ; Cass. 27 février 1872 : D. P. 1872, 1, 83 ; Instr. 2447, § 3) (3).

(1) Parce que les parties, pouvant substituer la voie du choix à celle du sort, sont censées se réserver toujours cette faculté pour leur commodité commune.

(2) Pothier retardait la consommation du partage jusqu'à la prise de possession, d'après les principes du droit romain. « Le partage ... qui n'a pas encore » été exécuté et ne consiste que dans le seul consentement des parties, peut » être anéanti par un consentement contraire. » (*Cout. d'Orléans*, art. 113.) Il en est autrement sous l'empire du Code civil, qui n'exige plus la tradition pour la perfection des contrats.

(3) Mais l'art. 68, § 1, n° 7 de la loi du 22 frimaire tarife au moindre droit fixe « les actes refaits pour cause de nullité ou autres motifs, sans aucun change- » ment qui ajoute aux objets des conventions ou à leur valeur ; » et il semble que le jugement qui rescinde un partage avec soulte ou licitation, établit une simple communauté, sans produire de mutation immédiate, passible du droit proportionnel (L. 22 frimaire an VII, art. 68, § 3, n° 4).

CHAPITRE VI.

DES PARTAGES AUTRES QUE LES PARTAGES ENTRE COHÉRITIERS.

132. — Nous avons à nous occuper, dans ce dernier chapitre, des codonataires, des conjoints communs en biens, des associés, des co-usufruitiers et des préciputaires.

Nous essaierons de montrer tout d'abord comment les principes du partage ont été successivement étendus des cohéritiers à tous les communistes.

Le chapitre comprendra de la sorte six paragraphes :

§ 1er. — Principes généraux d'assimilation.
§ 2. — Des partages entre codonataires.
§ 3. — Des partages entre conjoints.
§ 4. — Des partages entre associés.
§ 5. — Des partages avec démembrements.
§ 6. — Des partages avec prélèvements.

§ 1er. — Principes généraux d'assimilation.

133. — Nous avons dit (n° 42 *suprà*) que le partage des fiefs *entre les héritiers* pouvait se consommer sans hommage. Mais la commise avait lieu pour les partages entre légataires et autres communistes. L'art. 64 des cayers du duché de Bourgogne l'énonçait en forme de restriction : « Mais à ceux qui sont *étrangers* institués héritiers, » comme dit est, ou bien qui *d'ailleurs* sont communs en bien féo- » daux, ils tomberont en commise, s'ils prennent la possession réelle » des choses partagées sans le consentement du seigneur. » Boguet donnait la même décision sur la coutume du comté : « *Cum vero textus noster de feudis tantum loquatur, quæ jure contingunt successionis, ideo recte concludemus diversum statuendum in divisione cæterorum feudorum, quæ nempe alio modo, quam per successionem obveniunt, ex vulgata juris regula qua traditum est, inclusionem unius, alterius esse exclusionem... Eaque conclusio fundamento non caret, siquidem constat alienationis nomine regulariter divisionem comprehendi... Quin imo emptio et venditio nonnunquam appellatur... Illud non fit in feudis, quæ jure successionis obveniunt, quoniam talia feuda, tanquam patrimonialia reputantur* » (t. 1, § 9).

Il est donc certain, comme le notait Davot, « que les héritiers insti-

» tués et autres encouraient la commise, s'ils n'étaient au nombre des » *successibles de droit* et s'ils prenaient possession réelle du fief, » avant que d'avoir fait les foi et hommages » (t. 1, p. 593).

134. — D'autre part, certains docteurs enseignaient que le partage entre associés donnait ouverture aux droits seigneuriaux parce qu'il dérivait d'une communauté *volontaire* et présentait ainsi les caractères d'une aliénation pure, *vicem emptionis*. (Aufrerius, Jason et Ranchin, sur Guy-Pape, q. 48.) L'art. 113 de la coutume d'Orléans portait que « pour partage *entre tous autres que cohéritiers*, s'il y a tournes, sont » dus profits. » L'art. 80 de celle de Paris et l'art. 88 de celle de Blois n'affranchissaient que les partages *entre cohéritiers* (1). Et tout le monde avouait que « le partage a plus d'étendue entre cohéritiers » qu'entre tous autres. » (Domat, *Lois civiles*, I, IV.)

Cependant Dumoulin, dont l'esprit droit et ferme tendait plutôt à modifier les coutumes qu'à les expliquer, avait soutenu que les associés devaient jouir du même privilége que les héritiers : « *Quæro, quid de divisione inter socios vel coheredes? Prima opinio est, quod indistincte nihil debetur domino, quia est alienatio necessaria. Secunda distinguens inter divisionem voluntariam, ut inter duos socios, ut sit locus laudimio, et inter divisionem necessariam, ut inter plures heredes, ut non debeatur. Sed hæc non valet, quia æque necessaria est divisio inter communes ex societate sive sine societate ex quavis causa, et quamvis neuter provocet, et nulla præcedat coactio, satis est, quod alter ab altero cogi potest dividere.* » (§ 33, gl. 1, n° 69.)

Et Pontanus avait développé cette idée sur la coutume de Blois : « *Videtur primum laudimias deberi, cum ex aliqua causa quam hereditaria dividant rem communem ... cum consuetudo nostra specialiter loquatur de divisione quæ fit inter coheredes, unde inferri potest ex quacumque alia rei communis divisione deberi; item hæc voluntaria divisio censeri potest alienatio vicem emptionis habens, unde non gaudet illa privilegio quod habet divisio inter coheredes facta, quæ dicitur necessaria; qua distinctione inter necessariam et voluntariam divisionem usa est decisio Capel. Tolosani, quæst. 75... Verum ista non sunt apud me tantum pondus habitura, ut me a recto deflectant; contraria enim sententia mihi semper æquior visa est ut nullæ omnino ex ea divisionis specie laudimiæ debeantur. Nam illud certissimum est quod ex quacumque causa rem habeam cum aliquo communem, me illum etiam*

(1) On jugea, en conséquence, le 9 janvier 1593, en la coutume de Montargis, que l'associé devait les droits pour une licitation, sa portion contingente déduite (Louet, l. L, s. 9), et Chopin, sur la coutume d'Anjou, fait allusion à d'autres arrêts rendus dans le même sens (l. 2, p. 1, c. 2, t. 3, nos 7 et 8). Brodeau en cite un du 21 janvier 1608 (sur Louet, l. H, s. 11).

invitum compellere posse ad divisionem ... quare cum socii vel quicumque alii rem communem dividunt, non censetur id sponte facere, cum jure proditæ sint actiones quibus ad id etiam inviti compelli possint... »

On jugea d'abord, par une sorte d'identité, que la licitation d'un conquêt de communauté entre le survivant des conjoints et l'héritier du prédécédé, ne donnait ouverture ni aux lods ni au quint, l'époux n'étant rien moins qu'étranger à la famille de son conjoint, puisqu'il y a des cas où la loi l'appelle à la succession. (Arrêts des 15 juin 1559, 12 mai 1582, 11 janvier 1607 et 19 août 1643 : Louet, l. L, s. 9; Pocquet de Livonière, *Fiefs*, l. 3, c. 6, s. 5.)

Puis on étendit l'exemption aux légataires, pour lesquels l'indivision est forcée (1) et qui succèdent comme les héritiers, en tenant tous leurs droits de la même personne, *ab initio* (arrêts des 20 mars ou mai 1615 (dans la coutume de Chartres), 5 août 1619 (dans celle du Bourbonnais), 20 mai 1699 (du parlement de Bordeaux) et 1er septembre 1724 (du parlement de Paris) : Louet, l. L, s. 9, et Merlin, v° *Licit.*, § 4, nos 7 à 9).

Le passage suivant de Ferrière prouve que les seigneurs auraient désiré s'arrêter là : « *Sunt qui putant ea quæ diximus vera esse inter coheredes, legatarios et donatarios tantum, quos necessitas rei et ipsa res ad communionem adduxit. Non item inter socios qui ex conventione et ex contractu voluntario societatem contraxerunt; si enim hi ad licitationem venerint, et uni res adjudicetur certo prætio, sunt qui putant laudimia deberi. Quod tamen falsum puto ex sententia Molinæi, quia æque necessaria est divisio inter conjunctos ex societate sive sine societate ex quavis causa.* »

Mais l'affranchissement fut proclamé, le 5 avril 1610, pour les associés (Rousseaud, v° *Lods-Partage*) (2), et l'opinion des auteurs fut bientôt unanime. Loisel (mort en 1617) disait, dans ses *Institutes coutumières*, que « de partage, licitation et adjudication entre cohéri-» tiers *ou comparçonniers*, ne sont dus lods ne ventes » (IV, II, XIII). Le président Favre (mort en 1624) parlait dans les mêmes termes des cohéritiers et de tous les copartageants *(condivisores)* (*De erroribus*, d. 98, c. 4). « La Cour, écrivait Guyot, a mis dans la même catégorie » les héritiers, colégataires, codonataires, les associés *quoquo modo*, » parce qu'elle a vu les mêmes principes, les mêmes règles, les » mêmes inconvénients, les mêmes conséquences, et dès là les mêmes

(1) Quand ils acceptent.

(2) Championnière et Rigaud citent un autre arrêt du mois d'août 1582 (n° 2788).

» raisons de décisions... On ne doit différencier aucuns pro» priétaires. » (*Licitation*, c. 1, n° 3, et c. 3, s. 2, n° 14.)

Cette jurisprudence fut affermie par plusieurs textes législatifs. — L'art. 125 de la coutume de Melun disposait « que si l'héritage ne se » peut partir entre les propriétaires d'iceluy, et il est dit par justice » qu'il sera licité et vendu au plus offrant, ne sont deus au seigneur » censuel, par les cohéritiers *ou autres*, ayant droit audit héritage, lods » ou ventes, pour cause de ladite licitation et adjudication faite à l'un » d'eux. » L'art. 4 d'une déclaration royale du 20 février 1648, sur les droits attribués aux receveurs des consignations, portait que « lesdits receveurs et controlleurs des consignations ne pourront rien » prendre des licitations qui se font entre cohéritiers *ou copro- » priétaires*, sinon qu'elles soient faites à autres qu'à l'un desdits co- » propriétaires. »

L'arrêt de règlement rendu le 6 avril 1666 pour la Normandie (n° 29, *suprà*), et l'édit royal du 20 mars 1708 sur le centième denier (n° 32 *suprà*) étaient rédigés dans le même sens.

Il n'y eut plus de contestation que pour les coacquéreurs. Auzanet, Ricard, Le Camus et quelques autres admettaient l'exigibilité des droits quand la licitation avait lieu longtemps après l'acquisition. « Si » par licitation d'un fonds acquis à titre de vente par plusieurs » particuliers, l'un d'eux s'en rend adjudicataire, il ne sera dû qu'un » seul droit, à cause de la première acquisition, *pourvu que l'adjudi- » cation se fasse dans l'an du jour de l'acquisition*... La liberté des » parties est ainsi restreinte, ... parce qu'il pourrait y avoir soupçon » de fraude, ... de peur que dans la suite les seigneurs ne soient » frustrés de leurs droits. »

Guyot condamnait justement « cette terreur aussi panique pour les » droits des seigneurs... Cette condition de l'adjudication, dans l'an » de l'acquisition, disait-il, est une pure chimère... Les coacquéreurs » copropriétaires en quelque temps qu'ils licitent, n'ont-ils pas » toujours la même cause préexistante de diviser?... La durée, loin » d'être une fraude, est au contraire le véritable esprit des contrats de » société. » (*Licitation*, c. 4.)

De fait, il fut décidé, sans considération de l'intervalle des deux actes que les lods ne pouvaient être exigés (arrêts des .. août 1682, 1 septembre 1721 et 24 mars 1733 : Guyot, *Licitation*, c. 3, s. 3, § 3, n° 2).

De la sorte, l'assimilation fut complète en droit fiscal.

Elle le fut bientôt en droit civil, d'après le témoignage de Pothier. « Lorsque plusieurs personnes ont été conjointement légataires d'un » héritage, ou lorsqu'elles l'ont acheté en commun, et que par la suite

» elles le partagent, chacun est censé avoir été seul légataire ou seul » acheteur de ce qui est tombé dans son lot, et n'avoir été légataire » ni acheteur de rien de ce qui est tombé dans les autres lots. » (*Vente*, nos 631, 639 et 640).

133. — Les lois nouvelles n'ont pas modifié ces principes d'assimilation.

L'art. 2 de la loi du 14 thermidor an IV tarifa à deux pour cent les licitations et les retours de partage d'immeubles entre *copropriétaires* au même titre ; l'art. 26 de la loi du 9 vendémiaire an VI assujétit au droit d'un demi pour cent « tout acte de partage de biens im» meubles... fait *entre quelques personnes que ce soit,* » et la loi du 22 frimaire an VII, parle des partages « *entre copropriétaires à quelque » titre que ce soit.* »

Le Code civil seul est moins formel. Les art. 883 et 2103 ne parlent que des *cohéritiers.* L'art. 1476 soumet le partage de la *communauté* à toutes les règles établies au titre des successions pour les partages entre cohéritiers, *pour tout ce qui concerne ses formes, la licitation des immeubles quand il y a lieu, les effets du partage, la garantie qui en résulte et les soultes;* l'art. 1872 prescrit d'appliquer aux partages entre *associés* les règles concernant *le partage des successions, la forme de ce partage, et les obligations qui en résultent entre les cohéritiers;* et l'art. 2109 indique comment le *cohéritier ou copartageant* peut conserver son *privilége.*

On a d'abord admis, sans trop de difficulté, que les partages entre codonataires *en avancement d'hoirie* sont régis part l'art. 883, comme partages de présuccession (Cass. 27 novembre 1821 : Dalloz, v° *Enreg.*, n° 6025).

La contestation dura plus longtemps pour les autres copropriétaires et notamment les coacquéreurs. « En thèse générale, disait-on, le » copartageant qui, moyennant un prix ou une soulte, reçoit une » part plus forte que celle à laquelle il avait droit, acquiert réellement » la portion de biens représentée par cette soulte ou par le prix » stipulé. Dès lors, il y a mutation. Cette règle est établie dans le Code » civil, au chapitre de la licitation, *puisque ce chapitre fait partie du » titre de la vente*, et qu'il ne renvoie au titre des succesions que » pour le mode et les formalités de la licitation, nullement quant à ses » effets... Il n'est fait exception à cette règle générale, au moyen » d'une fiction de droit qu'en faveur des cohéritiers, des époux » communs en biens et des associés... On ne peut pas (et c'est ce » qu'enseigne Domat, *Lois civiles,* I, VIII, II, II) considérer comme » associés les acquéreurs d'une même chose. En effet un contrat » d'acquisition ne paraît pas constituer une société proprement dite.

» Il semble résulter au contraire des art. 1686, 1687, 1688, 2108,
» 2109, 2204 et 2205 du Code civil, que les licitations et partages avec
» soulte entre ces copropriétaires, sont des actes translatifs de pro-
» priété... Si l'art. 2109 ajoute au mot *cohéritier* le mot *copartageant*,
» cette expression n'a pas pour résultat de faire considérer la licita-
» tion entre coacquéreurs comme semblable à celle entre cohéritiers,
» et n'emportant point transmission de la propriété. Au contraire le
» même art. 2109 fait mention du prix qui n'existe que lorsqu'il
» y a vente,... et, en refusant l'effet, pendant un certain délai, à
» toute hypothèque qui serait consentie au préjudice du créancier de
» la soulte ou du prix, cet article permet, par cela même, l'inscription
» des hypothèques que ce créancier colicitant aurait lui-même con-
» senties sur sa portion avant de la transmettre à son copropriétaire et
» de s'en dessaisir... » (Instr. 1150, § 8, et 1236, § 5, n° 1.)

Mais on décida que l'acquisition faite en commun par plusieurs personnes forme entre elles une société particulière, de la nature de celles dont parle l'art. 1841 du Code civil, et auxquelles l'art. 1872 du même Code étend les règles des successions; que l'art. 2109 complète l'art. 2103, en reconnaissant un privilége à tout copartageant, et que le principe de l'art. 883 s'applique à toute propriété indivise (1), quel que soit le titre de la possession commune, le fait de l'indivision se présentant toujours avec le même caractère (Cass. 14 juillet 1824 (bis), 10 août 1824 et 6 novembre 1827, et déc. min. 14 octobre 1824 : Dalloz, v° *Enreg.*, n°ˢ 6025, et Instr. 1150, § 8, et 1236, § 5. *Contrà :* Cass. 23 mars 1825 : Dalloz, v° *Société*, n° 1004).

Ces décisions ont été confirmées 1° par la loi du 23 mars 1855, dont l'art. 1ᵉʳ dispense de la transcription tout jugement d'adjudication rendu sur licitation au profit d'un cohéritier ou d'un *copartageant*, et dont l'art. 6 fixe un délai spécial pour l'inscription du privilége du *copartageant*, 2° et par la loi du 28 février 1872, dont l'art. 1ᵉʳ frappe du droit gradué tous les partages *entre copropriétaires, cohéritiers et coassociés à quelque titre que ce soit.*

L'assimilation produit de bons effets (voir n°ˢ 19 à 22 *suprà*), sans nuire à personne (2). Elle a été maintes fois proclamée par les tribunaux. Elle l'a été expressément au sujet : 1° du droit de transcription (Cass. 27 novembre 1821, 14 juillet 1824 (bis), 10 août 1824 et 6 novembre 1827 : arrêts précités); 2° du privilége (Cass. 15 juin 1842 et 7 août 1860 : Dalloz, v° *Priviléges*, n° 680-1°, et D. P. 1860. 1. 409); 3° de la lésion (Cass. 20 janvier 1872 : D. P. 1872, 1, 449);

(1) Voir les art. 572, 573, 575 et 716 du Code civil, sur l'accession et les trésors.

(2) Car le Trésor perçoit le droit de mutation sur les parts acquises, et les créanciers ont toujours le droit d'intervenir.

— 4° des hypothèques (Cass. 28 avril 1840 : Dalloz, v° *Succession*, n° 235); — 5° de la liquidation des droits de mutation par décès (Cass. 22 avril 1868 : Instr. 2368, § 2). — Elle l'a été implicitement dans de nombreuses affaires qu'il a paru préférable de mentionner *passim* dans les chapitres précédents, selon l'objet de la discussion.

§ 2. — Des partages entre codonataires.

126. — Les donations entre-vifs ou testamentaires de droits indivis sont très-fréquentes. Elles ont lieu: 1° quand une personne donne ou lègue un ou plusieurs biens *à plusieurs personnes* conjointement, 2° et quand une personne donne ou lègue à une ou plusieurs personnes *des droits indivis* qui lui appartiennent. — Nous renvoyons, pour ces donations en général, à ce qui a été dit *suprà* sur la donation de l'indivis (sous les n°s 70 et 87), et nous nous arrêtons sur les soultes des partages d'ascendants.

Le droit de centième denier n'était pas exigé sur les soultes des démissions de biens. « S'il y a des retours de lots payables par l'un » des démissionnaires à l'autre, ou qu'au lieu de faire le partage on » licite les biens qui demeurent à l'un, en payant en argent la portion » des autres, le droit de centième denier n'est dû que pour raison de » la démission, disait Bosquet, pourvu que tout soit renfermé dans » un seul acte, parce qu'il n'y a effectivement qu'une mutation, » puisque les démissionnaires n'ont point eu de propriété intermé- » diaire, et que le dessaisissement du démettant est censé fait en » faveur de ceux qui restent propriétaires par l'évènement du par- » tage... Décisions du conseil des finances des 15 juillet 1732, 8 sep- » tembre 1742 et 12 avril 1753. » (V° *Démission*.)

La loi du 22 frimaire an VII ne parut pas modifier cette jurisprudence, car elle prescrivait de ne percevoir qu'un seul droit sur les dispositions du même acte qui dépendaient et dérivaient nécessairement les unes des autres (art. 11).

Un avis du conseil d'Etat du 10 septembre 1808 confirma cette opinion, en décidant que, lorsque des héritiers ou légataires universels sont grevés de legs particuliers *de sommes d'argent non existantes dans la succession*, les droits payés par les légataires particuliers doivent s'imputer sur ceux dus par les héritiers ou légataires universels, et en exprimant « que du système contraire il résulterait que le même » objet serait, en définitive, assujéti à deux droits de mutation; ce » qui n'est ni dans le texte ni dans l'esprit de la loi. »

La Cour de cassation jugea, le 21 janvier 1812, par application de cette doctrine et en matière de donation entre-vifs, que les donations secondaires étaient également affranchies de tout droit, quand les donations principales supportaient l'impôt (Dalloz, v° *Enreg.*, n° 3756), et l'administration rangea parmi les donations secondaires les stipulations relatives aux soultes contenues dans les partages d'ascendants (Dalloz, v° *Enreg.*, n° 2669).

Mais survint la loi du 16 juin 1824, dont l'art. 3 était ainsi conçu : « Le droit d'enregistrement fixé par les paragraphes 4 et 6 de » l'art. 69 de la loi du 12 décembre 1798 (22 frimaire an VII), pour » les donations entre-vifs en ligne directe, à 1 fr. 25 c. pour 100 fr. » sur les biens meubles, et à 2 fr. 50 c. sur les immeubles, est réduit, » en ce qui concerne les donations portant partage, faites par actes » entre-vifs, *conformément aux articles* 1075 *et* 1076 *du Code civil,* » par les père et mère ou autres ascendants, entre leurs enfants et » descendants, aux droits de 25 c. par 100 fr. sur les biens meubles, » et de 1 fr. par 100 fr. sur les immeubles, *ainsi qu'il est réglé pour* » *les successions en ligne directe.* — Le droit d'un et demi pour cent, » ajouté au droit d'enregistrement par l'art. 54 de la loi du 25 avril » 1816, ne sera perçu pour lesdites donations que lorsque la transcrip- » tion en sera requise au bureau des hypothèques. »

Le tribunal de Nantes, qui se trouvait saisi d'une autre question (Championnière et Rigaud, n° 2826), jugea, le 1er février 1830, que le droit de soulte devait être perçu sur les soultes des donations-partages (J. E. 11488). Et c'était juste : car la soulte ne fait point partie des biens donnés, le copartageant doit la payer de ses propres deniers, et c'est le prix des immeubles ou autres objets qu'on lui attribue en sus de sa part. Les autres donataires avaient le droit d'exiger leur part entière en nature... leur consentement est une sorte d'abandon volontaire. — Au surplus, les deux droits sont exigés en matière de succession : le droit de mutation par décès et le droit de soulte. Or le partage d'ascendant n'est que le partage anticipé d'une succession. Il peut être attaqué, comme le partage d'une succession, pour cause de lésion de plus du quart (C. civ. 1079), et la loi du 16 juin 1824 le soumet aux droits *ainsi qu'il est réglé pour les successions en ligne directe.*

Cependant la Cour de cassation condamna la perception, « attendu » que, d'après l'art. 68, § 3, n° 2 de la loi du 22 frimaire an VII,... » le droit est perçu pour les retours de partage *au taux réglé pour* » *les ventes ;*... qu'en cas de donation-partage, les enfants donataires » ne se transmettent respectivement aucune propriété, et tiennent » directement de l'ascendant le lot qui leur est attribué ;... que la » soulte n'est qu'une charge imposée à la donation ... et que, suivant » l'art. 15, n° 7 de la loi du 22 frimaire an VII, le droit de donation

» doit être perçu sans distraction des charges, et par conséquent » sans que les charges ou conditions pussent autoriser la perception » de droits particuliers ; ... que la loi du 16 juin 1824 se borne à » réduire le droit,..: en assimilant, seulement quand à la quotité » du droit, ces sortes de donations aux successions en ligne directe..., » et en gardant un silence absolu sur les soultes ou retours de par- » tage... » (Cass. 11 décembre 1838 et 27 janvier 1840 : Dalloz, v° *Enreg.*, n° 2072, et Instr, 1582). — La perception ne fut pas même autorisée sur les partages faits par acte distinct, avec le concours du donateur (Cass. 23 février 1841 : Dalloz, v° *Enreg.*, n° 2072, et Instr. 1643, § 2) et sur les partages testamentaires, qui ont les plus étroites affinités avec les partages de succession (Cass. 21 mai 1844 et 29 novembre 1854 : Dalloz, v° *Enreg.*, n° 2075 ; D. P. 1855, 1, 132 ; Instr. 1732, § 11).

Mais le législateur condamna cette jurisprudence. L'art. 6 de la loi du 18 mai 1850 dispose ce qui suit : « Conformément à l'art. 3 » de la loi du 16 juin 1824, les donations portant partages faites par » actes entre-vifs par les père et mère ou autres ascendants ne don- » neront ouverture qu'aux droits établis pour les successions en ligne » directe ; mais les règles de perception concernant les soultes de » partage leur seront applicables, ainsi qu'aux partages testamen- » taires également autorisés par les art. 1075 et 1076 du Code » civil » (1).

137. — En l'état, le droit de soulte, qu'on perçoit sur les partages anticipés et sur les partages testamentaires *en ligne directe*, n'est perçu ni sur les donations entre-vifs ni sur les partages testamentaires *en ligne collatérale* ou *entre étrangers*. C'est une souveraine injustice : car la transmission en ligne directe est la plus favorable de toutes. La législation du centième denier l'avait complètement épargnée. La loi du 22 frimaire an VII l'avait encore ménagée, parce que « tout ce qui concerne les mutations en ligne directe semble » autant appartenir aux lois de la nature qu'aux lois de la » société » (2). — Ces mutations sont tellement respectables que certaines personnes qualifient d'impie tout acte qui les entrave : ce sont elles, en effet, qui concourent au développement des familles, associations naturelles pour le travail, phalanges pour la défense nationale, heureux sanctuaires de la vertu, foyers éternels de la vie. — L'abîme

(1) On décide, par suite de cette assimilation, que le droit gradué doit être exigé sur les partages testamentaires (R. P. 3497-11 et 3703 ; mais on prétend qu'il ne peut pas être exigé sur les partages anticipés, en même temps que le droit de donation (R. P. 3497-12). — Voir R. G. 9508 *bis*.

(2) Paroles du rapporteur Duchâtel.

qui sépare la ligne directe de la ligne collatérale (1) empêche de concevoir que la ligne directe puisse être exclusivement frappée et donne à penser que le législateur de 1850 a véritablement oublié de rapporter l'avis du conseil d'Etat de 1808.

En droit, cet avis du conseil d'Etat paraît avoir méconnu l'une des dispositions essentielles de la loi du 22 frimaire an VII, en décidant que le même objet ne peut être assujéti à deux droits de mutation : c'est la disposition qui soumet au droit proportionnel les soultes et licitations, *après le paiement des droits de mutation par décès.* Pourquoi traiter différemment le légataire qui reçoit un immeuble à charge de payer une somme d'argent à un autre légataire et l'héritier copartageant qui reçoit un immeuble à charge de payer une somme d'argent à un autre héritier? Ne doit-on pas supposer que les deux héritiers tiennent directement du défunt, comme les deux légataires, ce qui leur advient (C. civ. 883), et que l'immeuble se partage entre les deux légataires, comme entre les deux héritiers, au moyen d'une soulte? — La loi fait, au titre des successions, le testament de ceux qui n'ont pas testé; elle complète, au chapitre du partage, les dispositions testamentaires incomplètes; et ceux qui font des partages testamentaires font ce que la loi ferait en leur nom (2).

Le Conseil d'Etat s'est fondé, pour sa décision, sur « ce que la délivrance des legs particuliers, soit qu'ils consistent en effets réellement existants dans la succession, soit que les légataires universels ou les héritiers doivent les payer de leurs propres deniers, n'opère point de mutation de ces derniers aux légataires particuliers; que, dans les deux cas, la loi ne regarde les héritiers ou légataires universels que comme de simples intermédiaires entre le testateur, qui est censé donner lui-même, et les légataires particuliers, qui reçoivent. » Je reconnais en effet, qu'il ne peut pas plus y avoir de mutation entre les légataires copartagés qu'entre les héritiers copartageants. Mais peut-on nier qu'il y ait, *entre le défunt et ses successeurs,* mutation de la totalité des biens et de la totalité des soultes? Et, s'il en est ainsi; le droit de mutation ne doit-il pas frapper la totalité des biens en même temps que la totalité des soultes? La loi de l'an VII répondait affirmativement pour tous les cohéritiers, et celle de 1850 répond affirmativement pour les colonataires en ligne directe. Com-

(1) Voir *Journal officiel* du 23 février 1874, p. 1493.

(2) Championnière et Rigaud signalent eux-mêmes ces affinités (n°s 2377, 2402 et 2852). — On trouve bien, dans un cas, l'hypothèque de légataire, et dans l'autre, le privilège de copartageant : mais cette anomalie pourrait aisément disparaître.

ment les mêmes principes conduiraient-ils à une solution négative pour les codonataires en ligne collatérale (1)?

Étant admises, à concurrence des soultes, l'existence d'une double mutation et l'exigibilité d'un double droit, il reste à fixer la nature et la quotité des deux droits. On pourrait percevoir deux fois le droit de mutation par décès, puisque les deux mutations (celle de la soulte et celle des biens qui la représentent) dérivent du décès : ce système, dans lequel le droit résultant de la soulte varierait, d'après le degré de parenté, aurait l'avantage de séparer complètement les successions directes de toutes les autres. Mais il n'est pas suivi pour les partages entre cohéritiers : le copartageant qui reçoit la soulte doit un droit de mutation par décès, et celui qui la paie doit un droit de mutation entre-vifs, de sorte que ce dernier acquitte un droit de mutation par décès pour sa propre part et un droit de mutation entre-vifs pour l'excédant de cette part, *comme si le défunt lui avait donné certains biens, à la condition d'en acheter d'autres* (2). Cette décomposition de l'acquisition avec soulte nous paraît très-juste, et c'est pour parler le langage ordinaire que nous n'en avons pas tenu compte jusqu'ici.

Dans tous les cas, il est urgent de déclarer législativement que le célèbre avis du Conseil d'État de 1808 est en opposition formelle, tant avec la loi de l'an VII qu'avec celle de 1850.

§ 3. — Des partages entre conjoints.

188. — Les partages entre conjoints produisent, en principe, les mêmes effets que les partages entre cohéritiers (C. civ. 1476). Chacun des époux est censé avoir eu, dès l'origine, la propriété exclusive des objets compris dans son lot. Ainsi, « la femme est censée avoir acquis » par le ministère de son mari, pour le compte d'elle seule, et pour » la remplir de sa part en la communauté, tous les effets échus en » son lot, et en avoir été seule propriétaire *depuis le temps des acqui-* » *sitions*, sans en rien tenir de son mari; et au contraire n'avoir » jamais eu de part dans ceux échus au lot du mari. » (Pothier, *Communauté*, n° 711.) En conséquence, les cessionnaires de l'hypothèque légale de la femme ne peuvent agir que sur les immeubles attribués au mari (Cass. 1er août 1848 : D. P. 1848. 1. 180). — Mais le partage n'anéantit aucun des actes régulièrement consentis par le

(1) Les descendants peuvent exiger, dans certains cas, leur part en nature, mais ce droit même montre combien leur position est favorable devant la loi.

(2) Voir Cass. 24 décembre 1856, 20 août 1868 et 1 mars 1869 : Instr. 2096, § 12; 2375, § 6, et 2380, § 1.

mari, comme chef de la communauté et mandataire légal de sa femme (même arrêt).

Le droit de soulte est dû quand l'un des époux reçoit au-delà de sa part dans l'actif, à charge d'acquitter une plus forte part de passif. Car les époux doivent supporter dans les dettes une part égale à celle qu'ils prennent dans l'actif (C. civ. 1467, 1474, 1482 et 1521), et l'art. 1490, d'après lequel ils peuvent convenir d'acquitter le passif dans d'autres proportions, n'autorise cette convention que pour leurs convenances personnelles, sans modifier les droits des créanciers (Cass. 20 décembre 1843, 2 juillet 1844 et 13 août 1850 : Dalloz, v° *Enreg.*, n° 2086; D. P. 1850. 1. 260; Instr. 1710, § 5; 1732, § 5, et 1875, § 7). — Mais la question est des plus délicates quand l'un des époux est tenu *vis-à-vis du créancier* de la totalité d'une dette que la communauté doit supporter (C. civ. 1431, 1484 et 1486; Cass. 12 février 1840 : Dalloz, v° *Enreg.*, n° 2085).

D'après les principes, chaque époux devrait de plein droit reprendre tous les biens tombés de son chef en communauté, lorsqu'ils se retrouvent en nature au temps de la dissolution (sauf à les estimer à cette époque). La rétroactivité du partage devrait empêcher de confondre ces biens avec les vrais conquêts : comment admettre en effet que, *sans mutation*, l'un des époux soit réputé propriétaire *ab initio* (1) d'objets apportés ou recueillis par l'autre époux? (Voir n° 130 *infrà*.) Mais ce n'est pas le système de notre Code : car l'art. 1509 accorde, *exceptionnellement*, à l'époux qui a ameubli un héritage, la *faculté* de le retenir lors du partage, en le précomptant sur sa part pour le prix qu'il vaut alors (art. 1470-1°, *a contrario*) (2).

L'art. 1408 (al. 2) donne à la femme un autre droit de préférence. « Dans le cas où le mari est devenu seul, et en son nom personnel, » acquéreur ou adjudicataire de portion ou de la totalité d'un im» meuble appartenant par indivis à la femme, celle-ci, lors de la » dissolution de la communauté, a le choix ou d'abandonner l'effet » à la communauté, laquelle devient alors débitrice envers la femme » de la portion appartenant à celle-ci dans le prix, ou de retirer » l'immeuble, en remboursant à la communauté le prix d'acquisi» tion. » Le mari agissant seul et sans mandat spécial, acquiert l'immeuble *pour le compte de la communauté* (comme l'indique le mot *retirer*) (Cass. 31 mars 1835 : Dalloz, v° *Enreg.*, n° 4255; Instr. 1490, § 7). Chaque époux devient propriétaire d'une part de l'immeuble

(1) Pothier, *Communauté*, n° 713.

(2) Comme c'est une simple faculté, l'attribution de l'héritage à l'autre époux ne donne lieu à aucun droit proportionnel, s'il n'y a soulte. (Déc. min. 23 décembre 1863, rapportant Déc. min. 3 octobre 1838 : Instr. 1272, § 3, et 2307.)

sous condition résolutoire, et de l'autre sous condition suspensive : en conséquence, le mari doit le droit de vente pour sa part entière, et la femme le droit de licitation pour ce qui excède, dans sa part, son droit originaire (1). Puis le partage a lieu dans les conditions habituelles, avec cette seule restriction que la femme peut se faire attribuer l'immeuble, sans enchères, au prix d'acquisition : c'est ainsi que l'exercice du retrait d'indivision fait évanouir les charges qui procèdent du mari (Cass. 30 juillet 1816 : Dalloz, v° *Contr. de mar.*, n° 858) (2). — Les choses se passent de même au cas d'acquisition d'une seule des parts qui n'appartiennent pas à la femme, quoique cette acquisition laisse subsister l'indivision. Car l'art. 1408 n'est pas un corollaire de l'art. 883 (3); son principal objet est d'unifier la propriété (comme l'art. 841) par une sorte d'accroissement (facultatif); puis son texte est précis : le premier alinéa parle de toute acquisition par licitation *ou autrement*, et le second dit toute acquisition de *portion* d'un immeuble, sans distinguer si cette portion acquise forme ou non la totalité de ce qui n'appartenait pas à la femme (Cass. 30 janvier 1850 et 30 janvier 1865 : D. P. 1850. 1. 171, et 1865. 1. 101 ; Instr. 2323, § 4).

Notons que les époux peuvent modifier à leur gré toutes ces règles par leur contrat de mariage (C. civ. 1387 et 1497 ; Cass. 13 juillet 1826 : Dalloz, v° *Contr. de mar.*, n° 858).

§ 2. — Des partages entre associés.

129. — Pothier parlait des sociétés comme des communautés conjugales. « Si, par le partage que nous faisons d'une société qui est » composée d'héritages que nous y avons mis chacun, et d'autres que » nous avons acquis pour le compte de la société, les héritages qui » tombent dans mon lot sont ceux que j'y ai apportés par notre » contrat de société, ils seront censés *n'avoir jamais cessé de m'appar-* » *tenir en entier*. Le contrat de société que j'ai fait avec vous, par » lequel je les ai mis en communauté, ne vous y a donné qu'un droit » conditionnel, dépendant de l'évènement du partage, pour le cas » seulement auquel, par le partage, ils tomberaient dans votre lot : » l'évènement du partage ayant fait manquer la condition, vous êtes » censé n'y avoir jamais eu aucun droit... — Si ce sont les héritages

(1) Indépendamment du droit de transcription (voir n°s 88 et 118 *suprà*).

(2) La femme se trouve personnellement en état d'indivision avec la communauté, quand le mari achète seulement, par voie de cession, les portions de l'immeuble qui n'appartiennent pas à la femme.

(3) Puisqu'on l'applique sous le régime dotal et en cas de remploi (C. civ. 1434), quand même l'immeuble n'est pas à partager.

» que vous avez mis en communauté qui échéent dans mon lot, ils » sont censés avoir composé ma part dans la communauté, dès le » temps du contrat de société par lequel vous les y avez mis. Je » suis censé *les avoir acquis de vous en entier dès ce temps* par le » contrat de société, dès l'instant de ce contrat, et non pas seulement » par le partage... — Si les héritages qui sont échus dans mon lot » sont ceux qui ont été acquis pour le compte de la société durant la » société, il sont pareillement censés *m'avoir appartenu en entier dès* » *le temps qu'ils ont été acquis* pour composer la part de celui dans le » lot duquel ils tomberaient. » (*Société*, n° 170.)

D'après ces principes, la loi du 22 frimaire an VII a tarifé au droit *fixe* « les actes de société qui ne portent ni obligation, ni libération, » ni *transmission* de biens meubles ou immeubles *entre les associés* » ou autres personnes, et les actes de dissolution de société *qui sont* » *dans le même cas.* »

Dans cet ordre d'idées, chaque associé transmet ses biens sous une condition suspensive, et aucune mutation réelle et effective, définitive et complète ne s'opère avant le partage. « A l'égard de la » société, qui n'est qu'un être de raison, la transmission ne peut » être que fictive; et à l'égard des sociétaires privativement, la » transmission est éventuelle. L'impôt n'est point assis sur des » fictions et sur des éventualités, mais sur des faits réels. Si, à la » dissolution de la société, chaque associé reprend les immeubles par » lui apportés, aucun droit de mutation n'est encore exigible; car » ces biens n'auront jamais reposé privativement sur la tête d'une » autre personne (1). Mais si des associés reçoivent, à la dissolution » de la société, des immeubles sur lesquels ils n'avaient jamais eu » aucun droit, et qui avaient été apportés par d'autres sociétaires, » alors la transmission, qui n'était qu'éventuelle lors de la constitu- » tion de la société, se réalise et s'accomplit; alors s'opère le passage » réel de la propriété d'une tête sur une autre, et le droit propor- » tionnel est exigible (2). » (Instr. 1601, § 12, et 1618, § 9.) Il semble,

(1) Cass. 17 décembre 1838 : Dalloz, v° *Enreg.*, n° 3506. — On en conclut que ces biens ne sont pas soumis au droit gradué (R. P. 3407-10) : cependant l'associé ne peut pas les soustraire au partage et ne les conserve que par voie de lotissement.

(2) Déc. min. fin. et just. 8 décembre 1807 : Instr. 580. Cass. 3 janvier 1832, 23 avril 1833, 12 février 1834, 12 août 1839, 20 janvier 1840, 13 juillet 1840, 6 juin 1842 (Ch. réun.), 9 novembre 1842, 14 avril 1847, 21 février 1853, 8 novembre 1853, 8 novembre 1864, 14 février 1866 et 2 décembre 1873 : Dalloz, v° *Enreg.*, n°s 3500, 3501, 79, 3587, 3580, et 3588; D. P. 1847. 1. 137 et 231; 1853. 1. 81; 1854. 1. 29; 1864. 1. 473, et 1866. 1. 60; Instr. 1401, § 5; 1427, § 13; 1601, § 12;

à raison de la rétroactivité de cette mutation, 1° que les actes de société doivent être transcrits quand des immeubles sont mis en commun (L. 23 mars 1855); 2° que le droit de transcription devrait être perçu sur ces actes (voir n° 82 *suprà*, et, en sens divers, les instr. 1680, 1707, § 10, et 2103, § 6); 3° et que le droit de mutation doit être calculé, pour le principal et les décimes, d'après le tarif en vigueur à l'époque de la formation de la société.

Telles sont les règles générales.

140. — Mais l'art. 529 du Code civil a classé, parmi les meubles, « les actions ou intérêts dans *les compagnies de finance, de commerce » ou d'industrie*, encore que des immeubles dépendant de ces entre» prises appartiennent aux compagnies. » Et « ces actions ou in» térêts sont réputés meubles à l'égard de chaque associé seulement, » *tant que dure la société.* »

« Les rédacteurs du Code sont partis de cette idée : la société ne » l'être collectif constitue une personne civile, morale, distincte de » la personne des associés considérés individuellement. C'est à cette » personne morale qu'appartient le capital qui constitue son avoir, » son patrimoine propre. Dès lors peu importe, en ce qui touche la » qualification du droit de chacun des associés, la nature du fonds » social; il ne peut point servir à qualifier leur action, puisque leur » action *ne leur attribue aucun droit actuel sur les biens* dont il se » compose; *aucun d'eux ne peut dire qu'il en est dès à présent pro» priétaire pour une part*, puisqu'il appartient *exclusivement* à l'être » moral, la société. Leur action ne leur donne droit qu'au partage » des bénéfices, lesquels sont toujours mobiliers; elle est donc es» sentiellement mobilière, puisque son objet est essentiellement » mobilier. — Le caractère mobilier de leur action dure tant que » dure la société. Lors, au contraire, que l'être moral a cessé » d'exister, que la société est dissoute, la propriété du fonds » social passe alors aux associés, de même que le patrimoine d'une » personne décédée passe à ses héritiers. C'est à eux *désormais* » qu'appartient le fonds social; chacun d'eux est propriétaire pour » une part indivise des biens mobiliers ou immobiliers qui la com» posent. » (Mourlon, t. 1, n°s 1305 et 1306.) (1).

Les conséquences de cette personnalité sont importantes

En droit civil, il n'y a pas de compensation possible entre ce qu'un

1618, § 9; 1634, § 14; 1638, § 8; 1693, § 4; 1706, § 23; 1907, § 8; 1900, § 0; 2321, § 1; 2318, § 4, et 2482, § 5.

(1) Voir le rapport de M. Goupil-Préfeln au Tribunat (Dalloz, v° *Biens*, p. 189, n° 25). « ... Tant que dure la société, le sociétaire n'est pas propriétaire » de sa portion de l'immeuble dont il ne peut user, mais de sa portion dans la » valeur de cet immeuble. »

tiers peut devoir à la société, et ce qui peut être dû à ce tiers par l'un des associés, puisque la créance et la dette n'existent pas entre les mêmes personnes. — Les créanciers de la société ont le droit d'être payés sur le fonds social avant les créanciers particuliers des associés, parce qu'ils ne sont pas créanciers de la même personne (Cass. 10 mai 1831; Dalloz, v° *Priviléges*, n° 936). Les droits des associés sont meubles à tous égards, malgré les éventualités du partage, et ne deviennent incertains qu'à la dissolution de la société : car l'existence de l'être moral empêche qu'après le partage, chaque associé soit réputé avoir été propriétaire exclusif des objets mis dans son lot, à compter du jour de la *formation* de la société; l'effet du partage ne remonte qu'à l'époque de la *dissolution* de la société (1).

En droit fiscal, les cessions d'actions ou de parts d'intérêt ont été taxées par la loi du 22 frimaire elle-même, comme cessions *mobilières* (art. 69, § 2, n° 6, et § 5, n° 1). Le droit proportionnel est exigible *en totalité* quand un associé devient propriétaire, avant la dissolution de la société, d'un immeuble acquis par la société (Cass. 17 août 1836 et 5 avril 1854 : Dalloz, v° *Enreg.*, n° 3585; D. P. 1854, 1, 282; Instr. 1528, § 13, et 2010, § 10); quand il consent un bail à la société (Cass. 3 janvier 1827 : Dalloz, v° *Enreg.*, n° 3567; Instr. 1210, § 1), et quand il s'oblige à verser dans la caisse sociale une certaine somme en compte-courant (Cass. 30 juillet 1861, 20 juillet 1863 et 25 novembre 1872 : Instr. 2223, § 7; 2274, § 10, et 2465, § 3). Le droit de mutation devrait être pareillement perçu toutes les fois que les associés abandonnent des biens à la société. Il l'est dans des cas exceptionnels, notamment lorsque la société paie la valeur des biens soit à l'associé, soit à ses créanciers (Cass. 14 janvier 1835, 5 janvier 1853 et 3 mars 1868 : Dalloz, v° *Enreg.*, n° 3583; D. P. 1853. 1. 73, et 1868. 1. 482; Instr. 2307, § 2). Mais il reste généralement en suspens jusqu'au partage, comme pour les sociétés impersonnelles : c'est faveur, c'est rémittence, comme disait le procureur général Dupin (Demante, n° 329).

(1) Ce point de droit est cependant contesté. « Quelque grave, dit-on, quel- » que utile que soit la fiction qui fait de la société un être moral, elle ne sau- » rait aller jusqu'à supprimer entièrement l'idée de copropriété et d'indivision, » inséparable d'une société. Cette copropriété indivise reparaît surtout avec » éclat à l'époque de la dissolution, non pas comme une chose nouvelle, mais » comme un droit momentanément intercepté. C'est pourquoi l'effet rétroactif » ne trouvant plus la personne civile, cause de cette interception, agit en toute » liberté sur un passé qui, dans la vérité des choses, n'a pas cessé d'être un » état d'indivision. Comment serait-il possible que l'effet rétroactif, capable » d'anéantir l'indivision, c'est-à-dire un état si pur de toute fiction et si éner- » giquement dessiné après la dissolution de la société, respectât la fiction qui » a précédé? » (Rivière, édit. 1868, p. 141.)

§ 5. — Des partages avec démembrements.

141. — On donne ou lègue souvent l'usufruit à une personne et la nue propriété à une autre (C. civ. 899), et l'usufruit peut être universel ou à titre universel (art. 612) (1).

Ce démembrement de la propriété présente certaines difficultés au point de vue du partage; mais la plupart de ces difficultés peuvent être résolues à l'aide des trois principes suivants.

1° L'usufruit, qui appartient indivisément à plusieurs personnes est susceptible d'un véritable partage : car les art. 815 et 883 du Code civil s'appliquent à tous les biens indivis (Dig., 7, 1, 13, 3; Coquille, *Nivernais*, t. 24, a. 3; Cass. 21 juin 1863 : D. P. 1863, 1, 285). Mais les usufruitiers ne peuvent jamais opposer leurs conventions au nu-propriétaire (C. civ. 1165 et 1361), surtout quand ils ont licité (art. 617).

2° La chose, qui appartient indivisément à deux personnes, peut être attribuée, par voie de partage, à l'une en usufruit, à l'autre en nue propriété : car les copropriétaires du tout sont copropriétaires des parties, l'usufruit et la nue-propriété (Déc. min. fin. 25 février 1817 : Instr. 775; Cass. 16 juin 1824 : Dalloz, v° *Enreg*, n° 830; Instr. 1140, § 11, et 1437, § 8). Mais, l'art. 15, n° 7 de la loi du 22 frimaire an VII disposant qu'il ne sera rien dû pour la réunion de l'usufruit à la propriété, *lorsque le droit d'enregistrement aura été acquitté sur la valeur entière de la propriété*, le nu-propriétaire doit payer un droit complémentaire au moment de l'extinction de l'usufruit, à raison de la réversion, toutes les fois qu'il n'a pas acquitté l'impôt par anticipation sur la valeur entière de la propriété (Cass. 2 août 1841 et 20 novembre 1866 : Dalloz, v° *Enreg.*, n° 4513; D. P. 1867, 1, 105; Instr. 1668, § 2) (2).

3° La chose, qui appartient en usufruit à une personne et en nue propriété à une autre n'est pas à partager : car l'usufruitier et le nu-propriétaire ne sont pas en état d'indivision, leur propriété respective étant parfaitement distincte, quoiqu'elle se rattache à la même chose (Dig., 27, 9, 6; Cass. 10 mai 1826 et 27 juillet 1869 :

(1) La loi même accorde au père ou à la mère, dans un cas, l'usufruit du sixième de la succession (art. 754).

(2) Le légataire d'un quart en propriété et d'un quart en usufruit, peut recevoir, sans mutation et *sans soulte*, *soit* l'usufruit des trois quarts des biens, *soit* la pleine propriété du tiers des biens, parce qu'il peut recevoir, pour son quart en propriété, *soit* une moitié en usufruit, *soit* un quart en nue propriété avec un douzième en pleine propriété (Cass. 4 janvier 1865 : D. P. 1865. 1. 33; Instr. 2306, § 3).

Dalloz, v° *Contr. de mar.*, n° 2312; D. P. 1871, 1, 170). En conséquence, l'attribution de la pleine propriété à l'une des parties ne peut être considérée *comme licitation* ni pour la transcription (Cass. 30 mars 1841 et 8 juin 1847 : Dalloz, v° *Enreg.*, n° 2733; D. P. 1847, 1, 231; Instr. 1643, § 7, et 1706, § 22), ni pour la rescision (Cass. 15 décembre 1832 : Dalloz, v° *Succession*, n° 2273), ni pour les hypothèques (Cass. 3 août 1822 ou 1829 : *eod. loc.*, n° 2137. L'usufruitier qui acquiert la nue propriété doit payer le droit d'enregistrement sur la valeur de la nue propriété (Cass. 14 août 1838 et 15 janvier 1867 : Dalloz, v° *Enreg.*, n° 3105; D. P. 1867, 1, 158; Instr. 2357, § 1. *Contrà* : Cass. 8 août 1836 : Dalloz, v° *Enreg.*, n° 2625), sans qu'il y ait lieu de joindre celle de l'usufruit, qui a supporté l'impôt (L. 22 frimaire an VII, art. 15, n° 8). Le cas inverse est régi par le même principe (art. 15, n° 7, précité).

Enfin tout ce qu'on peut dire de l'usufruit s'applique aux autres démembrements et délibations de la propriété. — On peut grever un lot d'une servitude; on peut faire alterner la jouissance de certains droits *(temporibus dividere)*; on peut attribuer à l'un la superficie d'une forêt, à l'autre le sol (Cass. 17 novembre 1857 : D. P. 1858, 1, 123; Instr. 2118, § 3), à l'un tel étage ou telle pièce d'une maison, à l'autre le surplus (C. civ. 664), à l'un tel côté d'une propriété rurale, à l'autre le côté opposé (Cass. 18 août 1820 : Dalloz, v° *Enreg.*, n° 106). Dans tous ces cas et autres analogues, les choses, naguère indivises *(communia pro indiviso)*, ne sont plus communes qu'en apparence *(communia pro diviso)*, et ne peuvent être juridiquement partagées : car il faut, pour l'indivision, que plusieurs personnes aient, *sur les mêmes biens*, des droits *de même nature*.

§ 6. — Des partages avec prélèvements.

142. — L'indivision existe, en droit, toutes les fois qu'une ou plusieurs personnes ont à prélever une certaine valeur sur une chose, dont le surplus *leur appartient indivisément avec d'autres personnes* ou *appartient exclusivement à d'autres personnes*.

Les copriétaires qui ont à prélever d'abord une certaine valeur sur la chose, puis à partager l'excédant, sont notamment : 1° les héritiers français exclus de certains biens étrangers par des lois ou coutumes étrangères (L. 14 juillet 1819, art. 2); 2° les bailleurs à cheptel (C. civ. 1817), 3° les associés, qui doivent prélever l'équivalent de leurs apports, d'après leurs conventions; 4° les cohéritiers de celui qui fait un rapport en moins-prenant (C. civ. 830 et 831) (1); 5° et les

(1) Il semble en effet que les biens dont le rapport doit se faire en moins

époux communs en biens qui doivent prélever leurs reprises (art. 1470 et 1503) et leurs préciputs conventionnels (art. 1515) (1).

Les copropriétaires qui ont à prélever seulement une certaine valeur sur la chose sont notamment : 1° ceux qui achètent une certaine quantité de marchandises à prendre dans tel tas, dans telle cuve, dans tel magasin ; 2° les héritiers réservataires, quand les libéralités excèdent la quotité disponible (C. civ. 920) ; 3° la communauté, quand des immeubles ont été ameublis à concurrence d'une certaine somme (art. 1506 à 1508) ; 4° les héritiers de l'époux décédé, quand la communauté appartient à l'époux survivant (art. 1520), 5° et la femme commune, quand la communauté se trouve mauvaise (art. 1471).

143. — Ces deux espèces d'indivision présentent ces deux caractères singuliers : 1° que le montant du prélèvement est indépendant des changements de valeur de la chose, 2° et que la copropriété cesse dès que la valeur de la chose devient inférieure au montant du prélèvement, l'estimation déclarant par sa seule énergie le droit exclusif du préciputaire (Cass. 8 avril 1850 et 16 février 1874 : D. P. 1850, 1, 135 ; Instr. 1875, § 8 ; R. P. 3811).

Ce dernier effet peut se produire incomplètement quand le prélèvement doit s'effectuer sur différents biens, *dans un ordre déterminé*. Ainsi, lorsque plusieurs donations au profit de la même personne ont entamé la réserve légale, les prélèvements des héritiers réservataires se font en commençant par la dernière donation, et ainsi de suite en remontant des dernières aux plus anciennes (C. civ. 923) : il suit de là que les biens donnés en dernier lieu reviennent aux héritiers par le seul fait de l'estimation et que l'indivision ne porte que sur les biens d'une seule donation (2).

144. — Mais un partage est généralement nécessaire, et nous pensons que c'est un vrai partage.

Dans l'ancien droit, les époux devenaient *débiteurs*, pour leur part dans la communauté, de toutes les dettes de la communauté, parmi lesquelles figuraient, en premier ordre, les *reprises* des

prenant restent en dehors du partage et que les autres héritiers ont un droit plus fort, un droit de prélèvement dans les biens indivis (Cass. 1er juin 1853 : Instr. 1982, § 6. *Contrà* Cass. 2 mai 1826, 11 décembre 1855 et 27 avril 1858 : Dalloz, v° *Enreg.*, n° 898 ; D. P. 1858. 1. 206 ; Instr. 2137, § 10. — R. P. 3497-3, 3597 et 3671).

(1) Voir n° 144 *infrà*.

(2) Il devrait en être de même pour les prélèvements de la femme mariée qui, d'après l'art. 1471, s'exercent d'abord sur l'argent comptant, ensuite sur le mobilier, et subsidiairement sur les immeubles de la communauté ; mais voir Mourlon, t. 3, n° 229.

» époux (1). « Néanmoins, disait Pothier (*Successions*, chap. 5, » art. 2, § 1), plusieurs pensent *aujourd'hui* que l'héritier aux » propres ne doit pas être tenu des reprises que le survivant des » époux peut avoir à exercer sur la communauté. Ces reprises que « le survivant a droit d'exercer leur paraissent devoir être regardées » moins comme une *créance* que comme donnant à celui qui les a un » *droit plus fort* dans la communauté, lequel diminue d'autant celui » de l'autre conjoint qui n'en a pas de pareil à exercer; et qu'en » conséquence la succession du prédécédé ne doit pas être regardée » comme débitrice des reprises du survivant, mais plutôt comme » n'ayant jamais été propriétaire d'autres choses dans les biens de la » communauté que de celles qui lui sont échues après les *prélève-* » *ments* faits au profit du survivant, le surplus des biens de la » communauté étant censé avoir appartenu toujours au survivant » qui avait des reprises à exercer; que c'est une suite de l'effet » déclaratif et rétroactif que notre jurisprudence donne aux par- » tages » (2).

Cet effet déclaratif fut admis par la Chambre civile de la Cour de cassation : « Attendu que les reprises des époux ne constituent pas » des créances proprement dites, dans le sens général attaché à cette » expression; qu'en effet, le caractère distinctif de toute créance est » de pouvoir être recouvrée par voie d'action ou d'exécution directe » et personnelle contre un débiteur et sur ses biens; que cette action » n'existe pas au profit du mari ou de ses héritiers, et n'existe qu'à » titre de recours subsidiaire au profit de la femme ou de ses héri- » tiers; ... attendu que l'exercice des reprises a lieu à titre de prélè- » vement (C. civ. art. 1433 et 1470); ... que les prélèvements sont » une partie intégrante de l'opération et du contrat que la loi civile » intitule et qualifie *partage*, d'après l'art. 1467 et d'après le titre » même du paragraphe qui se trouve à la suite de l'art. 1467, et » sous lequel ont été placées les dispositions des art. 1468, 1470, » 1471 et 1472; ... et que, d'après les art. 1470 et 883, chaque époux » est censé avoir été propriétaire *ab initio* des biens qui lui sont » attribués, sans distinction de ceux qui représentent ses reprises ou » sa part dans les bénéfices de la communauté » (Cass. 1er août 1848, 8 avril 1851 et 30 mai 1854 : D. P. 1848, 1, 189; 1854, 1, 240).

Mais les Chambres réunies ont fait un grand pas en arrière, en jugeant, le 16 janvier 1858, que c'est *comme créanciers* que les époux ou leurs héritiers prélèvent, sur la masse qui leur appartient

(1) Le droit de contrôle n'était pas dû sur ces reprises (Décision du 18 octobre 1738 : Bosquet, v° *Partage*, § 2).

(2) Voir aussi *Traité de la Communauté*, n° 701.

en commun, la valeur des propres qui ne s'y retrouvent pas (D. P. 1858, 1, 5. Conf. Cass. 3 août 1858 (quinquies), 24 août 1858 (bis) 24 décembre 1860, 6 novembre 1861 et 20 juillet 1869 : D. P. 1858, 1, 310 et 350; 1861, 1, 23 et 107; 1869, 1, 497. Cass. belg. 18 janvier 1857, 27 mars 1862 et 17 décembre 1863 : R. P. 3250).

Pour nous, le préciputaire peut exiger un partage en nature (Cass. 7 mai 1855 : D. P. 1855, 1, 110); ce partage n'ouvre qu'un droit fixe d'enregistrement (Cass. 12 février 1867 : D. P. 1867, 1, 60; Instr. 2357, § 7; *Contrà* Cass. belg. 13 avril 1867 et 11 mars 1869 : R. P. 2474 et 3250) (1), fait évanouir les hypothèques (Cass. 26 juin 1855 : D. P. 1855, 1, 273) et détermine rétroactivement la nature mobilière ou immobilière du prélèvement (Cass. 28 mars 1849 : D. P. 1849, 1, 97; *Contrà* Cass. 15 mai 1872 : R. P. 3581). D'autre part, l'attribution de la chose entière à l'une des parties moyennant un paiement présente tous les caractères d'une licitation (*Contrà* Cass. 2 juin 1862 et 6 juillet 1870 : D. P. 1862, 1, 420, et 1871, 1, 110) (2), et c'est à tort que la jurisprudence condamne en pareil cas la perception du droit de soulte (Cass. 15 décembre 1858, 7 avril 1862 et 13 décembre 1864 : D. P. 1859, 1, 16; 1862, 1, 320, et 1865, 1, 17; Instr. 2223, § 3, et 2366, § 1).

En résumé, le genre de copropriété que produit le prélèvement paraît n'avoir pas été suffisamment étudié, suffisamment analysé *dans ses diverses espèces* : nous avons la confiance qu'il sera complètement soumis, tôt ou tard, aux principes supérieurs du partage.

(1) C'est le droit gradué (R. P. 3497-8, 3610 et *Contrà* 3806). Ce droit pouvant égaler et même dépasser la valeur du *prélèvement*, parce que sa quotité varie selon la valeur de la *totalité* des biens partagés, ne devrait-on pas considérer comme maximum le droit proportionnel auquel donnerait ouverture l'abandon du prélèvement?

(2) L'art. 866 du Code civil règle cette attribution dans un cas particulier : celui où le don d'un *immeuble* fait à un *successible* avec dispense de rapport excède la quotité disponible. Le rapport de l'excédant se fait en nature, si le retranchement de cet excédant peut s'opérer commodément. Au cas contraire, *Major pars trahit ad se minorem.*

TABLE.

HISTOIRE ET THÉORIE DE L'EFFET DES PARTAGES.

Les chiffres renvoient aux numéros d'ordre et non aux pages.

POSITIONS.

DROIT ROMAIN.

I. La loi *Junia Norbana* a précédé la loi *OElia Sentia*.

II. L'action *familiæ erciscundæ* est plus ancienne que l'action *communi dividundo* (n° 10 *suprà*).

III. Trebatius n'a pas entrevu la fiction du partage (n° 16 *suprà*).

IV. Toute aliénation *volontaire* faisait perdre la *condictio furtiva* (n° 13 *suprà*).

DROIT CIVIL FRANÇAIS.

V. Art. 587. — L'usufruitier doit *l'estimation* des choses fongibles qui ont *diminué* de valeur (C. civ. 1193 : Thèse de licence, 1869, p. 30).

VI. Art. 858. — Le rapport des meubles *incorporels* se fait en nature ou en moins-prenant, *au choix du donataire* (C. civ. 1162 et 1190).

VII. Art. 883. — Chaque héritier est propriétaire *sous condition résolutoire* d'une part égale à la fraction représentative de son droit, et *sous condition suspensive* des autres parts.

VIII. Art. 1335. — Les copies obtenues avec un appareil photographique ont moins de valeur, *en droit*, que les copies obtenues avec une presse à copier.

IX. Art. 1872. — L'adjudication prononcée au profit du cessionnaire d'un copropriétaire est une véritable licitation (n° 82 *suprà*).

X. Art. 1872. — Les règles du partage s'appliquent aux prélèvements (n° 144 *suprà*).

PROCÉDURE CIVILE.

XI. Art. 130. — Des dommages-intérêts peuvent être alloués, *dans tous les procès*, pour frais de voyage et autres.

DROIT PÉNAL.

XII. Le détournement d'une chose indivise n'est pas un vrai vol (n° 90 *suprà*).

XIII. Les tuteurs et *autres administrateurs* sont personnellement débiteurs des droits *en sus* de mutation par décès (L. 22 frimaire an VII, art. 39).

DROIT COMMERCIAL.

XIV. Les compagnies de chemin de fer ne sont pas des commissionnaires, mais de simples voituriers (Comm. 99).

DROIT ADMINISTRATIF.

XV. L'indemnité prend le nom de dommages-intérêts *au cas de faute* (L. 27 ventôse an IX, art. 11 : R. P. 3777).

XVI. L'avis du conseil d'État du 10 septembre 1808 (sur l'enregistrement des legs de sommes n'existant pas en nature) est en opposition avec la loi du 22 frimaire an VII (art. 69, § 5, n°s 6 et 7, et § 7, n°s 4 et 8) et la loi du 18 mai 1850 (art. 8) (n° 137 *suprà*).

Vu :

Le Doyen, Président de la thèse,
LACOMME.

Vu et permis d'imprimer :

Le Recteur,
J. VIEILLE.

BESANÇON, IMPRIMERIE DE J. BONVALOT.

www.ingramcontent.com/pod-product-compliance
Lightning Source LLC
Chambersburg PA
CBHW050118210326
41519CB00015BA/4017

* 9 7 8 2 0 1 1 2 8 2 7 2 9 *